实践教学系列教材

无机化学与化学分析实验

李大枝　李　红　张长花　范传刚　编

山东省普通本科高校应用型人才培养专业发展支持计划资助
滨州学院教材出版基金资助

科学出版社
北　京

内 容 简 介

本书本着“实基础、强能力、重应用”的原则，整合了原无机化学实验与分析化学实验中的化学分析内容编写而成。本书上篇对化学实验基本知识、实验室常用仪器的使用、化学实验常用分离和提纯技术等进行了详尽的介绍；下篇主要是化学实验技能训练，共45个实验项目，实验项目涉及物质的分离和提纯、物质成分分析、物质制备与分析三部分内容。

本书可作为高等工科院校的化学化工、环境、材料，以及综合性大学的生命科学、生物制药等专业本科生的实验教材，还可供其他从事化学工作的人员学习和参考。

图书在版编目(CIP)数据

无机化学与化学分析实验/李大枝等编. —北京：科学出版社，2016.9

实践教学系列教材

ISBN 978-7-03-049937-0

Ⅰ. ①无… Ⅱ. ①李… Ⅲ. ①无机化学-化学实验-高等学校-教材 ②分析化学-化学实验-高等学校-教材 Ⅳ. ①O61-33②O652.1

中国版本图书馆 CIP 数据核字(2016)第 221923 号

责任编辑：陈雅娴/责任校对：贾伟娟

责任印制：赵 博/封面设计：迷底书装

科 学 出 版 社 出版

北京东黄城根北街 16 号

邮政编码：100717

http://www.sciencep.com

北京中石油彩色印刷有限责任公司印刷

科学出版社发行 各地新华书店经销

*

2016 年 9 月第 一 版 开本：720 × 1000 1/16

2025 年 7 月第八次印刷 印张：12 1/2

字数：241 000

定价：39.00 元

（如有印装质量问题，我社负责调换）

前　言

无机化学与化学分析实验是一门独立的基础化学实验课程，是学习其他化学实验的重要基础，是学生进入大学后学习的第一门实验课程。本书根据工科专业无机化学和分析化学实验课程的教学基本要求，以培养应用型人才为出发点，本着“实基础、强能力、重应用”的原则，整合了原无机化学实验与分析化学实验中的化学分析内容编写而成。旨在让学生较全面地了解各种实验方法，结合理论学习，加深对基础化学知识、基本化学原理的理解，系统、连贯地掌握实验知识及技能，为将来从事化学及相关专业的实际应用、科技开发和进一步深造打下坚实基础。

本书分为上、下两篇。上篇为基本知识和基本操作，主要介绍化学实验基本知识、实验室常用仪器的使用、化学实验常用分离和提纯技术等。下篇为化学实验技能训练，实验内容涵盖物质的分离和提纯、物质成分分析(包括定性分析和定量分析)、物质制备与分析三部分。全书共 45 个实验，不同专业和不同层次的学生可以根据实际需要选择使用。本书还链接了部分常用仪器基本操作的视频，读者可以通过扫描二维码直接观看。同时，本书部分章节、实验后面编有知识链接，旨在拓展读者视野。

本书是以本校编写的实验讲义和使用的实验教材为基础，参阅兄弟院校已出版的教材、专著、期刊等文献资料编写而成，其中设计性实验还融合了近几年山东省大学生化学实验技能大赛部分项目。在本书编写过程中，基础化学实验教研室同志们给予了热忱帮助，在此一并表示感谢！

李大枝负责第 1～3 章编写及全书统稿工作，李红、张长花负责第 4～7 章的编写工作，范传刚负责附录相关内容的编写工作。

由于编者水平有限，书中难免存在不妥之处，敬请读者批评指正。

编　者

2016 年 5 月

目　录

第1章　绪　　论

1.1　任务、学习方法和要求

1.1.1　无机化学与化学分析实验的任务

无机化学与化学分析实验是基础化学实验平台的重要组成部分，也是高等工科院校化学工程与工艺、应用化学、材料化学、能源化学工程、环境工程、高分子材料与工程等专业的平台课程。无机化学与化学分析实验是一门独立的实践性课程，但又与无机化学和分析化学两门理论课程密切相关。其主要目的为：以实验为手段，了解无机化学和分析化学中的重要原理和元素及其化合物的性质，探究无机化合物的制备、分离纯化及分析测定等。旨在充分发挥无机化学与化学分析实验在应用型人才培养中的作用，使学生在实践中学习、巩固、深化和提高化学基本知识、基本原理，掌握基本操作技术、提高基本技能、培养良好的化学素养和创新能力。无机化学与化学分析实验主要任务如下：

(1) 熟练、规范地掌握实验的基本操作、技术和技能，培养独立实验和思考的能力，培养细致观察、正确记录的习惯，提高归纳与综合处理实验数据、分析问题的能力。

(2) 通过实验，实现感性和理性的有机融合，巩固、深化化学基本理论和知识。

(3) 提升理论联系实际、分析问题和解决问题的能力。

(4) 培养严谨、实事求是的科学态度，养成良好的实验室工作习惯。

1.1.2　无机化学与化学分析实验的学习方法和要求

无机化学与化学分析实验要求在实验指导教师的正确引导下由学生独立完成，因此实验效果与端正的学习态度和正确的学习方法密切相关。要达到良好的实验效果、完成目标要求，应抓好以下几个环节。

1. 课前充分预习

预习是实验前必要的准备工作，是做好实验的前提。不进行充分预习的学生不准进入实验室参加实验。实验预习应达到下列要求：

(1) 认真阅读实验教材和理论教材中的有关内容，明确实验目的，理解实验原理，熟悉实验内容、方法及注意事项，在此基础上，完成实验预习报告。

(2) 按要求观看基本操作相关资料和视频，了解注意事项，规范实验操作。

2. 课上认真完成实验

学生应遵守实验室规则，接受教师指导。对于非设计性实验，应根据实验教材规定的方法、步骤进行操作，并做到下列几点：

(1) 规范操作，细心观察，如实、详细、准确地记录观察到的现象和实验数据。

(2) 若实验现象和理论不符，应认真检查、分析其原因，并细心地重做实验。

(3) 实验中遇到疑难问题，要多思考，必要时请教实验指导教师。

(4) 在实验过程中应该保持安静，严格遵守实验室规则。

3. 课后认真、如实、及时完成实验报告

实验报告是对每次实验的概括和总结，必须认真、如实、及时完成。一份合格的实验报告应该包括以下几部分内容：

(1) 实验目的。

(2) 实验原理。

(3) 实验内容。尽量采用流程图、表格、符号等形式，简明、扼要地呈现实验操作内容，避免抄袭讲义、实验教材等。

(4) 实验现象和数据记录。要求使用实验指导教师签过字的原始记录，不允许主观臆造和抄袭。

(5) 结论或数据处理。在分析现象、处理数据的基础上，得出结论，写出主要的化学反应方程式，数据处理要展示清晰。

(6) 问题讨论。针对实验中遇到的问题，提出自己的见解；若涉及数据处理，分析误差产生的可能原因；也可以提出自己对该实验的建议和方法改进等。

1.2　实验室规则及安全守则

1.2.1　实验室规则

(1) 实验前要做好预习和实验准备工作，做到心中有数；检查所需的试剂、实验仪器是否齐全。

(2) 实验时要保持安静，不得随意走动和喧哗，要集中精力，认真操作，仔细观察，积极思考问题，如实、详细地记录实验现象和数据。

(3) 虚心听取教师的指导，若改变实验步骤和方法，需征得实验指导教师的同意。实验过程中若出现错误，不得随意结束实验，应主动请教实验指导教师，找出最佳的解决方案。

(4) 爱护实验仪器和设备，注意节约。个人应取用自己的仪器，公用仪器使用完毕应及时放回原处并保持整洁，若有损坏应及时登记和补领。

(5) 按实验规定量取所用试剂，取出后，应立即盖好瓶盖，将试剂瓶放回原处，不得擅自带出实验室。

(6) 应保持实验室及实验台面的整洁。

(7) 应注意废液的处理。酸性废液应倒入废液缸(或桶)内，切勿倒入水槽，以防腐蚀下水管道。碱性废液可倒入水槽并用水冲洗。

(8) 实验完毕，应将所有仪器清洗干净后整齐有序地放回实验柜，安排值日生擦拭干净实验台和试剂架，打扫地面，最后关好水电和门窗，经教师同意后方可离开实验室。

(9) 做完实验后，应根据原始记录，认真处理数据，分析问题，写出实验报告，按时上交。

1.2.2 安全守则

化学药品中有很多是易燃、易爆、有腐蚀性或有毒的，所以实验前应充分了解安全注意事项。实验时，应在思想上十分重视安全问题，集中注意力，遵守操作规程，避免事故的发生。

(1) 实验室内严禁吸烟、饮食、打闹。

(2) 水、电、气使用完毕后应立即关闭。

(3) 洗液、浓酸、浓碱具有强腐蚀性，应避免溅落在皮肤、衣服、书本上，尤其应防止溅入眼睛。

(4) 注意安全操作，具体要求如下：

a. 能产生有刺激性或有毒气体的实验，都应在通风橱内进行。

b. 使用或能生成具有易挥发和易燃物质的实验，都应在远离火源的地方进行，最好在通风橱内进行。

c. 钾、钠、白磷如暴露在空气中易燃烧，所以钾、钠应保存在煤油中，白磷则可保存在冷水中，取用时需用镊子。一些有机溶液(如乙醚、乙醇、丙酮、苯等)极易引燃，使用时必须远离明火，用完后盖紧瓶塞。

d. 不纯的氢气遇火易爆炸，操作时必须严禁接近烟火。在点燃前，必须先检验并确保纯度。银氨溶液久置后易爆炸，故不能保存。某些强氧化剂(如氯酸钾、硝酸钾、高锰酸钾等)或其混合物不能研磨，否则将引起爆炸。

e. 将玻璃管(棒)或温度计插入塞子中时，应先检查塞子孔大小是否合适，玻璃是否平光，并用布裹住或涂些甘油等润滑剂后旋转而入。握玻璃管(棒)的手应靠近塞子，防止因玻璃管折断而割伤皮肤。

f. 加热试管时，不要将试管口对着自己或他人，也不要俯视正在加热的液体，以免液体溅出受到伤害。

g. 嗅闻气体时，应用手轻拂气体，使少量气体飘向自己再闻。

h. 有毒试剂(如氰化物、汞盐、铅盐、钡盐、重铬酸钾等)不得进入口内或接触伤口，也不能随便倒入下水管道，应回收后统一处理。

i. 稀释浓硫酸时，应将浓硫酸慢慢注入水中，并不断搅动。切勿将水倒入浓硫酸中，以免迸溅，造成灼伤。

j. 禁止任意混合各种试剂药品，以免发生意外事故。

k. 估计可能发生危险的实验，在操作时应使用防护眼镜、面罩、手套等防护设备。

1.2.3 实验室事故的预防与处理

1. 火灾的预防和着火处理

(1) 实验中使用的有机溶剂大多是易燃的，因此，着火是化学实验中常见的事故。防火的基本原则是使火源与溶剂尽可能远离。盛有易燃有机溶剂的容器不得靠近火源，数量较多的易燃有机溶剂应放在危险药品橱内。

回流或蒸馏液体时应放入沸石，以防溶液因过热暴沸而冲出。若在开始加热后发现未放沸石，则应停止加热，待稍冷后再放。否则在过热溶液中放入沸石会导致液体迅速沸腾，冲出瓶外而引起火灾。不要用火焰直接加热烧瓶，应根据液体沸点高低使用石棉网、油浴或水浴。冷凝水要保持畅通，若冷凝管忘记通水，大量蒸气来不及冷凝而逸出也易造成火灾。

(2) 易燃有机溶剂(特别是低沸点易燃溶剂)在室温时具有较大的蒸气压，空气中混杂的易燃有机溶剂蒸气量达到某一极限时，遇明火即发生燃烧爆炸。而且，有机溶剂蒸气都较空气的密度大，会沿着桌面或地面飘移至较远处，或沉积在低洼处。因此，切勿将易燃溶剂倒入废物缸中，更不能用开口容器盛放易燃溶剂。倾倒易燃溶剂应远离火源，最好在通风橱中进行。对于蒸馏易燃溶剂(特别是低沸点易燃溶剂)，整套装置勿漏气，接收器支管应与橡皮管相连，使余气通往水槽或室外。常用易燃溶剂蒸气爆炸极限见附录二中的表二。

(3) 使用易燃、易爆气体，如氢气、乙炔等，要保持室内空气畅通，严禁明火，并应防止一切火星的发生，如敲击、鞋钉摩擦、电动机炭刷或电器开关等所产生的火花。常用易燃气体爆炸极限见附录二中的表三。

(4) 常压操作时，应保证全套装置有一定的地方与大气相通，切勿造成密闭体系。减压蒸馏时，要用圆底烧瓶或吸滤瓶作接收器，不可用锥形瓶，否则可能会炸裂。加压操作时(如高压釜、封管等)应经常注意釜内压力有无超过安全负荷，选作封管的玻璃管厚度是否适当、管壁是否均匀，并要有一定的防护措施。

(5) 有些有机化合物遇到氧化剂时会发生猛烈爆炸或燃烧，操作时应特别小心。存放药品时，应将氯酸钾、过氧化物、浓硝酸等强氧化剂和有机药品分开存放。

(6) 开启储有挥发性液体的瓶塞和安瓿瓶时，必须先充分冷却，然后开启(开启安瓿瓶时需要用布包裹)。开启时，瓶口必须指向无人处，以免由于液体喷溅而导致伤害。如遇瓶塞不易开启，必须注意瓶内储物的性质，切不可贸然用水加热或乱敲瓶塞等。

(7) 有些实验可能生成有危险性的化合物，操作时需特别小心。有些类型的化合物具有爆炸性，如叠氮化物、干燥的重氮盐、硝酸酯、多硝基化合物等，使用时须严格遵守操作规程。有些有机化合物如醚或共轭烯烃，久置后会生成易爆炸的过氧化合物，须特殊处理后才能应用。

(8) 一旦发生火灾，应保持沉着镇静，不要惊慌失措，并立即采取相应措施，以减少事故损失。首先，应立即熄灭附近所有火源(关闭煤气)，切断电源，并移开附近的易燃物质。少量(几毫升)溶剂着火，可任其烧完。锥形瓶内溶剂着火可用石棉网或湿布盖熄。小火可用湿布或黄沙盖熄。火较大时应根据具体情况采用下列灭火器材。

四氯化碳灭火器：用以扑灭电器内或电器附近着火，但不能在狭小和通风不良的实验室中应用，因为四氯化碳在高温时生成剧毒的光气。此外，四氯化碳和金属钠接触也会发生爆炸。使用时只需连续抽动唧筒，四氯化碳即会由喷嘴喷出。

二氧化碳灭火器：是实验室中最常用的一种灭火器，它的钢筒内装有压缩的液态二氧化碳，使用时打开开关，二氧化碳气体即会喷出，用以扑灭有机物及电器设备的着火。使用时应注意：一手提灭火器，一手应握在喷二氧化碳喇叭筒的把手上。因喷出的二氧化碳压力骤然降低，温度也骤降，手若握在喇叭筒上易被冻伤。

泡沫灭火器：内部分别装有含发泡剂的碳酸氢钠溶液和硫酸铝溶液，使用时将筒身颠倒，两种溶液立即反应生成硫酸氢钠、氢氧化铝及大量二氧化碳。灭火器筒内压力突然增大，大量二氧化碳泡沫喷出。非大火通常不用泡沫灭火器，因后处理较麻烦。无论用何种灭火器，都应从火的四周开始向中心扑灭。

油浴和有机溶剂着火时绝对不能用水浇，因为这样反而会使火焰蔓延开来。若衣服着火，切勿奔跑，用厚的外衣包裹使之熄灭。较严重者应躺在地上(以免火焰烧向头部)用防火毯紧紧包住，直至火熄灭，或打开附近的自来水开关用水冲淋熄灭。烧伤严重者应立即送医疗单位。

2. 割伤

取出伤口中的玻璃或固体物，用蒸馏水洗后涂上红药水，用绷带扎住。伤口大则应先按紧主血管以防止大量出血，立即送医疗单位。

3. 烫伤

轻伤涂以玉树油或鞣酸油膏，重伤涂以烫伤油膏后送医疗单位。

4. 试剂灼伤

酸：立即用大量水洗，再用3%～5%碳酸氢钠溶液洗，最后用水洗。严重时要消毒，拭干后涂烫伤油膏。

碱：立即用大量水洗，再用2%乙酸溶液洗，最后用水洗，严重时同上处理。

溴：立即用大量水洗，再用酒精擦至无溴液存在为止，然后涂上甘油或烫伤油膏。

钠：可见的小块用镊子移去，其余与碱灼伤处理相同。

5. 试剂溅入眼内

任何情况下都要先洗涤，急救后送医疗单位。

酸：用大量水洗，再用1%碳酸氢钠溶液洗。

碱：用大量水洗，再用1%硼酸溶液洗。

溴：用大量水洗，再用1%碳酸氢钠溶液洗。

玻璃：用镊子移去碎玻璃，或在盆中用水洗，切勿用手揉动。

6. 中毒

溅入口中尚未咽下者应立即吐出，用大量水冲洗口腔。如已吞下，应根据毒物性质给以解毒剂，并立即送医疗单位。

腐蚀性毒物：对于强酸，先饮大量水，然后服用氢氧化铝膏、鸡蛋白；对于强碱，也应先饮大量水，然后服用醋、酸果汁、鸡蛋白。不论酸或碱中毒都再给以牛奶灌注，不要吃呕吐剂。

刺激剂及神经性毒物：先给以牛奶或鸡蛋白使之立即冲淡和缓和，再用一大匙硫酸镁(约30 g)溶于一杯水中催吐。有时也可用手指伸入喉部促使呕吐，然后立即送医疗单位。吸入气体中毒者，将中毒者移至室外，解开衣领及纽扣。吸入少量氯气或溴气者，可用碳酸氢钠溶液漱口。

7. 触电预防和处理

(1) 使用电器时，应防止人体与电器导电部分直接接触，不能用湿手或手握湿物接触电插头。为了防止触电，装置和设备的金属外壳等都应连接地线。实验后应切断电源，再将连接电源的插头拔下。

(2) 触电后，首先切断电源，施行人工呼吸或请医生救护。如果不便切断电源，可尽快用绝缘物(干木棒、干竹竿等)使触电者与电源隔离，然后进行救护。

8. 实验室急救用具

为处理事故需要，实验室应备有急救箱，内置以下一些物品：

(1) 绷带、纱布、棉花、橡皮膏、医用镊子、剪刀等。

(2) 凡士林、玉树油或鞣酸油膏、烫伤油膏及消毒剂等。

(3) 乙酸溶液(2%)、硼酸溶液(1%)、碳酸氢钠溶液(1%及饱和的)、酒精、甘油、红汞、龙胆紫等。

同时，还应备有四氯化碳灭火器、二氧化碳灭火器和泡沫灭火器。

1.3 常见废弃物的处理

化学实验中经常会产生各种有毒的废气、废液和废渣(简称“三废”)。如果对其不处理而任意排放，不仅污染周围空气、水源和环境，造成公害，而且“三废”中的有用或贵重成分未能回收，在经济上也是损失。因此，化学实验室“三废”的处理是很重要的问题。

1.3.1 有毒废气的排放

产生少量有毒气体的实验可在通风橱中进行，有毒气体通过排风设备可排至室外，被大量空气稀释，确保室内空气不被污染。产生大量有毒气体或剧毒气体的实验，必须有吸收或处理有毒气体的措施。例如，Cl_2、H_2S、SO_2、NO_2、HF、HCN 等酸性气体用碱液吸收后排放；NH_3 用 H_2SO_4 溶液吸收后排放；CO 可点燃转化为 CO_2 气体后再排放。

1.3.2 废渣、废液的处理、回收

实验室中少量有毒废渣应集中深埋于指定的地点。有回收价值的废渣应回收利用。下面是几种常见废液的处理方法：

(1) 废酸(或废碱)液的处理。将含酸废液和含碱废液中和，剩余的酸或碱可用 NaOH、$Ca(OH)_2$ 或 H_2SO_4 调至 pH=6～8 后排放。如果废酸液或废碱液中含废渣，应过滤后排放。

(2) 含铬废液的处理。含铬废液主要是含铬废洗液。一般有两种处理方法：一是在酸性含铬废液中加入 $FeSO_4$，将 Cr(Ⅵ)还原为 Cr(Ⅲ)，然后加入 NaOH(或 Na_2CO_3)调节溶液至 pH = 6～8，加热至 80 ℃左右，通入适量空气，使 Cr(Ⅲ)以 $Cr(OH)_3$ 的形式与 $Fe(OH)_3$ 一起沉淀而除去；二是用 $KMnO_4$ 氧化法将含铬废洗液再生，具体做法是将废洗液在 110～130 ℃下浓缩，待冷却至室温后，加入 $KMnO_4$ 粉末，注意边加边搅拌至溶液呈淡紫色为止，然后加热至有 SO_3 产生，停止加热。稍冷后用玻璃砂漏斗抽滤，除去沉淀物。滤液冷却后析出 CrO_3 沉淀。在含 CrO_3 沉淀的溶液中加入适量浓 H_2SO_4 后又制成洗液。

(3) 含氰废液的处理。少量含氰废液可用 NaOH 调节溶液的 pH，在 pH>10 的条件下加入适量 $KMnO_4$ 将 CN^- 氧化。较大量的含氰废液可用次氯酸盐进行处

理，方法是在 pH>10 的条件下，加入足量的次氯酸盐溶液，充分搅拌后放置一夜，使氰化物完全分解为 CO_2 和 N_2，最后将处理液中和至 pH=6～8 后排放。

(4) 含汞废液的处理。含汞废液处理方法较多，实验室处理少量含汞废液常采用化学沉淀法。此法是在含 Hg^{2+}废液中加入 Na_2S，使 Hg^{2+}生成难溶的 HgS 后从废液中除去。为确保处理后的清液达到排放标准(Hg^{2+}含量≤0.02 mg/L)，要求加入过量的 Na_2S，但过量的 Na_2S 又易导致 HgS 生成$[HgS_2]^{2-}$而溶解，影响处理效果。为解决这一问题，可在含 Hg^{2+}废液中加入适量对水质影响不大的 $FeSO_4$，使 Fe^{2+}与过量 Na_2S 作用，生成 FeS 沉淀，起到吸附 HgS 而又加速 HgS 沉淀的作用。沉淀过滤后，少量残渣应深埋于地下。如果残渣量较多，可用焙烧法回收汞。目前较好的处理方法是离子交换法，该法处理效率高，但成本较高，少量含汞废液的处理不宜采用此法。

(5) 含重金属离子废液的处理。处理含重金属离子废液最经济、有效的方法是加入 Na_2S(或 NaOH)，使重金属离子形成难溶性的硫化物(或氢氧化物)而分离除去。

(6) 含砷废液的处理。实验室中采用石灰法处理含砷废液，方法是在含砷废液中加入 Fe^{3+}盐，并加入石灰乳使溶液至碱性，新生成的 $Fe(OH)_3$ 与难溶的亚砷酸钙或砷酸钙发生共沉淀和吸附作用，从而除去砷。

$$As_2O_3+Ca(OH)_2 = Ca(AsO_2)_2\downarrow+H_2O$$

此外，还可利用硫化砷的难溶性，在含砷废液中通入 H_2S 或加入 Na_2S 以除去含砷化合物。

上篇　基本知识和基本操作

第2章　基 本 知 识

2.1　实验室用水

实验室中，洗涤仪器、溶解样品、配制溶液均需用水。一般天然水和自来水中常含有氯化物、碳酸盐、硫酸盐、泥沙等杂质，影响实验结果的准确度。实验室用水，根据实验任务和要求的不同，采用不同纯度的水。一般的化学实验用一次蒸馏水或去离子水；超纯分析或精密物理化学实验中，需要用水质更高的二次蒸馏水、三次蒸馏水或根据实验要求用无二氧化碳蒸馏水等。

2.1.1　实验室用水规格

国家标准(GB/T 6682—1992)建立了《分析实验室用水规格和试验方法》，规定了实验室用水的技术指标、制备和检验方法，将适用于化学分析和无机痕量分析等实验用水分为三个级别：一级水、二级水和三级水。2008年5月15日，国家质量监督检验检疫总局、国家标准化管理委员会发布GB/T 6682—2008《分析实验室用水国家标准》，自2008年11月1日始实施。表2-1列出了各级实验用水的规格。

表2-1　分析实验室用水的级别和主要指标(GB/T 6682—2008)

项目	一级水	二级水	三级水
pH范围(25 ℃)	—	—	5.0～7.5
电导率(25 ℃)/(mS/m)	≤0.01	≤0.10	≤0.50
吸光度(254 nm，1 cm光程)	≤0.001	≤0.01	—
可氧化物质[以(O)计]/(mg/L)	—	<0.08	<0.4
蒸发残渣(105 ℃±2 ℃)/(mg/L)	—	≤1.0	≤2.0
可溶性硅(以SiO_2计)/(mg/L)	<0.01	<0.02	—

注：1. 由于在一级水、二级水的纯度下，难以测定其真实的pH，因此对一级水、二级水的pH范围不做规定。

2. 由于在一级水的纯度下，难以测定可氧化物质和蒸发残渣，对其限量不做规定。可用其他条件和制备方法来保证一级水的质量。

一级水基本上不含溶解或胶态离子杂质及有机物，它可以由二级水经进一步加工处理而制得；二级水用于一般分析试剂的配制，可含有微量的无机、有机或胶态杂质，可用蒸馏、反渗透或去离子后再进行蒸馏等方法制得；三级水用于一般实验，它可以采用蒸馏法制备。

2.1.2　实验室用水制备方法

实验室制备纯水方法有蒸馏法、离子交换法、电渗析法和电泳法等，本节主要介绍前两种。

1. *蒸馏法*

蒸馏法的基本原理是通过加热使含盐的水蒸发，然后将蒸汽冷凝而成蒸馏水，或称脱盐水，溶解在水中的盐类则残留在蒸馏器中。目前使用的蒸馏器的材质有玻璃、金属铜、石英等，蒸馏法只能除去水中非挥发性的杂质，而溶解在水中的气体并不能除去。蒸馏法的优点是设备成本低、操作简单，缺点是只能除掉水中非挥发性杂质，且能耗高。蒸馏水杂质离子含量往往与蒸馏器的材质相关(表 2-2)。

表 2-2　蒸馏水中杂质含量

蒸馏器名称	杂质含量/(mg/mL)				
	Mn^{2+}	Cu^{2+}	Zn^{2+}	Fe^{3+}	Mo(V)
铜蒸馏器	1	10	2	2	2
石英蒸馏器	0.1	0.5	0.04	0.02	0.001

如对水的纯度要求很高，可经过多次蒸馏，从而取得纯水或高纯水。用硬质玻璃或石英蒸馏器，在每升蒸馏水或去离子水中加入 50 mL 碱性高锰酸钾溶液(每升含 8 g $KMnO_4$+300 g KOH)进行二次蒸馏，弃去头和尾各 1/4 容积，收集中段的重蒸馏水，称为二次蒸馏水。

2. *离子交换法*

通过离子交换树脂对水进行纯化所制备的水称为去离子水。离子交换制备纯水在交换柱中进行，自来水通过阳离子交换柱去除阳离子，通过阴离子交换柱去除阴离子，实际操作中常把阴阳树脂串联使用。此法的优点是制备的水量大、成本低、除去离子的能力强；缺点是设备及操作较复杂，不能除去非电解质杂质，而且有微量树脂溶在水中。离子交换法是目前实验室最常用的制水方法。去离子水杂质含量如表 2-3 所示。

表 2-3　去离子水杂质含量

杂质项目	Mn^{2+}	Cu^{2+}	Zn^{2+}	Fe^{3+}	Mo(Ⅴ)	Mg^{2+}	Ca^{2+}	Sr^{2+}
杂质含量/(mg/mL)	<0.002	0.05	<0.02	0.02	<0.02	2	0.2	<0.06
杂质项目	Ba^{2+}	Pb^{2+}	Cr^{3+}	Co^{2+}	Ni^{2+}	B、Sn、Si、Ag		
杂质含量/(mg/mL)	0.006	0.02	0.02	<0.002	0.002	不可检出		

制得的纯水用清洁、密闭的聚乙烯容器存放，三级水也可以用密闭的专用玻璃容器。各级用水在储存期间，其污染源主要是聚乙烯容器可溶成分的溶解及空气中 CO_2 和其他杂质。因此，一级水不可储存，使用前制备；二级水、三级水可适量制备，分别储存于经同级水清洗过的容器中。

2.1.3　纯水的检验

纯水的检验有物理方法(测定水的电阻率)和化学方法两种，根据一般分析实验的要求，检验纯水的主要项目如下。

1. 电阻率

水的电阻率越高，表示水中的离子越少，水的纯度越高。25 ℃时，电阻率为 1.0×10^6～1.0×10^7 Ω·cm 的水称为纯水，电阻率大于 1.0×10^7 Ω·cm 的水称为高纯水，高纯水应保存在石英或塑料容器中。各级水的电阻率如表 2-4 所示。

表 2-4　各级水的电阻率(25℃)

水的类型	电阻率/(Ω·cm)
自来水	～1900
一次蒸馏水	～3.5×10^6
二次蒸馏水	～12.5×10^6
混合床离子交换水	～16×10^6
绝对水	～18.3×10^6

2. pH

用酸度计测定与大气相平衡的纯水的 pH，一般 pH 应为 6 左右。采用简易化学方法测定时，取两支试管，在其中各加 10 mL 水，于甲试管中滴加 0.2%甲基红(pH 变色范围为 4.2～6.2)2 滴，不得显红色，于乙试管中滴加 0.2%溴百里酚蓝

(pH 变色范围为 6.0～7.6) 5 滴，不得显蓝色。

3. 硅酸盐

取 10 mL 水于小烧杯中，加入 4 mol/L HNO_3 5 mL、5%钼酸铵溶液 5 mL，室温下放置 5 min，然后加入 10% $Na_2S_2O_3$ 溶液 5 mL，观察是否出现蓝色，如呈现蓝色则说明水不合格。

4. 氯化物

取 2 mL 水于试管中，加 4 mol/L HNO_3 一滴酸化，再加入 0.1 mol/L $AgNO_3$ 溶液 1～2 滴，如出现白色乳状物，则说明水不合格。

5. 金属离子

取 25 mL 水，加 0.2%铬黑 T 指示剂一滴、pH 为 10 的氨性缓冲溶液 5 mL，如呈现蓝色，说明 Cu^{2+}、Pb^{2+}、Zn^{2+}、Fe^{3+}、Ca^{2+}、Mg^{2+}等阳离子含量甚微，水合格。如呈现紫红色，则说明水不合格。

2.2 化学试剂

化学试剂种类很多，规格不一，用途各异。化学试剂的纯度对分析结果准确度的影响很大，不同的分析工作对试剂纯度的要求也不同。因此，必须了解化学试剂的性质、类别、用途等方面的知识，以便合理选择、正确使用、妥善管理。

2.2.1 化学试剂的级别和规格

化学试剂的级别是以其中所含杂质多少进行划分的。我国化学试剂的标准有国家标准(GB)、化工行业标准(HG)及企业标准(QB)，我国国家标准是根据试剂的纯度和杂质含量，将试剂分为四个等级，并规定了试剂包装的标签颜色及应用范围，见表 2-5。

表 2-5　化学试剂的规格、应用范围和标志

等级	名称	英文符号	应用范围	标签颜色
一级品	优级纯(保证试剂)	G.R.	用于精密分析实验	绿色
二级品	分析纯(分析试剂)	A.R.	应用于多数分析工作和科学研究工作	红色
三级品	化学纯	C.P.	一般化学实验	中蓝色
四级品	实验试剂	L.R.	工业或化学制备	黄色

除了上述四个级别外，目前市场上还有高纯试剂、基准试剂和光谱纯试剂、色谱纯试剂等。基准试剂常用作滴定分析中的基准物质，用于直接配制标准滴定溶液。光谱纯试剂（符号 S.P.）的杂质含量用光谱分析法已测不出或杂质含量低于某一限度，主要用来作光谱分析中的标准物质。

2.2.2 化学试剂的合理选用

在进行化学实验时，应根据不同的工作要求(包括工作性质、分析方法的灵敏性、待测组分的含量及对分析结果准确度要求等)合理地选用相应级别的试剂。在满足实验要求前提下，选用的试剂就低不就高。

(1) 痕量分析要选用优级纯试剂，以降低空白值和避免杂质干扰。

(2) 进行仲裁分析、实际检验、进出口商品检验等时，应选用优级纯。

(3) 车间控制分析可选用分析纯、化学纯。

(4) 某些制备实验、冷却浴或加热浴用的试剂可选用实验试剂。

(5) 滴定分析常用的标准溶液，一般应选用分析纯试剂配制，再用基准试剂进行标定。如对分析结果要求不很高时，也可用优级纯或分析纯试剂代替基准试剂。

(6) 规范试剂的标签上应标明试剂名称、化学式、摩尔质量、级别、技术规格、产品标准号、生产许可证号、厂名等，危险品和毒品还应给出相应的标志。若上述标记不详或不全，应提出质疑。

(7) 试剂的纯度常不很明确，除少数标明“分析纯”、“实验试剂”外，一般只写“化学试剂”、“企业标准”或“部颁暂行标准”等。常用的有机试剂也存在等级不明，一般只可作“化学纯”试剂使用，必要时进行提纯。

2.2.3 化学试剂的存放

1. 按酸碱性及氧化性选择瓶塞

(1) 玻璃塞：一般试剂可用玻璃塞，但碱及碱性物质的存放需用软木塞或橡皮塞。

(2) 橡皮塞：强氧化性物质(如 $KMnO_4$、Br_2、H_2O_2、浓 H_2SO_4、浓 HNO_3 等)及有机物(如苯、四氯化碳、汽油、乙醚等)存放不可用橡皮塞。

2. 按稳定性选择试剂瓶的颜色

(1) 无色试剂瓶：存放一般试剂。

(2) 棕色试剂瓶：存放见光或受热易分解的药品，并置于阴凉处，如浓 HNO_3、$AgNO_3$、卤化银、氯水、溴水、碘水等。

3. 特殊试剂的贮存

(1) 防止氧化：如亚硫酸盐、亚硝酸盐、氯化亚锡、活泼金属、白磷等，有些还要加入还原剂，如保存氯化亚铁可加入铁钉。

(2) 防止潮解：如氯化镁、浓硫酸、无水氯化钙等干燥剂，保存时一定要密封，宜放在干燥处，少量也可放在干燥器内。

(3) 防止水解：如氯化铝、氯化铁等也可加些试剂抑制水解，如在氯化铁溶液中可加入盐酸，就可以防止氢氧化铁沉淀的生成。

(4) 防止升华：如碘单质、萘等，此类药品保存应注意密封。

(5) 防止分解：如硝酸、硝酸银、氯水、过氧化氢及大多数溴、碘和汞的化合物，保存此类药品最好用棕色试剂瓶存放于阴凉处，过氧化氢、过氧化钠处于阴冷处。

2.3 误差和数据处理

2.3.1 准确度和精密度

在任何一项分析工作中，都可以看到用同一种分析方法测定同一种样品，虽然经过多次测定，但测定结果总不会完全一样，这说明在测定中有误差。为此我们必须了解误差产生的原因及其表示方法，尽可能将误差减到最小，以提高分析结果的准确度。

实验数据主要从准确度和精密度两方面评价。准确度是指测定值与真实值符合的程度，用误差来衡量。误差越小，表示测量结果的准确度越高。精密度指平行测定各次结果相接近的程度，反映测量值重复性的大小，用偏差衡量。准确度高一定需要精密度高，但精密度高不一定准确度高。在消除系统误差的前提下，精密度高，准确度也会高。

1. 准确度和误差

1) 误差

误差是测量值与真实值的差值。按其性质的不同，可以分为系统误差和偶然误差两大类。

系统误差是由于某种固定因素的影响而引起的误差。当重复测定时，其大小和方向不变。根据其来源不同，可分为方法误差、仪器和试剂误差及操作误差。

偶然误差是由于一些尚未发现或无法控制的因素引起的误差，其大小、方向都不确定，完全由概率决定。测定值可能大于真实值，也可能小于真实值。

2）准确度

准确度是指测定值与真实值之间相符合的程度。准确度的高低常以误差的大小来衡量，即误差越小，准确度越高；误差越大，准确度越低。

误差有两种表示方法：绝对误差和相对误差。

绝对误差：$E = x - T$ （x 为测定值，T 为真实值）

相对误差：$\mathrm{RE} = \dfrac{x-T}{T} \times 100\%$

由于测定值可能大于真实值，也可能小于真实值，因此绝对误差和相对误差都有正负之分。

2. 精密度与偏差

精密度是指在相同条件下 n 次重复测定结果彼此相符合的程度。精密度的大小用偏差表示，偏差越小说明精密度越高。

1）偏差

偏差有绝对偏差和相对偏差。

绝对偏差：$d = x - \bar{x}$

相对偏差：$d_{\mathrm{r}} = \dfrac{x-\bar{x}}{\bar{x}} \times 100\%$

绝对偏差和相对偏差都有正负之分，单次测定的偏差之和等于零。对多次测定数据的精密度常用算数平均偏差（$\bar{d}$）来表示。

2）算术平均偏差

算术平均偏差是指单项测量值与平均值的偏差（取绝对值）之和除以测定次数。

算术平均偏差：$\bar{d} = \dfrac{\sum |x_i - \bar{x}|}{n}$ （$i=1,2,3,\cdots,n$）

相对平均偏差：$d_{\mathrm{r}} = \dfrac{\bar{d}}{\bar{x}} \times 100\%$

算术平均偏差和相对平均偏差不计正负。

例 2-1 计算下面一组测量值的平均值和相对平均偏差。

55.51，55.50，55.46，55.49，55.51

解 平均值：$\bar{x} = \dfrac{\sum x_i}{n} = \dfrac{55.51+55.50+55.46+55.49+55.51}{5} = 55.49$

算术平均偏差：$\bar{d} = \dfrac{\sum |x_i - \bar{x}|}{n} = \dfrac{(0.02+0.01+0.03+0.00+0.02)}{5} = 0.016$

相对平均偏差：$d_r = \frac{\overline{d}}{\overline{x}} \times 100\% = \frac{0.016}{55.49} \times 100\% = 0.029\%$

为了减小误差，提高实验结果的准确度和精密度，可以通过选择合适的实验方法，如校准仪器、进行空白实验、对照实验等途径有效地减小和消除系统误差。同时可以通过增加平行测定的次数来减小偶然误差。

3. 极差

在统计中常用极差来描述一组数据的离散程度，反映变量分布的变异范围和离散幅度，是最直接也是最简单的方法。极差即最大值与最小值之差。极差能体现一组数据波动的范围，极差越大，离散程度越大，反之，离散程度越小。

极差只指明了测定值的最大离散范围，而未能利用全部测量值的信息，不能细致地反映测量值彼此相符合的程度，极差是总体标准偏差的有偏估计值，当乘以校正系数之后，可以作为总体标准偏差的无偏估计值，它的优点是计算简单，含义直观，运用方便，故在数据统计处理中仍有相当广泛的应用。然而，它仅取决于两个极端值的水平，不能反映其间的变量分布情况，同时易受极端值的影响。

2.3.2　有效数字

1. 有效数字的概念

有效数字是指在实际工作中能测量到的数值，它的位数包括所有准确数字和最后一位可疑数字，它反映了测量结果的准确度。

例如：7.5 g	用的是粗天平
7.52 g	用的是扭力天平
7.5187 g	用的是分析天平

有效数字保留的位数应根据分析方法与仪器的准确度来确定，一般情况是，测得的数值中只有最后一位是可疑的。例如，用 1/10 000 分析天平称量时，数据应记录至 0.0001 g，滴定管和移液管的读数应记录 0.01 mL。例如，在分析天平上称取试样 0.5000 g，这不仅表明试样的质量是 0.5000 g，还表示称量的误差在±0.0002 g 以内。如将其质量记录成 0.50 g，则表示该试样是在台秤上称量的，其称量误差为±0.02 g。因此，记录数据的位数不能任意增加或减少。

因此，有效数字就是保留末一位不准确数字，其余数字均为准确数字。同时从上面例子也可以看出，有效数字和仪器的准确程度有关，即有效数字不仅表明数量的大小，也反映测量的准确度。

“0”在有效数字中有两种意义，一种是作为数字定位，另一种是有效数字。当“0”只表示小数点的位置时，不算作有效数字，如 0.356、0.0356、0.003 56 三个数值都只有三位有效数字，“0”只起到定位的作用。而 38.10、3.000、3.020 等数据中“0”则是有效数字，所以它们都是四位有效数字。以“0”结尾的正整数，有效数字的位数不确定。如4500这个数，可能为2位或3位，也可能是4位。遇到这种情况，应根据实际有效数字位数写成指数形式：

4.5×10^3	2位有效数字
4.50×10^3	3位有效数字
4.500×10^3	4位有效数字

对于滴定管、移液管和吸量管，它们都能准确测量溶液体积到 0.01 mL。所以当用50 mL滴定管测量溶液体积时，如测量体积大于10 mL而小于50 mL，应记录为4位有效数字，如写成24.22 mL；如测量体积小于10 mL，应记录为3位有效数字，如写成8.13 mL。当用25 mL移液管移取溶液时，应记录为25.00 mL；当用5 mL吸量管吸取溶液时，应记录为5.00 mL。当用250 mL容量瓶配制溶液时，则所配制溶液的体积应记录为250.0 mL。

总而言之，记录实验数据时，保留几位有效数字应和所用仪器的准确程度相适应。

对于pH、pM、lg*c*、lg*K*等对数值，其有效数字的位数仅由小数部分的数字位数决定。例如，pM=5.00 是两位有效数字；pH=2.08 是两位有效数字，它是$[H^+]=8.3\times10^{-3}$ mol/L取负对数而来；首位数字是8、9时，有效数字可多计一位，如9.83可以认为是四位有效数字。

2. 有效数字修约规则

为了适应生产和科技工作的需要，我国已经正式颁布GB/T 8170—2008《数位修约规则与极限数值的表示和判定》，通常称为“四舍六入五成双”法则。当数字的首位是不小于8的数字时，有效数字可以多计一位，如8.45可在运算中看成有4位有效数字。

“四舍六入五成双”考虑当尾数≤4时舍去，尾数≥6时进位。当尾数恰为5时，则应看保留的末位数是奇数还是偶数，5前为偶数应将5舍去，5前为奇数则将5进位。这一法则的具体运用如下：

(1) 若被舍弃的第一位数字大于5，则其前一位数字加1。如28.2645只取3位有效数字时，则被舍弃的第一位数字为6，大于5，则有效数字应为28.3。

(2) 若被舍弃的第一位数字等于 5，而其后数字全部为零，则看被保留的末值数字为奇数或偶数(零视为偶数)而定进或舍，末位是奇数时进 1，末位为偶数不加1。如28.350、28.250、28.050只取3位有效数字时，分别应为28.4、28.2、28.0。

(3) 若被舍弃的第一位数字为5，而其后面的数字并非全部为零，则进1。如28.2501，只取3位有效数字时，则进1，成为28.3。

(4) 若被舍弃的数字包括几位数字时，修约时只允许一次修约，不得对该数字进行连续修约。如 2.154 546 只取 3 位有效数字时，应为 2.15，而不得按下法连续修约为 2.16。

$$2.154\ 546 \rightarrow 2.154\ 55 \rightarrow 2.1546 \rightarrow 2.155 \rightarrow 2.16$$

3. 有效数字运算规则

1）加减法

加减运算时，各数小数点后所取的位数与其中最少位数者相同。例如

$$0.12+12.232+1.458=0.12+12.23+1.46=13.81$$

先修约后计算。

2）乘除法

在乘除运算中，保留各数的有效位数以位数最少的数为准。例如

$$0.0121\times25.64\times1.057\ 82=0.0121\times25.6\times1.06=0.328$$

$$1.576\times0.0182+81$$

其中 81 有效位数最低，但由于十位是 8，故可看作有 3 位有效数字，所以其余各数都保留 3 位有效数字，则上式变为 $1.58\times0.0182+81$，最后结果保留 3 位有效数字。

对于复杂的运算，先加减后乘除，在计算过程中，若考虑“四舍五入”造成的误差积累可能会影响最终结果，则可多保留 1 位有效数字，但最终结果仍保留适当的有效数字位数。

3）自然数

在分析化学运算中，有时会遇到一些倍数或分数的关系，如水的相对分子质量(M_r)＝$2\times1.008+16.00=18.02$，在这里 “2×1.008”中的“2”不能看作 1 位有效数字，因为它们是非测量所得到的数，是自然数，其有效数字位数可视为无限。

4. 分析结果报出的位数

在报出分析结果时，分析结果数据≥10%时，保留 4 位有效数字；数据在 1%～10%之间时，保留 3 位有效数字；数据≤1%时，保留两位有效数字，如 25.63%、8.25%、0.96%。

2.4　分析试样的采集与制备

分析化学实验的结果能否为质量控制和科学研究提供可靠的分析数据，关键是看所取试样的代表性和分析测定的准确性，这两方面缺一不可。可从大量的被测物质中采取能代表整批物质的小样，必须掌握适当的技术，遵守一定的规则，采取合理的采样及制备试样的方法。

2.4.1 采样的目的和基本原则

采样的基本目的是从被检的总体物料中取得有代表性的样品。采样要从采样误差和采样费用两方面考虑。首先要满足采样误差的要求，采样误差是不能以样品的检测来补偿的。有时诸如物料费用、作业费等采样费用较高，这样在设计采样方案时就要适当地兼顾采样误差和采样费用。采样的具体目的不同，要求也各异。实际工作中采样的具体目的可划分为以下几方面：

(1) 技术方面的目的：确定原材料、半成品及成品的质量；控制生产工艺过程；鉴定未知物；确定污染的性质、程度和来源；验证物料的特性和特性值；测定物料随时间、环境的变化；鉴定物料的来源等。

(2) 商业方面的目的：确定销售价格；验证是否符合合同的规定；保证产品销售质量满足用户的要求等。

(3) 法律方面的目的：检查物料是否符合法令要求；检查生产过程中泄漏的有害物质是否超过允许极限；进行法庭调查；确定法律责任；进行仲裁等。

(4) 安全方面的目的：确定物料是否安全或危险程度；分析事故发生的原因；按危险性进行物料分类等。

2.4.2 采样方案和记录

1. 采样方案

采样方案要根据采样的具体目的和要求及所掌握被采物料的所有信息制定，包括：确定总体物料的范围；确定采样单元和二次采样单元；确定样品数、样品量和采样部位；规定采样操作方法和采样工具；规定样品的加工方法；规定采样安全措施。

2. 采样记录

为明确采样工与分析工的责任，方便分析工作，采样时应记录被采物料的状况和采样操作，如物料的名称、来源、编号、数量、包装情况、存放环境、采样部位、所采的样品数和样品量、采样日期、采样人姓名等。必要时根据记录填写采样报告。实际工作中例行的常规采样可简化上述规定。

2.4.3 采样技术

1. 采样误差

采样误差分为采样随机误差和采样系统误差。采样随机误差是在采样过程中一些无法控制的偶然因素所引起的偏差，是无法避免的，要减小该类误差，只能通过增加采样的重复次数来解决；采样系统误差是采样方案不完善、采样设备有缺陷、操作者不按规定进行操作及环境等的影响造成的，可以尽力避免。采得的样品都可能包含上述两种误差，在应用样品的监测数据研究采样误差时，还必须考虑实验误差的影响。

2. 物料类型

物料按特性值变异类型可以分为均匀物料和不均匀物料，不均匀物料又可以分为随机不均匀物料和非随机不均匀物料。

均匀物料的采样原则上可以在物料的任意部位进行。注意采样过程中不应带入杂质；避免采样过程中引起物料变化(如吸水、氧化等)。

不均匀物料的采样除了注意采样过程中不应带入杂质、避免采样过程中引起物料变化，一般采取随机采样。对所得样品分别进行测定，再汇总所有样品的检测结果。

3. 样品数和样品量

在满足需要的前提下，样品数和样品量越少越好。

1）样品数

对一般化工产品，均可用多单元物料来处理。对于总体物料的单元数小于 500 的，可以按表 2-6 来确定采样单元数。对于总体物料的单元数大于 500 的，采样单元数可按总体单元数立方根的三倍数确定，即 $n = 3 \times \sqrt[3]{N}$（n 为采样单元数，N 为物料总体单元数）。

表 2-6　采样单元数的选取

总体物料的单元数	选取的最少单元数	总体物料的单元数	选取的最少单元数
1～10	全部单元	182～216	18
11～49	11	217～254	19
50～64	12	255～296	20
65～81	13	297～343	21
82～101	14	344～394	22
102～125	15	395～450	23
126～151	16	451～512	24
152～181	17		

2）样品量

一般情况下，样品量应至少满足以下需求：满足三次重复检测的需要；当需要留存备考样品时，必须满足备考样品的需要；满足需作制样处理时加工处理的需要。

2.4.4 采样

对化工产品进行采样时，要参照相应国家标准进行：

(1) 固体化工产品采样参考《固体化工产品采样通则》GB/T 6679—2003。

(2) 液体化工产品采样参考《液体化工产品采样通则》GB/T 6680—2003。

(3) 气体化工产品采样参考《气体化工产品采样通则》GB/T 6681—2003。

2.4.5 知识链接——样品采集

1. 气体采样方法及原则

1) 采样方法

(1) 抽气法。它主要采用吸收液和固体吸附剂。

吸收液：主要吸收气态和蒸气态物质。常用的吸收液有水、水溶液、有机溶剂。吸收液的选择依据被测物质的性质及所用分析方法而定。但是，吸收液必须与被测物质发生作用快，吸收率高，同时便于此后分析步骤的操作。

固体吸附剂：有颗粒状吸附剂和纤维状吸附剂两种。前者有硅胶、素陶瓷等，后者有滤纸、滤膜、脱脂棉、玻璃棉等，吸附作用主要是物理性阻留，用于采集气溶胶。硅胶常用的是粗孔及中孔的，这两种硅胶均有物理和化学吸附作用。素陶瓷需用酸或碱除去杂质，并在 110～120 ℃烘干，由于素陶瓷并非多孔性物质，仅能在粗糙表面上吸附，因此采样后洗脱比较容易。滤纸及滤膜要求质密而均匀，否则采样效率降低。

(2) 真空瓶法。当气体中被测物质浓度较高，或测定方法的灵敏度较高，或被测物质不易被吸收液吸收而且用固体吸附剂采样有困难时，可用此方法采样。将不大于 1 L 的具有活塞的玻璃瓶抽成真空，在采样地点打开活塞，被测空气立即充满玻璃瓶，然后向瓶中加入吸收液，使其有较长的接触时间以利于吸收被测物质，然后进行化学测定。

(3) 置换法。采取少量空气样品时，将采样器(如采样瓶、采样管)连接在一台抽气泵上，通过是采样器体积 6～10 倍的空气，以便将采样器中原有的空气完全置换出来，也可将不与被测物质发生反应的液体(如水、食盐水等)注满采样器，采样时放掉液体，被测空气即充满采样器。

(4) 静电沉降法。此法常用于气溶胶状物质的采样。空气样品通过 12 000～20 000 V 电压的电场，在电场中气体分子电离所产生的离子附着在气溶胶粒子上，使粒子带负电荷，此带电荷的粒子在电场作用下就沉降到收集电极上，将收集电极表面沉降的物质洗下，即可进行分析。此法采样效率高、速度快，但在有易爆炸性气体、蒸气或粉尘存在时不能使用。

2）采样原则

(1) 采样效率。在采样过程中，要得到高的采样效率，必须采用合适的收集器及吸附剂，确定适当的抽气速度，以保证空气中的被测物质能完全地进入收集器中，被吸收或阻留下来，同时便于下一步的分离测定。

(2) 采集气体的量。采样前必须计算出最小采气量，以保证能测出最高容许浓度水平的被测物质。由下式可计算出最小的采气量：

$$V=\frac{ac}{bd}$$

式中，V 为最小采气体积，L；a 为样品的总体积，mL；b 为分析时所取样品的体积，L；c 为测定方法的灵敏度，μg/mL；d 为最高容许浓度，mg/m^3。

如空气中被测物质浓度很高，则不受最小采气体积的限制，可以少采些。

(3) 采样点的选择。根据测定的目的选择采样点，同时应考虑工艺流程、生产情况、被测物质的理化性质和排放情况以及当时的气象条件等因素。每一个采样点必须同时平行采集两个样品，测定结果之差不得超过 20%，记录采样时的温度和压力。如果生产过程是连续性的，可分别在几个不同地点、不同时间进行采样。如果生产是间断性的，可在被测物质产生前、产生后以及产生时分别测定。

2. 土壤样品的采集

1）污染土壤样品的采集

(1) 采样点的布设。由于土壤本身分布不均匀，应多点采样并均匀混合成为具有代表性的土壤样品。在同一个采样分析单位里，如果面积不太大(如 1000～1500 m^2)，可在不同方位上选择 5～10 个具有代表性的采样点。点的分布应尽量依据土壤的全面情况，不可太集中，也不能选在采样区的边或某特殊的点(如堆肥旁)等。

(2) 采样的深度。如果只是一般了解土壤污染情况，采样深度只需取 15 cm 左右的耕层土壤和耕层以下 15～20 cm 的土样，如果要了解土壤污染深度，则应按土壤剖面层分层取样。

(3) 采样量。由于测定所需的土样是多点混合而成的，取样量往往较大，而实际供分析的土样不需要太多，具体需要量视分析项目而定，一般要求 1 kg。因此，对多点采集的土壤，可反复按四分法缩分，最后留下所需的土样量。

2）土壤本底值测定的样品采集

样点选择应包括主要类型土壤，并远离污染源，同一类型土壤应有 3～5 个以上的采样点。另外，要注意与污染土壤采样的不同之处是同一样点不强调采集多点混合样，而是选取植物发育典型、具代表性的土壤样品，采样深度为 1 m 以内的表土的心土。

3）土壤样品的制备

(1) 土样的风干。除了测定挥发性的酚、氰化物等不稳定组分需要用新鲜土样外，多数项目的样品需经风干，风干后的样品容易混合均匀。风干的方法是将采得的土样全部倒在塑料薄膜上，压碎土块，除去植物根、茎、叶等杂物，铺成薄层在室温下经常翻动，充分风干，要防止阳光直射和灰尘落入。

(2) 磨碎与过筛。将风干后的土样用有机玻璃棒碾碎后，通过2 mm孔径尼龙筛，以除去沙砾和生物残体，筛下的样品反复按四分法缩分，留下足够供分析用的土样，再用玛瑙研钵磨细，通过100目尼龙筛，混匀装瓶用。制备样品时，必须避免样品受污染。

第 3 章　基本实验操作与实验技能

3.1　常用玻璃仪器及使用

3.1.1　常用玻璃仪器

化学实验室中大量使用玻璃仪器，常用玻璃仪器名称、规格和用途见表 3-1。

表 3-1　常用玻璃仪器名称、规格和用途

名称	规格	主要用途	使用注意事项
烧杯	容量(mL)：10、25、50、100、250、400、600、800、1000	配制溶液，溶样	加热时应置于石棉网上，受热均匀，不可烧干
三角烧瓶(锥形瓶)	容量(mL)：50、100、250、500、1000	加热处理试样，容量滴定分析	除同上要求外，如有磨口塞加热时打开塞子
碘量瓶	容量(mL)：50、100、250、500、1000	碘量法或其他生成挥发性物质的定量分析	同三角烧瓶
圆(平)底烧瓶	容量(mL)：50、100、250、500、1000	加热及蒸馏液体	隔石棉网或电热套或水浴加热
凯氏烧瓶	容量(mL)：50、100、300、500	消解有机物质	同圆(平)底烧瓶
洗瓶	容量(mL)：250、500、1000	装水洗涤仪器或装洗涤液洗涤沉淀	玻璃制的可加热，聚乙烯制的不可加热
量筒(量杯)	容量(mL)：5、10、25、50、100、250、500、1000、2000	粗略量取一定体积的液体	沿壁加入或倒出溶液，不能加热
容量瓶	容量(mL)：5、10、25、50、100、250、500、1000、2000 量入式，无色，棕色	配制准确体积的标准溶液或被测溶液	磨口塞要保持原配，漏水时不能用，不可加热
滴定管	容量(mL)：5、10、25、50、100 量出式，无色，棕色 酸式，碱式	容量滴定分析	活塞要原配，不能加热，碱管不能装与橡皮作用的溶液
自动滴定管	滴定管容量 25 mL，储液瓶容量 1000 mL 量出式	自动滴定；可用于滴定液需隔绝空气的操作	注意成套保管，配打气用双连球
移液管(吸量管)	容量(mL)：1、2、5、10、15、20、25、50、100 量出式	准确地移取一定体积的液体	配洗耳球使用

续表

名称	规格	主要用途	使用注意事项
称量瓶	扁型，高型	扁型用于测定水分或在烘箱中烘干基准物质；高型用于称量基准物质、样品	磨口塞要保持原配； 不可盖紧磨口塞烘烤
试剂瓶	容量(mL)：60、125、250、500、1000、2000、5000 无色，棕色 细口瓶，广口瓶，下口瓶	细口瓶用于存放液体试剂；广口瓶用于存放固体试剂；棕色瓶用于存放见光易分解的试剂	不可加热；磨口塞要保持原配；不可长期存放碱液，存放时使用橡皮塞
滴瓶	容量(mL)：30、60、125 无色，棕色	装需要滴加的试剂	同试剂瓶
玻璃	长颈：口径 50 mm、60 mm、75 mm	长颈漏斗用于定量	不可加热
漏斗	管长 150 mm 短颈：口径 50 mm、60 mm 管长 90 mm、120 mm 锥体均为 60°	分析，过滤沉淀；短颈漏斗用作一般过滤	
分液 漏斗	容量(mL)：50、100、125、250、500、1000 玻璃活塞或聚四氟乙烯活塞	分离两种互不相溶的液体；用于萃取分离或富集；制备反应中滴加液体	不可加热； 磨口塞要保持原配
布氏漏斗	直径(cm)：9、11	减压过滤，快速分离溶液和沉淀	配合抽滤瓶、减压泵用
试管 普通试管 离心试管	容量(mL)：5、10、20 带刻度，不带刻度	离心试管可在离心机中分离溶液和沉淀	硬质玻璃试管可直接在火焰上加热，但不能骤冷；离心试管只能水浴加热
比色管	容量(mL)：10、25、50、100 带刻度，不带刻度 具塞，不具塞	光度分析	不可直接在火焰上加热； 磨口塞要原配，注意保持管壁透明，不可用去污粉刷洗
表面皿	直径(mm)：45、60、75、90、100、120	盖烧杯及漏斗等	不可加热，直径要略大于所盖容器
冷凝管	全长(mm)：320、370、490 直形，球形，蛇形 空气冷凝管	用于冷却蒸馏出的液体，蛇形冷凝管用于冷凝低沸点液体蒸气；空气冷凝管用于冷凝沸点 150 ℃以上的液体蒸气	不可骤冷骤热，注意冷却水由下口进，从上口出
研钵	直径(mm)：70、90、105 内底及杵均匀磨砂	研磨固体试剂及试样	不能撞击，不能烘烤
干燥器	直径(mm)：150、180、210 无色、棕色	保持烘干或灼烧过的物质干燥	底部放变色硅胶或其他干燥剂，磨口处涂适量凡士林；放入热的物体后要时时开盖以免盖子跳起

续表

名称	规格	主要用途	使用注意事项
砂芯漏斗	容量(mL)：35、60、140、500 滤板 $1^{\#}$～$6^{\#}$	过滤	必须抽滤；不能骤冷骤热；不能过滤氢氟酸、碱等，用毕立即清洗
砂芯坩埚	容量(mL)：10、15、30 滤板 $1^{\#}$～$6^{\#}$	重量分析中烘干需称量的沉淀	同砂芯漏斗

3.1.2　玻璃仪器的洗涤和干燥

1. 玻璃仪器的洗涤

在分析工作中，洗涤玻璃仪器不仅是实验前必须做的一项准备工作，也是一项技术性工作。仪器洗涤是否符合要求，对检验结果的准确度和精密度均有影响。不同的分析工作有不同的仪器洗净要求，洗涤玻璃仪器的方法很多，应根据仪器上附着污物的性质、沾污的程度以及实验的要求来选择洗涤方法。

图 3-1　振荡洗涤法

1) 冲洗法

向仪器中加入少量的水(不超过容积的 1/3)，用力振荡后把水倒出，如此反复数次。该方法主要是利用水将可溶性污物溶解而除去。试管和烧瓶的振荡参照图 3-1。

2) 刷洗法

首先要根据所洗玻璃仪器的形状、大小，选择适当的毛刷，确定手拿部位，然后将毛刷在盛水的仪器内转动或上下移动，利用毛刷对器壁的摩擦使污物去除，但用力不要过猛，以防毛刷将仪器戳破。试管的刷洗参照图 3-2。

图 3-2　刷洗法

3) 洁净剂洗涤法

带刻度的容量器皿(如移液管、滴定管等)，为了保证容积的准确性，一般不宜用毛刷蘸固体洗涤剂刷洗，而应选用适当的洗液来洗。

最常用的洁净剂是肥皂、肥皂液(特制商品)、洗衣粉、去污粉、洗液、有机溶剂等。肥皂、肥皂液、洗衣粉、去污粉用于可以用刷子直接刷洗的仪器，如烧杯、锥形瓶、试剂瓶等；洗液多用于不便用刷子洗刷的仪器(如滴定管、移液管、容量瓶、蒸馏器等特殊形状的仪器)，也用于洗涤长久不用的杯皿器具和刷子刷不下的结垢。用洗液洗涤仪器，是利用洗液本身与污物发生化学反应的作用将污物去除，因此需要浸泡使其充分作用；有机溶剂是针对污物属于某种类型的油腻性，而借助有机溶剂能溶解油脂的作用洗除之，或借助某些有机溶剂能与水混合而又挥发快的特殊性，冲洗一下带水的仪器，将水洗去。例如，甲苯、二甲苯、汽油等可以洗油垢，乙醇、丙酮可以冲洗刚洗净而带水的仪器。

实际洗涤过程中，可充分应用已有的化学知识来处理实际问题。但无论用哪种方法洗涤玻璃仪器，洗涤后的玻璃仪器最后都必须用自来水冲洗，必要时再用蒸馏水洗净，内壁应不挂水珠，晾干后没有水痕。

2. 常用洗涤液及使用注意事项

1）铬酸洗液

配制方法：称 10 g 工业用重铬酸钾置于烧杯中，加入 30 mL 热水溶解后冷却，搅拌，同时慢慢加入 170 mL 浓硫酸，溶液呈暗红色，储存于细口玻璃瓶中备用。铬酸洗液是一种酸性很强的强氧化剂，可洗涤油脂及还原性污垢。

用铬酸洗液时，先往仪器内加入少量洗液(约为容积的 1/4)，使仪器倾斜并慢慢转动，让其内壁全部被洗液润湿，多转动几圈后，把洗液倒回原瓶；也可将仪器浸泡于洗液中数分钟后取出，然后用自来水冲洗干净。铬酸洗液具有很强的腐蚀性，使用时一定要注意安全，防止溅在皮肤和衣服上。

2）碱性洗液

碱性洗液用于洗涤有油污物的仪器，用该洗液适合采用长时间(24 h 以上)浸泡法或者浸煮法。从碱洗液中捞取仪器时，要戴乳胶手套，以免烧伤皮肤。

常用的碱洗液有碳酸钠液(Na_2CO_3，即纯碱)、碳酸氢钠液($NaHCO_3$，小苏打)、磷酸钠液(Na_3PO_4)、磷酸氢二钠液(Na_2HPO_4)等。

3）其他洗涤液

6 mol/L 硝酸可除去试管壁上的银或铜；用硫代硫酸钠可洗涤黏附于器壁上的难溶性银盐；装过碘液的瓶子用 1 mol/L 的碘化钾处理；容器中的残留物是碱性的用稀盐酸洗，是酸性的用碱液洗。

3. 玻璃仪器的干燥

1）烘干

洗净的仪器沥去水分，可以放在烘箱内，于 105～110 ℃烘 1 h 左右，也可放在红外灯干燥箱中烘干。此法适用于一般仪器。带实心玻璃塞的及厚壁仪器，烘干时要注意慢慢升温并且温度不可过高，以免破裂。量器不可放于烘箱中烘。放置仪器时，应注意使仪器的口朝下。

2）烤干

烧杯和蒸发皿可以放在石棉网上用小火烤干。试管可以直接用小火烤干，操作时，试管要略微倾斜，管口向下，并不时地来回移动试管，把水珠赶掉。

3）晾干

洗净的仪器可倒置在干净的实验柜内的仪器架上(倒置后不稳定的仪器如量筒等，则应平放)，让其自然干燥。

4）吹干

用压缩空气或吹风机把仪器吹干。

5）用有机溶剂干燥

一些带有刻度的计量仪器不能用加热方法干燥，否则会影响仪器的精密度。可以将一些易挥发的有机溶剂(如乙醇或乙醇与丙酮的混合液)加到洗净的仪器中(量要少)，把仪器倾斜，转动仪器，使器壁上的水与有机溶剂混合，然后倾出，少量残留在仪器内的混合液很快挥发使仪器干燥。

4. 使用玻璃仪器的注意事项

1）一般玻璃仪器

使用时应轻拿轻放，除试管等少数玻璃仪器外，不得直接用火加热，烧杯、烧瓶等加热时要垫石棉网；洗涤热的仪器时要缓慢冷却，不可立即用冷水冲洗，以免炸裂；带活塞的仪器应在活塞与磨口之间放纸片，以防黏结；不能用温度计作搅拌棒；温度计用后应缓慢冷却，不可立即用冷水冲洗，以免炸裂。

2）标准磨口玻璃仪器

常用的标准磨口玻璃仪器是具有标准磨口或磨塞的玻璃仪器。通常标准磨口有 10 口、14 口、19 口等。这些数字编号指磨口最大端直径的整数(单位 mm)。同类型的标准磨口玻璃仪器可相互连接，如果使用不同类型规格的标准磨口玻璃仪器，则可利用变径接头使之连接起来。

磨口处必须洁净，若附有固体物质则磨口对接不紧密，将导致漏气，甚至损坏磨口；一般使用时，磨口无需涂润滑剂，以免沾污反应物或产物；若反应物中有强碱，则应涂润滑剂，以免磨口连接处因碱腐蚀而粘牢，不易拆开；安装磨口仪器时应特别注意整齐、正确，使磨口连接处吻合很好；磨口仪器用后应立即拆卸洗净，否则放置太久，磨口的连接处会粘牢，很难拆开；洗涤磨口时，应避免用去污粉，以免损坏磨口。

3.2　基本实验操作

3.2.1　试剂的取用

1. 固体试剂的取用

固体试剂通常用干净的药匙取用，而且最好每种试剂专用一个药匙，否则用过的药匙必须洗净、擦干后才能再用，以免沾污试剂。取较大量试剂时用大匙，取少量试剂时用小匙，不要多取。试剂一旦取出，就不能再放回原瓶，可将多余的试剂放入指定的容器。试剂取出后，一定要把瓶塞盖严，并将试剂瓶放回原处。

要取用一定质量的固体时，可用台秤或分析天平称取。称取一定量的固体试剂时，可根据固体试剂的性质选用不同的器皿盛放。称量纸、表面皿、称量瓶等常用于盛放将要称量的固体。根据要求选用不同精度的天平(托盘天平、1/100 g天平或分析天平)称量。对于腐蚀性或易溶解试剂的称量，不能放在纸上，应放在表面皿等玻璃容器内。颗粒较大的固体应在研钵中研碎后再称量，研钵中所盛固体量不得超过其容积的1/3。

2. 液体试剂的取用

(1) 从小口试剂瓶中取用试剂。先取下瓶塞将其仰放在台面上，用左手持容器(如试管、量筒等)，右手握住试剂瓶，标签向着手心，倒出所需量的试剂。倾倒时，瓶口靠紧容器壁，让液体缓缓流入。倒完后，将瓶在容器上靠一下，再使瓶子竖起。把液体从试剂瓶中倒入烧杯时，用玻璃棒引流至烧杯中(图 3-3 和图 3-4)。

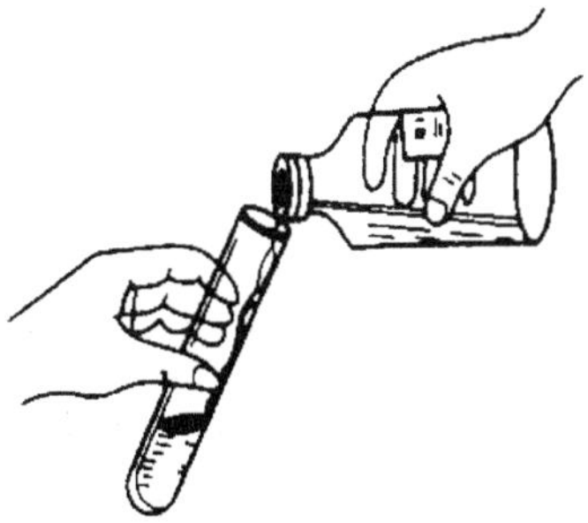

图 3-3　向试管中倒取试剂

图 3-4　向烧杯中倒入试剂

(2) 从滴瓶中取用试剂。先提起滴管至液面以上，再捏胶头排出滴管内空气；然后伸入滴瓶液体中，放松胶头吸入试剂；再提起滴管，捏胶头将试剂滴入容器中。取用试剂时，滴管须垂直。滴加试剂时滴管应在盛接容器的正上方，不得将滴管触及盛接容器器壁，以免污染(图3-5)。

(3) 定量取用液体试剂。如果需要取用一定体积的液体，可根据对体积准确度要求的不同选用量筒、移液管或吸量管。如果配制精确度不高的液体溶液，可以选用量筒量取；如果精确度要求高，则应用移液管或吸量管量取。

(4) 取出的试剂绝对不允许再倒回原试剂瓶，可倒入指定容器。

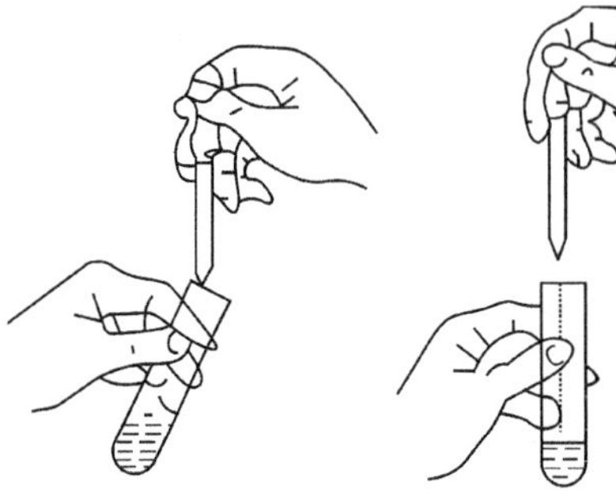

(a) 不正确　　(b) 正确

图 3-5　向试管中滴加液体

3.2.2　溶液的配制

正确配制、合理使用溶液是实验成败的关键因素之一。正确配制是指溶液配制时，要根据溶液浓度在精度上的要求、试剂与溶剂的性质，合理选用试剂级别、试剂的预处理方法、称量方法、配制用量器和配制时的操作流程，以及溶液的储存保管方法。合理使用是指要按具体实验的要求合理选择使用溶液，需要准确配制的溶液必须准确配制，该粗的则无须太细。例如，一般制备实验中选用高准确度浓度溶液是一种浪费，而物质含量的分析、反应规律的测定中，溶液浓度的准确度必须符合测量的要求。

1. 一般溶液的配制

一般溶液是指非标准溶液，在实验中常作为溶解样品、调节 pH、分离或掩蔽离子、显色等使用。配制一般溶液精度要求不高，取 1～2 位有效数字。试剂的质量由托盘天平称量，体积用量筒量取即可。

1) 物质的量浓度溶液的配制和计算

(1) 溶质是固体时，根据 $c_B = \dfrac{n_B}{V_B}$ 和 $n_B = \dfrac{m_B}{M_B}$ 的关系，可得

$$m_B = c_B V \times \frac{M_B}{1000}$$

式中，m_B 为固体溶质 B 的质量，g；c_B 为欲配溶液物质的量浓度，mol/L；V 为欲配溶液的体积，mL；M_B 为溶质 B 的摩尔质量，g/moL。

(2) 溶质是浓溶液时，根据溶液在稀释前后其中溶质的物质的量不会改变，可用下式计算

$$c_{浓} V_{浓} = c_{稀} V_{稀}$$

式中，c 为稀释前后溶液物质的量浓度，mol/L；V 为稀释前后溶液的体积，mL。

2）质量分数溶液的配制和计算

（1）溶质是固体物质时

$$m_1 = mw$$

$$m_2 = m - m_1$$

式中，m_1 为固体溶质 B 的质量，g；m_2 为溶剂的质量，g；m 为欲配溶液的质量，g；w 为欲配溶液的质量分数。

（2）溶质是浓溶液时，由于浓溶液取用量以量取体积较为方便，故一般需查阅酸、碱溶液浓度-密度关系表，查得溶液的密度后可算出体积，然后进行配制。计算依据是溶质的总量在稀释前后不变

$$V_0 \rho_0 w_0 = V \rho w$$

式中，V_0、V 分别为溶液稀释前后的体积，mL；ρ_0、ρ 分别为溶液稀释前后的密度，g/mL；w_0、w 分别为溶液稀释前后的质量分数。

3）质量浓度溶液的配制和计算

由 $\rho_B = \dfrac{m_B}{V}$ 得

$$m_B = \rho_B \times \frac{V}{1000}$$

式中，V 为溶液的体积，L；ρ_B 为溶液的密度，g/mL；m_B 为固体溶质 B 的质量，g。

4）比例浓度溶液的配制

按照体积比例要求分别计算需要的溶液体积，量取溶液后混匀即可。

2. 标准溶液的配制

已知准确浓度的溶液称为标准溶液。标准溶液浓度的准确度直接影响分析结果的准确度。因此，配制标准溶液时，在方法、使用仪器、量具和试剂方面都有严格的要求。一般按照国家标准 GB/T 601—2002 要求配制标准溶液。

1）标准溶液配制的相关规定

（1）制备标准溶液用水，未注明其他要求时，应符合 GB/T 6682—2008 中三级水的规格。

（2）所用试剂的纯度应在分析纯以上。

（3）所用分析天平的砝码、滴定管、容量瓶及移液管均需定期校准。

（4）标定标准溶液所用的基准试剂应为容量分析工作基准试剂，制备标准溶液所用试剂为分析纯以上的试剂。

（5）制备标准溶液的浓度条件指 20 ℃时的浓度，在标定和使用时，如温度有差异，应进行补正。

（6）“标定”或“比较”标准溶液浓度时，平行实验不得少于 8 次，两人各做 4 次平行测定，每人 4 次平行测定结果的极差(最大值和最小值之差)与平均值之

比不得大于 0.1%，结果取平均值，浓度值取四位有效数字。

(7) 配制浓度等于或低于 0.02 mol/L 的标准溶液时，应在临用前将浓度高的标准溶液用煮沸并冷却的水稀释，必要时重新标定。

(8) 滴定分析用标准溶液在常温下保存时间一般不得超过 2 个月。

标准溶液配制有直接配制法和标定法两种。

2) 直接配制法

在分析天平上准确称取一定量已干燥的基准物溶于水后，转入已校准的容量瓶中用水稀释至刻度，摇匀，即可算出其准确浓度

$$c_B = \frac{m_B}{M_B V_B} \times 1000$$

式中，m_B 为称取的固体溶质 B 的质量，g；c_B 为配制溶液物质的量浓度，mol/L；V_B 为配制溶液的体积，mL；M_B 为溶质 B 的摩尔质量，g/moL。

若所用溶质试剂为溶液，则根据其密度计算配制时所需该溶质的体积，用吸量管或滴定管准确移取需要量的液体溶质，注入容量瓶中，后加溶剂稀释至刻度。

作为基准物，应具备下列条件：

(1) 性质稳定，在空气中不与 H_2O、O_2、CO_2 作用，加热干燥时不分解。

(2) 组成与化学式相符。

(3) 纯度高，含量准确(99.9%以上)。

(4) 易溶解，摩尔质量大。

常用基准物：无水 Na_2CO_3 (标定酸)、$H_2C_2O_4 \cdot 2H_2O$(标定碱或 $KMnO_4$)、KIO_3(标定还原剂)、$Na_2C_2O_4$(标定氧化剂)、$AgNO_3$(标定氯化物)等。

3) 标定法

此法用于溶质本身性质不稳定或组成易变，如 HCl、NaOH 等无法采取直接法配制其准确浓度的溶液。采用与已知准确浓度的标准溶液或基准物质进行比较，利用其化学反应计量关系来标定出其准确浓度，此法称为溶液标定法。对配制好溶液的标定，常用直接标定法或间接标定法。

(1) 直接标定法。用天平准确称取一定量基准物，置于锥形瓶内，加水溶解并滴加 2～3 滴指示剂，用待标溶液润洗滴定管三次后，管中注入待标溶液，滴定锥形瓶中基准物溶液至反应完全(一般指示剂刚变色为止)，根据消耗待标溶液体积及基准物质量，可求出待标液的准确浓度

$$c_B = \frac{1000m}{V_B M}$$

式中，c_B 为待标溶液浓度，mol/L；V_B 为标定时消耗的体积，mL；m 为基准物称量质量，g；M 为基准物摩尔质量，g/mol。

(2) 间接标定法。若实验中无法选择出合适的基准物来标定待标溶液，则可利用已知浓度的标准溶液采用间接标定法测其准确浓度。其步骤如下：置标准溶

液于滴定管中，用其滴定放置在锥形瓶中的已知体积的待标溶液，待指示剂变色达反应终点时，根据标准溶液的消耗体积和浓度与待标溶液的已知体积比较，由反应的定量关系即可求出待标溶液的浓度。

3. 特殊溶液的配制

特殊溶液的配制是化学实验中经常碰到的问题，其中主要有：要配制的化学试剂与溶剂互不相溶，如许多的显色剂、指示剂在水中不溶解；相互发生化学反应，如 $SnCl_2$ 遇水水解；配制溶液无法储存，组成相当不稳定等。

对于这类溶液的配制，需按试剂与溶剂的性质，选择和创造合适的方法与条件进行溶液的配制。

(1) 水解盐溶液的配制。许多盐在水中易发生水解反应，产生弱酸、弱碱、析出沉淀、产生气体等使反应平衡右移。要配制该类盐的水溶液，必须利用同离子效应通过加酸或加碱使平衡左移，防止水解反应发生，方可配制出所需浓度的盐溶液。例如，$SnCl_2$ 水溶液、$FeCl_3$ 水溶液的配制都采取使其固体盐先溶解于盐酸中，再加水配制需要浓度的溶液，而 NaCN 则在 NaOH 水溶液中溶解配制。

(2) 难溶解物质的溶液配制。这类物质的溶解配制一般通过选择合适的助溶剂，有时甚至是两种以上助溶剂来实现物质的溶解。例如，许多显色剂、指示剂首先是溶解于可与水互溶的有机溶剂中，再加水配制为水溶液；也有加入表面活性剂改变其存在状态来达成溶解配制的目的；也有利用加入第二种物质与其反应生成新离子来达成溶解配制的目的，如 I_2 在水中微溶，但通过加入 KI 使 I_2 转换为 I_3^- 而达到碘溶液配制的目的。

4. 溶液配制和储存注意事项

(1) 配制的溶液应根据溶液特点盛放在带塞的无色或棕色试剂瓶中。碱液应用塑料瓶盛放。

(2) 配好的试剂溶液须在瓶签上标明名称、规格、浓度和配制日期。

(3) 由于大多数试剂溶液在日常环境下并不稳定，因此配制溶液不能无限期使用，应定期标定其真实浓度。

(4) 由于玻璃本身不稳定，浓度低于 1 mg/mL 的溶液不能长期储存于玻璃瓶中。

(5) 采用有机溶剂配制溶液时，不可明火加热，可采用热水浴加热并加强搅拌，操作应在通风橱中进行。

(6) 溶液配制用水应视浓度要求精度而定。

(7) 剧毒和有腐蚀性的溶剂配制，必须采取相应的保护和防护措施。

3.2.3　沉淀的分离

溶液与沉淀(或结晶)的分离方法一般有三种：倾析法、过滤法和离心分离法。

1. 倾析法

当沉淀的结晶颗粒较大且静置后能较快地沉降至容器的底部时，可以采用倾析法进行沉淀与溶液的分离，并根据需要对沉淀进行洗涤再分离。倾析法操作的要点是：待沉淀沉降后，将沉淀上部的清液缓慢地倾入另一容器内，使沉淀与溶液分离。如需洗涤，可在转移完清液后，向盛沉淀的容器内加入少量蒸馏水，充分搅拌后，沉降，继续用倾析法进行沉淀与溶液的分离。如此重复操作两三次，即可将沉淀洗净。

2. 过滤法

过滤法是将溶液与沉淀分离最常用的方法。过滤时，溶液与沉淀的混合物通过过滤(如滤纸)，沉淀留在过滤器上，溶液则通过过滤器进入盛接的容器中，所得溶液称为滤液。

溶液的温度和黏度、过滤时的压力、过滤器孔隙的大小和沉淀物的性质都会影响过滤的速度。热溶液比冷溶液容易过滤，但一般来说温度升高，沉淀的溶解度也有所提高，可能会导致分离不完全。过滤速度还与溶液的黏度有关，一般来说黏度大，过滤慢。此外，还可以通过控制过滤器两边的压差来调节过滤速度(如减压过滤)。过滤器孔隙的大小应从两方面考虑：孔隙较大，过滤加快，但小颗粒的沉淀也会通过过滤器进入滤液；孔隙较小，沉淀的颗粒易被滞留在过滤器上，形成一层密实的固体层(滤饼)，堵塞过滤器的孔隙，使过滤速度减慢甚至难以进行。总之，选用不同的过滤方法，应考虑相应的影响因素。化学实验中常用的过滤方法有常压过滤法、减压过滤法和热过滤法三种。

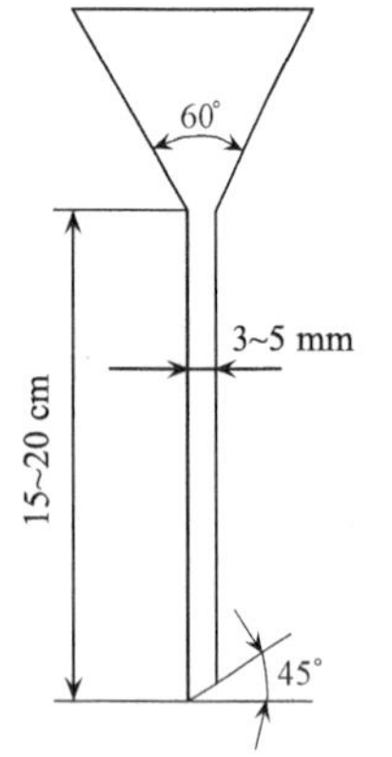

图 3-6　漏斗规格

1) 常压过滤法

在常压下用普通漏斗过滤的方法称为常压过滤法，此法最为简便和常用。过滤器是玻璃漏斗和滤纸。当沉淀物为胶体或细微晶体时，用此法过滤较好，缺点是过滤速度较慢。

玻璃锥体的角度应为 60°，但也有略大一些的情况，使用时应注意校正(图 3-6)。滤纸分为定性和定量两种。按照孔隙的大小，滤纸又可分为快速、中速和慢速三个类型，根据实际需要加以选用。

过滤时，取圆形滤纸一张，对折两次，叠成四层，展开成圆锥形(一边为三层，一边为一层)，锥顶朝下放入漏斗中应与 60° 角的漏斗相贴合。

若漏斗不够标准，应适当改变所折滤纸的角度然后展开成锥体。为确保滤纸与漏斗壁之间紧贴无空隙，可事先在三层滤纸的那一边将外层撕去一小角。用食指把滤纸按在玻璃漏斗的内壁上，用少量蒸馏水润湿滤纸，使其贴紧。注意，滤纸的边缘应略低于漏斗的边缘。如果滤纸贴在漏斗上后，发现两者之间有气泡，应用手指(或玻璃棒)轻压滤纸，把气泡赶走，以免影响过滤速度。为了加快过滤速度，可在过滤溶液之前先做一个“水柱”。方法是用手指堵住漏斗下方，掀起滤纸，向滤纸与漏斗壁之间加水，使漏斗颈及锥体下端充满水，然后把滤纸按紧在壁上，再放开下面堵住出口的手指时，漏斗颈中的水仍能保留，此时“水柱”即制成。在整个过滤过程中，漏斗颈一直被液体充满，这样才能因液柱的重力而产生抽吸作用，过滤才迅速。注意：湿滤纸若因多次按紧、摩擦易变薄，致使其破裂而沉淀穿滤，此时应弃去重做。最后用蒸馏水冲洗一次滤纸，然后将准备好的漏斗放在漏斗架上，下面放一洁净的烧杯盛接滤液，漏斗出口长的一侧紧靠杯壁。漏斗和烧杯上均盖好表面皿，备用。漏斗位置的高低以过滤过程中漏斗颈的出口不接触滤液为度。漏斗必须放置得很端正，使其边缘在同一水平上，否则若滤纸一边较高一边较低，在洗涤沉淀时，较高的地方就不能经常被洗涤液浸没，而导致部分杂质滞留。

过滤时应注意以下几点：

(1) 漏斗放在漏斗架上，并调整漏斗架的高度，使漏斗的出口靠在接收容器的内壁上，以便使溶液顺着容器壁流下，减少空气阻力，加速滤程，且防滤液溅出。

(2) 将溶液转移到漏斗中时，要采用倾析法(图 3-7)。左手将烧杯拿到漏斗上方，倾斜，右手从烧杯中轻轻拿出玻璃棒(玻璃棒接触试液后就应一直放在杯内，不得随意拿出，仅在过滤时才可以从烧杯中取出，并必须在漏斗上方进行操作)，将其下端碰一下烧杯内壁，使棒端的液滴流回烧杯。将玻璃棒与烧杯嘴贴紧，使玻璃棒垂直，下端对着滤纸三层的一边，尽可能接近但不能接触滤纸及液面，慢慢倾斜烧杯，使上层清液沿着玻璃棒流入漏斗，倾入的溶液一般不要超过滤纸的 2/3 或离滤纸上边缘至少 5 mm，以免少量沉淀因毛细管作用溢出，失去滤纸的过滤作用。

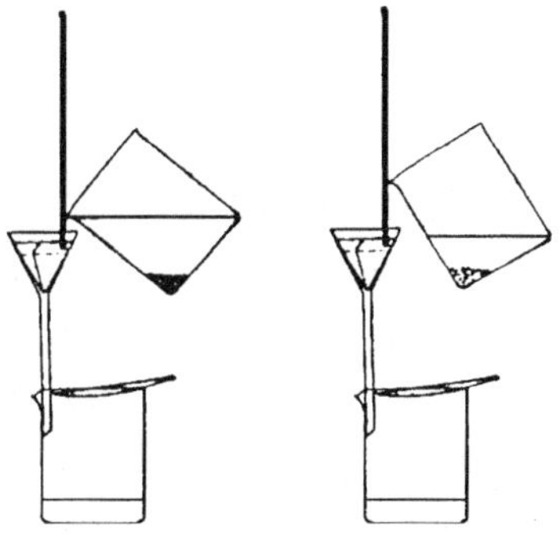

图 3-7　倾注法过滤装置图

(3) 转移溶液时应使用玻璃棒，使溶液顺其缓缓倾入漏斗中，玻璃棒下端轻轻触在三层滤纸处，以免把单层滤纸捅破。

(4) 过滤过程中，漏斗中的溶液不能太多，液面应低于滤纸上缘，以防过多的溶液沿滤纸和漏斗内壁的隙缝中流入接收器。

2) 减压过滤法

减压过滤又称抽滤或真空过滤。减压可以加快过滤速度，还可以把沉淀抽吸得比较干。

减压过滤法使用的仪器有布氏漏斗、抽(吸)滤瓶、真空泵(水泵)、安全瓶。

典型装置图见图 3-8，布氏漏斗(或瓷孔漏斗)为瓷质过滤器，中间是具有许多小孔的瓷板，以便溶液通过滤纸从小孔流出，布氏漏斗下端颈部装有橡皮塞，借之与抽滤瓶相连，胶塞的大小应和抽滤瓶的口径相吻合，橡皮塞塞进抽滤瓶颈内的部分以不超过整个塞子的 1/2 为宜。抽滤瓶用以盛接过滤下来的滤液，其支管用橡胶管和安全瓶的短管连接，而安全瓶的长管则和水泵相连接。

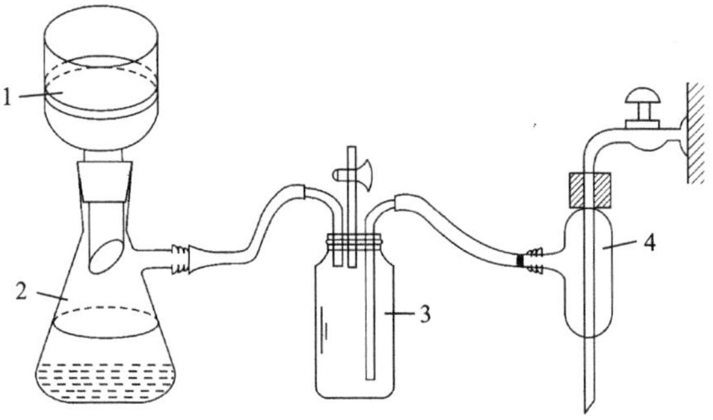

图 3-8　减压过滤装置

1. 布氏漏斗；2. 抽滤瓶；3. 安全瓶；4. 水泵

安全瓶的作用是防止水泵中水产生溢流而倒吸入抽滤瓶中。因为水泵中的水压发生变动时，常发生水溢流现象。例如，当减压过滤完成后关闭水龙头时，或者当水的流量突然加大而后又变小时，都会由于抽滤瓶内的压力低于外界压力而使自来水倒吸入抽滤瓶内，使过滤好的溶液受污染，造成过滤失败。如果将一个安全瓶装在抽滤瓶与水泵之间，一旦发生水的溢流，安全瓶起到了缓冲作用。

必须注意，如果在抽滤装置中不用安全瓶，过滤完成后，应先拔掉连接抽滤瓶和水泵的橡胶管，再关水龙头，以防倒吸现象发生。

减压过滤的操作方法如下：

(1) 取一张大小适中的滤纸，在布氏漏斗上轻压一下，然后沿压痕内径剪成圆形。此滤纸放入漏斗中，应是平整无皱折，且将漏斗的瓷孔全部盖严。注意滤纸不能大于漏斗底面。

(2) 将滤纸放在漏斗中，以少量蒸馏水润湿，然后把漏斗安装在抽滤瓶上(尽量塞紧)，微开水龙头，减压使滤纸贴紧。

(3) 用玻璃棒引流，将待过滤的溶液和沉淀逐步转移到漏斗中，加溶液速度不要太快，以免将滤纸冲起。随着溶液的加入，水龙头要开大。注意布氏漏斗中的溶液不得超过漏斗容积的 2/3。

(4) 过滤完成(不再有滤液滴出)时，先拔掉抽滤瓶侧口上的胶管，然后关掉水龙头。

(5) 用手指或玻璃棒轻轻揭起滤纸的边缘，取出滤纸及其上面的沉淀物。滤液则由抽滤瓶的上口倾出，不要从侧口倾倒滤液。

3）热过滤法

为了防止某些溶液在过滤过程中易析出晶体，通常使用热过滤法过滤。热过滤时，把玻璃漏斗放在铜质的热漏斗内，热漏斗内装有热水，用酒精灯或煤气灯加热热漏斗，以维持溶液的温度，保证过滤中不析出晶体。热过滤应选用短颈玻璃漏斗。热过滤的装置如图 3-9 所示。图 3-10 为简易热过滤装置。

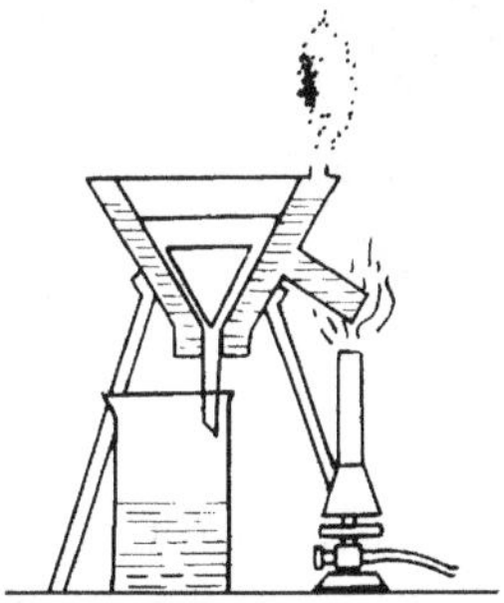

图 3-9　热过滤装置

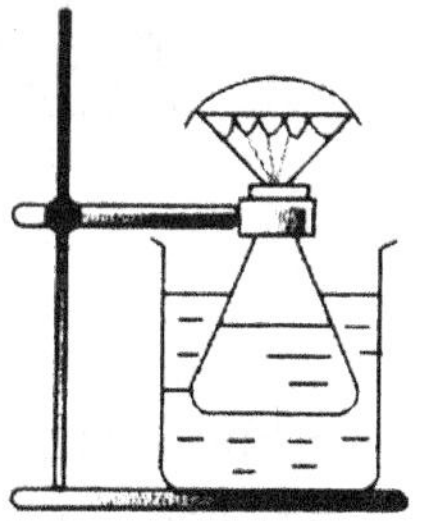

图 3-10　简易热过滤装置

在过滤前，要将漏斗、折叠滤纸以及收集滤液的锥形瓶放在烘箱中预先烘热。待过滤时，再将上面烘热的仪器取出迅速装配好，折叠滤纸向外突出的棱边应紧贴于漏斗壁上。在过滤前，先用少量热的溶剂湿润，以免干滤纸吸收溶液中的溶剂，使结晶析出而堵塞滤纸孔。过滤时，漏斗上应盖上表面皿(凹面向下)，减少溶剂的挥发。盛滤液的容器一般用锥形瓶(锥形瓶在热水浴中保温或加热)，只有水溶液才收集在烧杯中。

菊花形滤纸折叠的方法：将选定的圆滤纸按如图 3-11 所示，先一折为二，再沿 2,4 折成四分之一。然后将 1,2 的边沿折至 4,2，2,3 的边沿折至 2,4，分别在 2,5 和 2,6 处产生新的折纹。继续将 1,2 折向 2,6，2,3 折向 2,5，分别得到 2,7 和 2,8 的折纹。同样以 2,3 对 2,6，1,2 对 2,5 分别折出 2,9 和 2,10 的折纹。最后在 8 个等分的每一个小格中间以相反方向按图折成 16 等分。结果得到折扇一样的排列。再在 1,2 和 2,3 处各向内折一小折面，展开后即得折叠滤纸或称扇形滤纸。在折纹集中的圆心处，折时切勿重压，否则滤纸的中央在过滤时容易破裂。在使用前，应将折好的滤纸翻开整理好后放入漏斗中，这样可避免被手指弄脏的一面接触滤过的滤液。

3. 离心分离法

少量溶液和沉淀物分离时，采用离心分离法，此法简便、快速。例如，试管反应中用一般的过滤法，沉淀黏在滤纸上难以取下，不便进一步的实验。

将盛有沉淀和溶液的离心试管放在离心器内，靠离心器的高速旋转，沉淀受离心力的作用，向离心试管的底部移动且聚集于管底，上方得到澄清的溶液。

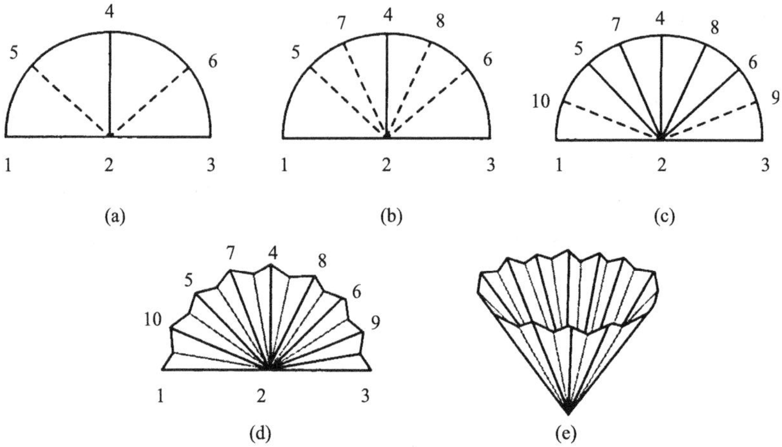

图 3-11　菊花形滤纸的折叠方法

实验室常用的离心器是电动离心机。使用时将装有试样的离心试管放在离心器的套管中，为了使离心器旋转时保持平衡，几个离心试管要两两对称放置，如果只有一个试样，则在对称的位置上放一支离心试管，内装等量的水。此外，选择对称放置的离心试管时，应注意选取规格、质量相当的离心试管，以免整个体系质量不平衡。

电动离心机的转动速度很快，使用时要注意安全。放好离心试管后，把盖子盖好。开始要把变速器放在最低挡，以后逐渐加速(一般转速适中后即可，不必过高)，离心后即可停止，此时也要注意逐级减速，最后关停，任其自然停止转动。切不可用手强制其停转否则容易发生危险，易损坏离心机轴，并且突然停止转动会导致离心机振动，将沉淀物重新翻起。

离心沉降后，需将溶液和沉淀分离时，则用左手斜持离心试管，右手拿滴管，用手指捏紧滴管的橡皮头以排出其中的空气，然后轻轻地将滴管插入清液中(注意：不可使滴管触及沉淀)，这时慢慢减小手对橡皮头的挤压力量，清液即被吸入滴管中。随着离心试管中清液的减少，滴管逐渐下移，至全部清液被吸出并转移到接收器中为止。

3.2.4　沉淀的烘干、炭化及灰化

1. 瓷坩埚的准备

将瓷坩埚洗干净(必要时可用热的稀盐酸浸泡后洗净)，坩埚的外壁和盖先用蓝黑墨水或 $K_4[Fe(CN)_6]$或 $FeCl_3$ 溶液编号。用小火烤干，然后在马弗炉里灼烧 40～45 min，取出，冷却至室温，称量。然后进行第二次、第三次灼烧(20 min)，直至坩埚恒量为止。恒量是指相邻两次灼烧后的称量差值不大于 0.4 mg。从高温炉中取出坩埚时，将坩埚移至炉口，至红热稍退后，移至洁净瓷板上，在夹取坩

埚时，坩埚钳应预热，待坩埚冷至红热退去后，再转至干燥器中，盖好盖子，随后需开启干燥器盖一两次。坩埚钳要保持钳嘴洁净，用后将弯嘴向上放在台面上，如图 3-12 所示。

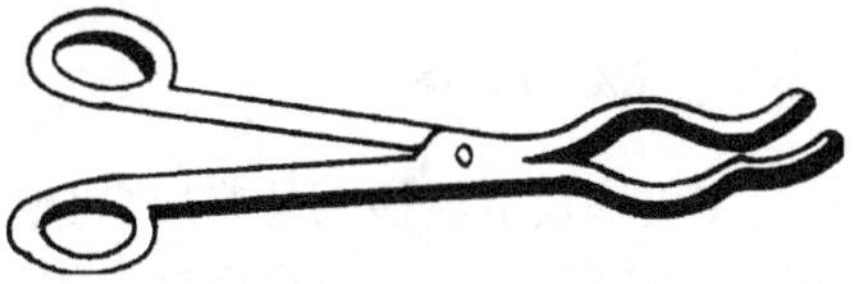

图 3-12　坩埚钳的放置方法

在干燥器内冷却时，原则是冷却至室温，一般需 30 min 左右。注意：每次灼烧、称量和放置的时间都要保持一致。

2. 沉淀的包裹

沉淀全部转移到滤纸上后，用玻璃棒将滤纸三层部分挑起两处，然后用洗净的拇指和食指从翘起的滤纸下将其取出。手指不要接触沉淀，包裹沉淀时不应把滤纸完全打开。若是晶形沉淀，应包得稍紧些，但不能用手指挤压沉淀(图 3-13)。包好沉淀后，用原来不接触沉淀的那部分滤纸将漏斗内壁轻轻擦一下，把可能沾在漏斗上部的沉淀擦去。然后把滤纸包的三层部分朝上放入已恒量的坩埚中，倾斜放置，三层部分朝上。在电炉上烘干时，盖上坩埚盖，但不要盖严，以利于水汽逸出。若包裹胶状蓬松的沉淀，可在漏斗中用玻璃棒将滤纸周边向内折，把圆锥体的开口封住，然后取出，倒转过来尖朝上放入已恒量的坩埚中。

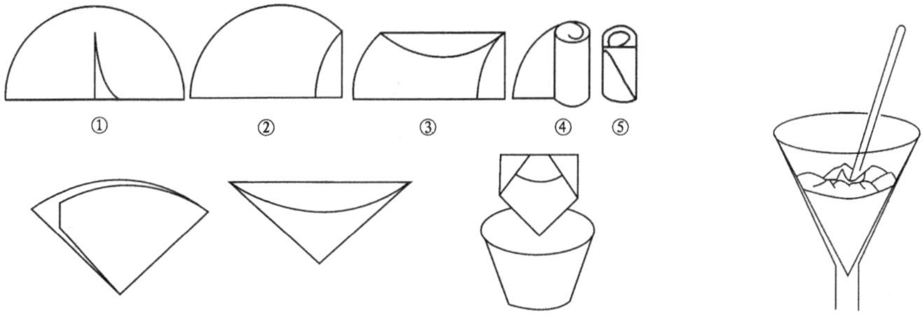

(a) 晶形沉淀的包裹　　(b) 胶状沉淀的包裹

图 3-13　沉淀的包裹

3. 滤纸的炭化和灰化

炭化是将烘干后的滤纸烤成炭黑状。炭化过程中如遇滤纸着火，应立即用坩埚盖盖住，使坩埚内的火焰熄灭(切不可用嘴吹灭)。待火熄灭后，继续加热至全部炭化(滤纸变黑)。灰化至使呈炭黑状的滤纸灼烧成灰。待滤纸全部变黑时，把坩埚移入高温电炉进行灰化使得滤纸全部变为白色灰烬。坩埚盖上若附有炭粒，也需注意燃尽。沉淀和滤纸若是用煤气灯火焰烘干、炭化，要注意火焰的位置。

4. 沉淀的灼烧

将坩埚及沉淀移入马弗炉中(根据沉淀性质调节适当温度)，盖上坩埚盖，但要留有空隙。在灼烧空坩埚时，相同温度下灼烧至坩埚和沉淀恒量为止。

5. 干燥器的使用

干燥器是一种保持物品干燥的玻璃器皿，常用于放置坩埚、称量瓶，保存样品或试剂，不能存放湿的器皿或沉淀。干燥剂一般用变色硅胶、无水 $CaCl_2$、P_2O_5 等。干燥器装入干燥剂之前，要先擦净干燥器的内壁，将多孔瓷板洗净烘干，然后把干燥剂筛去粉尘后，借助纸筒放入干燥器底部，如图 3-14 所示，再盖上多孔瓷板。在干燥器的磨口上涂上一层薄而均匀的凡士林，盖上干燥器盖备用。

开启干燥器时，左手扶住干燥器下部，右手握住盖上的圆顶，向左前方推开盖子，如图 3-15 所示；盖子取下后应拿在手中，便于及时盖上，也可翻放在桌上安全的地方(注意要磨口向上，圆顶向下)。切忌放在桌子的边缘，以防盖子滚落跌损。加盖时也应当拿住盖上的圆顶，慢慢推着盖好。搬动干燥器时，不应只端下部，而应用两手的拇指同时拉住盖子，防止滑落打碎，如图 3-16 所示。

图 3-14　装入干燥剂

图 3-15　开启干燥器

图 3-16　搬动干燥器

将坩埚或称量瓶等放入干燥器时，一般应放在瓷板圆孔内。当放入热的坩埚时，应连续推开干燥器盖子一两次。

3.2.5　溶解与结晶

1. 溶解

1）固体的研磨

若固体物质颗粒较大，溶解之前往往需要进行粉碎。实验室中粉碎固体一般在研钵中进行，研磨操作必须注意以下几点：

(1) 研磨物质的体积不超过钵体容积的 1/3。

(2) 研磨时用研杵将固体颗粒挤压到研钵内壁，进行转圈研磨，不能用研杵敲击固体。

(3) 易燃、易爆和易分解的物质不能用研磨的方法粉碎。

实验室中的研磨设备除了研钵以外，还有较高级的小型球磨机和胶体磨等，可以将固体物质颗粒直径磨细到 1～5 μm。

2) 溶解试样

用溶剂溶解试样时，应先把盛放试样的烧杯适当倾斜，然后把盛放溶剂的量杯嘴靠近烧杯壁，使溶剂慢慢顺着杯壁流入，或使溶剂沿玻璃棒慢慢流入，可防止杯内溶液溅出。对于溶解时会产生气体的试样，应先用少量水将其润湿成糊状，用表面皿将烧杯盖好，然后用滴管将溶剂自杯嘴逐滴加入，可防止生成的气体将粉状的试样带出。对于需要加热才能溶解的试样，要防止加热时溶液剧烈暴沸而溅出。加热和搅拌可加快溶解速度。

2. 结晶

只要控制温度、浓度等条件，溶质就可从溶液中析出，先形成晶核，然后由晶核生成晶体。下面是几种主要的结晶方法。

1) 蒸发结晶

在化学实验中，蒸发专指含有不挥发性溶质的溶液受热沸腾、蒸去溶剂而浓缩的一种操作技术。蒸发一般是在蒸发皿中进行的，蒸发皿中盛放液体的量不要超过其容积的 2/3，可以随溶剂的蒸发逐渐添加被蒸发液。若无机物对热是稳定的，可直接加热蒸发；否则，采用水浴加热。对于某些物质，在常压下蒸发时会发生氧化或其他不良反应，为了降低沸点，蒸发可在减压下进行，通常称为真空蒸发。在常压下蒸发时可用敞口设备，在减压蒸发时就必须用密闭容器。当溶液蒸发到一定程度时冷却，就可以析出晶体。如果物质溶解度较大时，必须待溶液表面出现晶膜时停止蒸发；而当物质的溶解度较小(或高温时溶解度较大)，不必蒸发到液面出现晶膜就可冷却。

2) 冷却结晶

将溶液降温冷却，使之成为过饱和溶液而使晶体析出。此方法适用于易溶解且溶解度随着温度改变较大的物质，如硫酸亚铁铵晶体的生成。

3) 盐析结晶

向溶液中加入溶解度大的盐类，以降低被结晶物质的溶解度，使其达到过饱和而结晶。

结晶的颗粒大小要适宜，颗粒大且均匀时，夹带母液较少，而且易于洗涤；结晶太细或参差不齐的晶体往往形成稠厚的糊状物，夹带母液较多，不仅不易洗涤，甚至难以过滤沉淀。

结晶颗粒大小取决于过饱和溶液的浓度和降温冷却的速度。对于稀的过饱和溶液，晶核生成的数量少，易形成较大的结晶颗粒。如果迅速冷却饱和溶液，则很快形成大量晶核，析出的晶体颗粒必然是很小的；如果缓慢地冷却则析出较大的晶体颗粒。所以，要控制适宜的冷却速度和合适的结晶温度。

为了获得纯净的结晶，应该在结晶前先将溶液过滤除去不溶性杂质。如果冷却后析不出晶体，可以轻微振荡结晶器皿，或用玻璃棒小心地摩擦器壁，以促进晶核的生成；也可以投入晶种，结晶就会逐渐析出。

3. 重结晶

重结晶是利用混合物中各组分在某种溶剂中的溶解度不同，而使它们互相分离的方法。重结晶是纯化、精制固体物质尤其是有机化合物的最有效的手段之一。

重结晶的一般过程为：先将粗产品溶于适当的热溶剂中制成饱和溶液，并趁热过滤除去不溶性杂质。如含有色杂质，则可加活性炭煮沸、脱色，再趁热过滤。将滤液冷却或蒸发溶剂，使结晶慢慢析出。将它过滤，从母液中分离结晶，洗涤，得重结晶产品。重结晶过程中溶剂的选择极为重要，常用的重结晶溶剂见表 3-2。

表 3-2　常用的重结晶溶剂及有关性质

溶剂	沸点/℃	冰点/℃	相对密度	与水的混溶性	易燃性
水	100	0	1.0	+	–
甲醇	64.96	<0	0.7914	+	+
乙醇	78.1	<0	0.804	+	++
冰醋酸	117.9	16.7	1.05	+	+
丙酮	56.2	<0	0.79	+	+++
乙醚	34.51	<0	0.71	–	++++
石油醚	30～60	<0	0.64	–	++++
乙酸乙酯	77.06	<0	0.90	–	++
苯	80.1	5	0.88	–	++++
氯仿	61.7	<0	1.48	–	–
四氯化碳	76.54	<0	1.59	–	–

注：“+”表示溶剂与水混溶或溶剂可燃，“–”表示溶剂与水不相溶或溶剂不可燃。

溶剂选择应遵循以下原则：

（1）不与被提纯物质发生化学反应。

（2）在较高温度时，能溶解多量的被提纯物质。而在室温或更低温度时，只能溶解很少量的该种物质。

（3）对杂质的溶解度非常大或非常小(前一种情况在冷却时杂质留在母液，后一种情况热滤时被滤出杂质)。

(4) 容易挥发(溶剂的沸点较低)，易与结晶分离除去。

(5) 能给出较好的结晶。

(6) 无毒或毒性很小，便于操作。

(7) 在无合适单一溶剂可选时，可选用混合溶剂。

混合溶剂一般由两种或两种以上可任意互溶的溶剂按一定比例混合而成，其中一种对被提纯物溶解度较大，而另一种溶解度较小。常用的混合溶剂见表 3-3。

表 3-3　实验室常用混合溶剂

甲醇-水	乙醇-甲醇	二氯甲烷-甲醇
乙醇-水	乙醚-丙酮	二氧六环-水
乙酸-水	乙醚-石油醚(30～60 ℃)	氯仿-乙醚
丙酮-水	苯-石油醚(60～90 ℃)	苯-无水乙醇

3.2.6　常用气体的制备与纯化

1. 气体的制备

化学实验室中经常需要制备少量气体，装置的选用主要依据反应物的状态及反应发生条件(温度、催化剂等)。用于制备少量常用气体的装置主要包括以下几种。

1) 固液不加热型装置

主要有简易装置和启普发生器(图 3-17)，制备氢气、二氧化碳及硫化氢等气体时可以选用。利用二氧化锰催化分解过氧化氢制备氧气时也可以选用。

图 3-17　简易装置和启普发生器

简易装置的优势是简单、易操作，缺点是不能随时控制反应进程。为了随时控制反应的发生和停止，常用分液漏斗代替长颈漏斗，或用弹簧夹夹持胶皮管，在试管中用一个多孔塑料板隔开等。

启普发生器由一个玻璃容器和球形漏斗组成(图 3-17)，固体试剂由容器上的气体出口加入，加固体前应在容器的球体中加入一定量的玻璃棉或放入橡胶垫圈，以防固体掉入半球体中。加固体的量不得超过球体容积的 1/3。液体试剂从长颈漏斗口注入，注液方法与上述注水方法相同。液体的量以反应时刚刚浸没固体，液面不高于导气管的橡胶塞为宜。

使用时，打开导气管上的旋塞，长颈漏斗中的液体进入容器与固体反应，气体的流速可用旋塞调节。停止使用时，关闭旋塞，容器中的气体压力增大，将液体压回长颈漏斗，使液体和固体脱离，反应停止。为保证安全，可在球形漏斗口加安全漏斗，防止气体压力过大时炸裂容器。

特点：符合“随开随用、随关随停”的原则。能节约药品，控制反应的发生和停止，可随时向装置中添加液体药品。

使用启普发生器时应注意：

(1) 使用前要检查装置气密性，排尽空气后再收集气体。

(2) 使用启普发生器制备氢气，应远离火源。

(3) 移动启普发生器时，要握住球形容器的蜂腰处，千万不可单手握住球形漏斗，以免底座脱落造成事故。

(4) 不能用于制乙炔。因为反应会产生糊状物氢氧化钙[$Ca(OH)_2$]，堵住支管口；碳化钙(CaC_2)与水反应较剧烈，难以控制反应速率；反应会放出大量热量，若操作不当，会炸裂启普发生器。

(5) 向启普发生器中添加固体时，需用橡胶塞将球形漏斗口塞紧，然后取下容器上的橡胶塞加入固体。液体需要更换时，也应塞紧漏斗口，然后拔下容器底部的液体出口塞，使废液缓缓流出，塞上液体出口塞后，再从球形漏斗口注液。移动启普发生器时，应握住容器的球体，切不可只握球形漏斗，否则会使之与容器脱离，造成漏液或损坏容器。

(6) 启普发生器不能进行加热，也不能用于强烈的放热反应和剧烈放出气体的反应。

(7) 必须是块状固体和液体，不加热制取难溶于水(或微溶于水)的气体的反应才可使用。

(8) 添加液体以刚好浸没固体为宜。

2) 固体和固体(液体)加热型装置

实验室中有些气体的制备需要加热得到，如用加热高锰酸钾的方法制备氧气、用加热固体氯化钠和浓硫酸的方法制备氯化氢气体等，可以根据反应物的特点，分别选用图 3-18 或图 3-19 装置。若需反应温度较高，可以将酒精灯换成酒精喷灯。

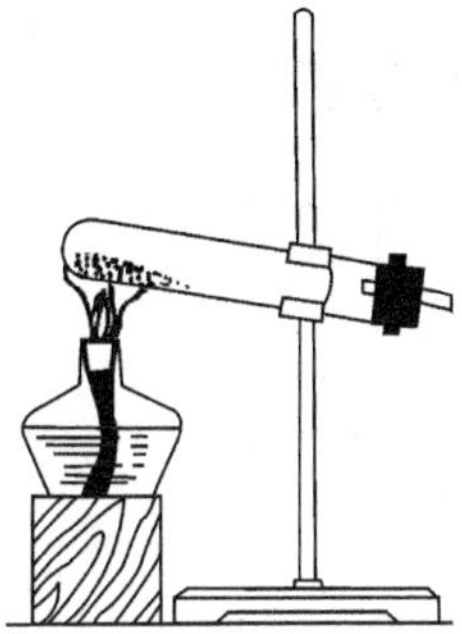

图 3-18　固体和固体加热型装置

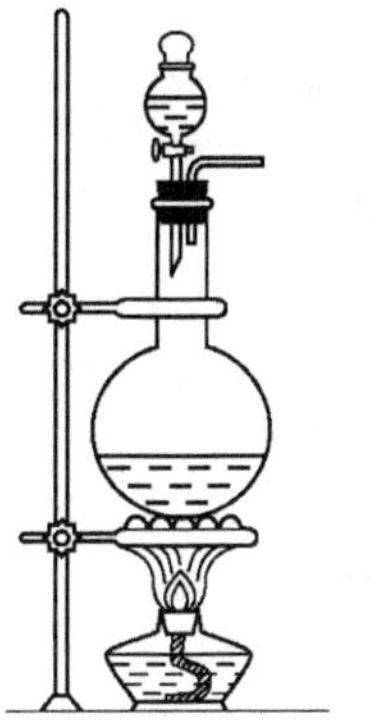

图 3-19　固体和液体加热型装置

2. 气体的收集

气体的收集可以根据其性质(在水中的溶解度、与空气相比密度的大小等)选取不同的方式。在水中溶解度很小的气体(如氢气、氧气)，可用排水集气法收集(图 3-20)；易溶于水而比空气重的气体(如氯气、二氧化碳等)，可用向上排空气法收集(图 3-21 左)，易溶于水而比空气轻的气体(如氨)，可用向下排空气法收集(图 3-21 右)。

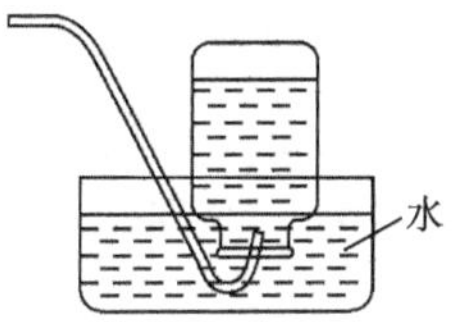

图 3-20　排水集气法

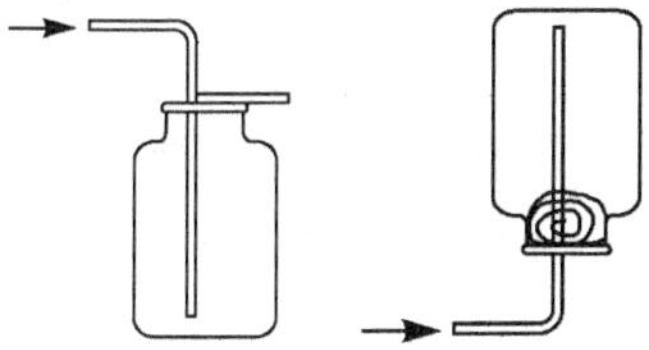

图 3-21　排气集气法

3. 气体的净化与干燥

实验室制得的气体常含有杂质，如酸雾和水汽等，有时需要净化和干燥。酸雾可用水、玻璃棉、稀的碱性溶液除去，水汽可根据具体情况选用浓硫酸、无水氯化钙、硅胶、碱石灰、五氧化二磷等干燥吸收剂。通常使用洗气瓶(图 3-22)、干燥塔(图 3-23)或球形干燥管和 U 形干燥管(图 3-24)等进行净化。液体装在洗气瓶内，固体干燥剂、玻璃棉等装在干燥管内。气体中若还有其他杂质，可根据具体情况分别用不同的洗涤液和固体吸收。

图 3-22　洗气瓶

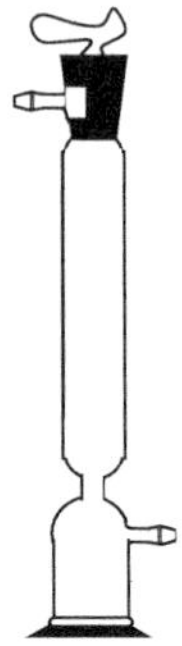

图 3-23　干燥塔

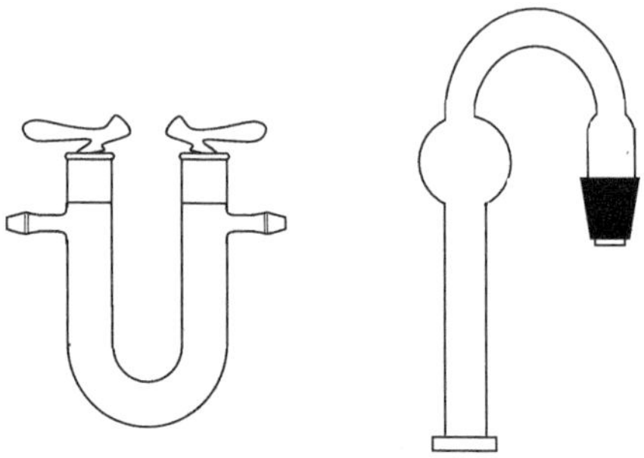

图 3-24　干燥管

3.2.7　知识链接——气体钢瓶的安全使用

实验室也可以用气体钢瓶直接得到各种气体。气体钢瓶是储存压缩气体的特制的耐压钢瓶。使用时，通过减压阀(气压表)有控制地放出气体。由于钢瓶的内压很大(有的高达 15 MPa)，而且有些气体易燃或有毒，因此在使用钢瓶时要注意安全。

(1) 压缩气体钢瓶应直立使用，务必用框架或栅栏围护固定。

(2) 压缩气体钢瓶应远离热源、火种，置通风阴凉处，防止日光曝晒，严禁受热；可燃性气体钢瓶必须与氧气钢瓶分开存放；周围不得堆放任何易燃物品，易燃气体严禁接触火种。

(3) 禁止随意搬动、敲打钢瓶，经允许搬动时应做到轻搬轻放。

(4) 使用时要注意检查钢瓶及连接气路的气密性，确保气体不泄漏。使用钢瓶中的气体时，要用减压阀(气压表)。各种气体的气压表不得混用，以防爆炸。

(5) 使用完毕按规定关闭阀门，主阀应拧紧不得泄漏。养成离开实验室时检查气瓶的习惯。

(6) 不可将钢瓶内的气体全部用完，一定要保留 0.05 MPa 以上的残留压力(减压阀表压)。可燃性气体如乙炔应剩余 0.2～0.3 MPa。

(7) 为了避免各种气体混淆而错用气体，通常在气瓶外面涂以特定的颜色以便区别，并在瓶上写明瓶内气体的名称。

(8) 绝不可使油或其他易燃性有机物沾在气瓶上(特别是气门嘴和减压阀)，也不得用棉、麻等物堵住，以防燃烧引起事故。

(9) 各种气瓶必须按国家规定进行定期检验，使用过程中必须要注意观察钢瓶的状态，如发现有严重腐蚀或其他严重损伤，应停止使用并提前报检。

国内气瓶常用标记见表 3-4。

表 3-4　国内气瓶常用标记

气体类别	瓶身颜色	标记颜色	气体类别	瓶身颜色	标记颜色
氮气	黑	黄	氯气	黄绿	黄
氢气	深绿	黄	乙炔	白	红
氧气	天蓝	黑	二氧化碳	白	黄
氨气	黄	黑	其他可燃性气体	红	白
空气	黑	白	其他不可燃性气体	黑	黄

3.3　定量分析仪器

3.3.1　分析天平

分析天平是定量分析中常用的主要精密衡量仪器。正确的称量是得到准确测量结果的基本保证。

1. 分析天平的分类及构造原理

根据天平的构造，可分为机械天平和电子天平；根据天平的使用目的，可分为通用天平和专用天平；根据天平分度值的大小，可分为常量天平(0.1 mg)、半微量天平(0.01 mg)、微量天平(0.001 mg)等。

根据天平的精度等级，可分为四级：Ⅰ——特种准确度(精细天平)、Ⅱ——高准确度(精细天平)、Ⅲ——中等准确度(商用天平)、Ⅳ——普通准确度(粗糙天平)。

根据天平的平衡原理，可分为杠杆式天平、电磁力式天平、弹力式天平和液体静力平衡式天平四大类。

杠杆式天平是根据杠杆原理制成的一种精密衡量仪器，是用已知质量的砝码来衡量未知物的质量,有等臂和不等臂两种。常用分析天平的型号和规格见表 3-5。

表 3-5　常用分析天平的型号和规格

种类	型号	名称	规格(量程/精度)
双盘天平	TG328A	全机械加码电光天平	200 g/0.1 mg
	TG328B	半机械加码电光天平	200 g/0.1 mg
	TG332A	半微量天平	20 g/0.01 mg
单盘天平	DT-100	单盘精密天平	100 g/0.1 mg
	BWT-1	单盘半微量天平	20 g/0.01 mg
电子天平	FA1104	上皿电子天平	110 g/0.1 mg
	JP2003	上皿电子天平	500 g/1 mg
	GF-200	上皿电子天平	210 g/1 mg

2. 使用方法

（1）水平检查。使用前检查天平是否水平，若不水平应调整水平。

（2）预热。称量前接通电源预热，按天平说明书要求的时间预热，一般为 25～30 min。

（3）校准。首次使用天平必须校准，将天平移动或使用一段时间(30 天后)，应对天平重新校准。为使称量更为精确，可随时对天平进行校准。校准程序可按说明用内装校准砝码或外部配备有修正值的校准砝码进行。

（4）称量。打开天平的开关键，待显示稳定的零点后，将物品放到秤盘上，关上防风门，显示稳定后即可读取称量值。

（5）复原天平。称量完毕，取出被称物，放回原处，如有脏物要清扫天平，关闭两侧门，检查天平是否回到空盘零点，关闭天平，切断电源，盖上防尘罩，填写天平使用登记表。

3. 固体试样的称量方法

在化学实验中，固体样品的称量方法主要有以下三种。

（1）直接称量法。直接称量法一般指直接将待称物置于秤盘或容器而称出质量的称量方法。此法仅适于称量洁净、干燥、不易潮解或升华的固体物品，如玻璃器皿、坩埚、珠宝等。

（2）固定称量法。在例行分析中，为了便于计算结果，往往要求称取某一指定质量的被测样品，这时可采用固定称量法。此法要求试样在空气中稳定。例如，要求配制浓度为 0.1000 mol/L 的 $K_2Cr_2O_7$ 标准溶液 1000 mL，需要固定称取 4.904 g $K_2Cr_2O_7$ 基准试剂。

（3）差减称量法。差减称量法是首先称取装有试样的称量瓶的质量，再称取倒出部分试样后称量瓶的质量，二者之差即试样的质量，如果再倒出一份试样，可连续称出第二份试样的质量。

称量方法如下：在称量瓶中装入一定量的固体试样，如要求称 2 份 0.4～0.6 g 试样，用纸条套住称量瓶放在天平盘上，称出其质量。取出称量瓶，在容器(一般为烧杯或锥形瓶)上方使瓶倾斜，打开称量瓶盖，用盖轻敲称量瓶口上缘，渐渐倾出样品，估计已够 0.4 g 时，在一面轻轻敲击的情况下，慢慢竖起称量瓶，使瓶口不留一点试样，轻轻盖好瓶盖(这些操作都要在容器上方进行，防止试样丢失)。把称量瓶放回天平盘上称其质量，确定试样质量为 0.4～0.6 g 后，准确称出其质量。如一次减样不够 0.4 g，应再倒一次，但次数一般不能超过三次。如倒出的试样超过要求值，不可借助药匙放回，只能弃去重称。

4. 液体试样的称量方法

液体样品的准确称量比较麻烦。根据不同样品的性质有多种称量方法，现对主要的称量方法予以简单介绍。

（1）性质较稳定、不易挥发的样品可装在干燥的小滴瓶中用差减称量法称取，应预先粗测每滴样品的质量。

（2）较易挥发的样品可用增量法称量。例如，称浓 HCl 试样时可先在 100 mL 具塞锥形瓶中加 20 mL 水，准确称量后，加入适量的试样，立即盖上瓶塞，再进行准确称量，然后即可进行测定。

（3）易挥发或与水作用强烈的样品需要采取特殊的方法进行称量。挥发性液体试样的称量用软质玻璃管吹制一个具有细管的球泡，称为安瓿，用于吸取挥发性试样，熔封后进行称量。

3.3.2　容量瓶

容量瓶是用来准确配制一定体积、一定浓度溶液的量器，为细颈平底梨形瓶，颈部有刻度线，瓶口配有磨口玻璃塞。规格用刻度线以下的容积表示，有 25 mL、50 mL、100 mL、250 mL、500 mL 和 1000 mL 等。

（1）使用前应先检查是否漏水。方法如下：向瓶内加入自来水至标线附近，盖好瓶塞，将瓶外水珠擦拭干净，左手按压瓶塞，右手托住瓶底，然后将容量瓶倒置，观察瓶塞处是否漏水；如不漏水，把塞子旋转 180° 塞紧，倒置，再观察一次，仍不漏水，则按洗涤要求将容量瓶洗涤干净，最后用蒸馏水洗净才可使用。

（2）配制溶液时，不可直接在容量瓶中溶解固体物质，应在烧杯中先将固体溶解(或将浓溶液稀释)并放至室温后，才能沿玻璃棒把溶液转移至容量瓶中。

转移时烧杯口要靠紧玻璃棒，玻璃棒的下端要靠触在容量瓶瓶颈内壁，使溶液沿玻璃棒及瓶颈内壁缓缓流下，切勿将溶液洒漏(图 3-25)。溶液全部转移后，将烧杯沿玻璃棒往上提升，使附着在玻璃棒和烧杯嘴之间的液体流回烧杯中，再用少量蒸馏水洗涤烧杯和玻璃棒两三次，每次的洗液按同样的操作转移至容量瓶中。

当加入溶液量至容积的 2/3 左右时，将容量瓶按水平方向旋摇几次，使初步混匀(注意不能倒置容量瓶)，继续加蒸馏水至离标线 1 cm 左右时，改用胶头滴管，小心逐滴滴加蒸馏水，直至溶液弯月面最低点与标线相切。最后盖紧瓶塞，用左手按压瓶塞，右手五个手指托住瓶底，将容量瓶倒转数次，并边倒转边摇动，使溶液充分混合均匀(图 3-26)。

（3）磨口瓶塞与瓶体是配套的，不能互换，容量瓶不宜长时间存放溶液。

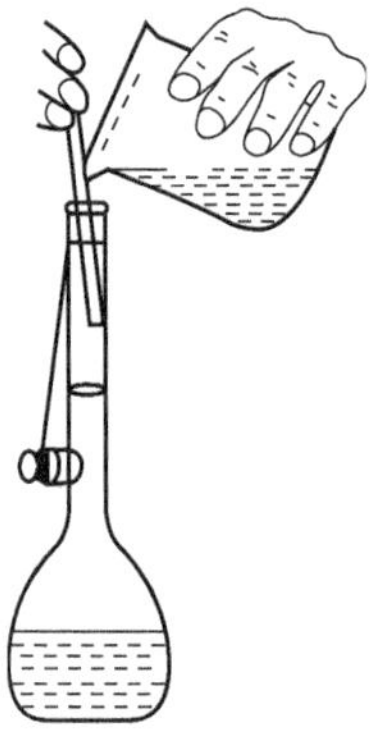

图 3-25　转移溶液操作

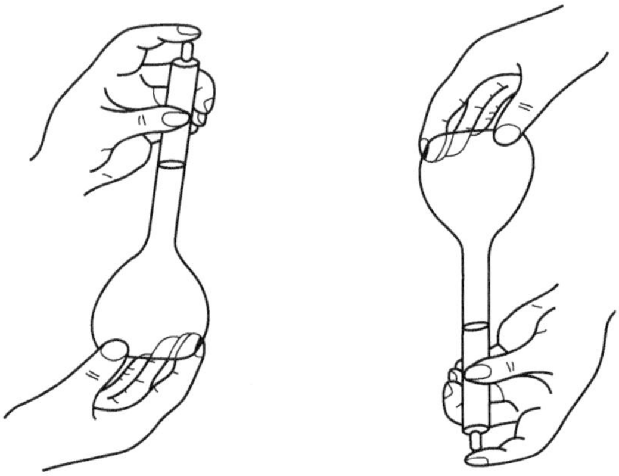

图 3-26　摇匀溶液操作

3.3.3　移液管和吸量管

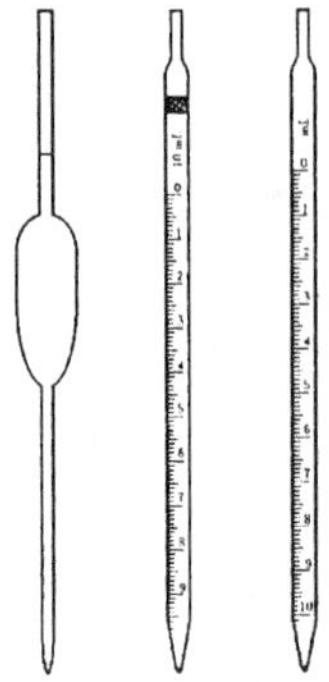

图 3-27　移液管和吸量管

移液管和吸量管(图 3-27)是用来准确移取一定体积溶液的量器，属于量出式(Ex)计量玻璃仪器。移液管是中间有一膨大部分的玻璃管，上端管颈有一条标线。吸量管是具有分刻度的直形玻璃管。移液管和吸量管按精度的高低分为 A 级和 B 级，A 级为较高级，B 级为较低级。

(1) 洗涤。使用前应观察移液管、吸量管的容积，寻查有无特殊标记，检查管尖、管口是否完好。如无破损，则依次用洗涤剂、自来水、蒸馏水洗涤干净，再用滤纸将管尖末端内外的水吸干。

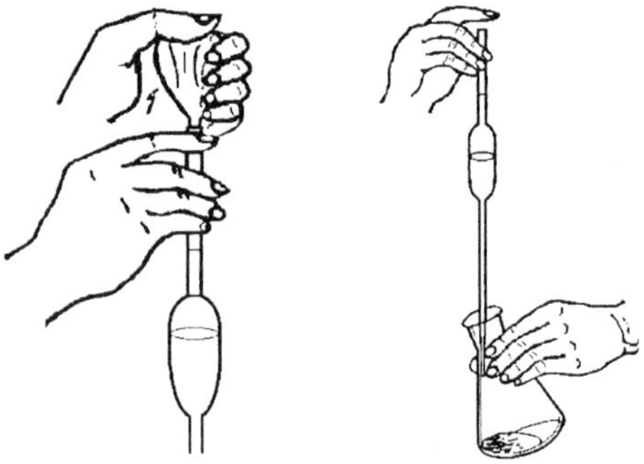

图 3-28　移液操作

(2) 吸取溶液。移取溶液时，用右手的拇指和中指捏着移液管标线以上部分，管尖插入溶液 1～2 cm 处(如果伸入太浅，液面下降后造成吸空；也不能伸入太深，以免管外液面下壁黏附溶液过多)；左手拿洗耳球，先把球中空气压出，用右手的拇指和中指捏着移液管标线以上部分，再把球的尖端紧按在移液管管口处，慢慢松开压扁的洗耳球使溶液吸入管中。先吸入移液管或吸量管容积的 1/3 左右，取出，横持，并转动管子使溶液接触到刻度以上部位以置换内壁的水分，然后将溶液从管的下口放出并弃去，如此用待取溶液润洗两三次后，即可吸取溶液至标线以上，迅速用右手食指的指肚部位按住移液管管口(图 3-28)。

(3) 调节液面。把移液管垂直提离液面，用滤纸擦干管外壁溶液，将管的末端靠在盛溶液容器的内壁上，使视线与液面相平行，略微放开食指或用拇指和中指轻轻捻动管身，使液面缓慢下降，当溶液的弯月面最低点与标线相切时，立即用食指压紧管口，使液体不再流出，将移液管垂直插入盛接容器中。

(4) 放出溶液。盛接容器如是锥形瓶，应使锥形瓶倾斜约 30°，移液管或吸量管垂直，管尖靠触在容器内壁，松开食指让管内溶液自然地沿容器内壁流下，全部溶液流完后再等 15 s 左右，最后捻转一下移液管，才可从盛接瓶中取出。

注意：如移液管未标明“吹”、“快”字，则残留在管尖上的溶液不可吹出，因移液管标示的溶液中不包括这部分溶液。

3.3.4　滴定管

滴定管是准确测量放出液体体积的仪器，为量出式计量玻璃仪器。常用的滴定管主要为 50 mL 和 25 mL 两种，其分度值为 0.1 mL，可估读至 0.01 mL，体积读数误差一般为±0.02 mL。此外，还有 10 mL、5 mL 等规格。

滴定管按精度的高低分为 A 级和 B 级，A 级为较高级，B 级为较低级。滴定管一般分酸式滴定管和碱式滴定管(图 3-29)，其差别在于管的下部。下端尖嘴管通过玻璃旋塞连接以控制滴定速度的称为酸式滴定管(简称酸管)，用于装酸类或氧化性溶液，但不适于装碱性溶液，因为碱性溶液会腐蚀玻璃旋塞和旋塞套；下端尖嘴管通过内装一个玻璃珠的乳胶管连接以控制滴定速度的称为碱式滴定管(简称碱管)，用于装碱性溶液，不能装入能与橡皮反应的氧化性溶液(如 $KMnO_4$、$AgNO_3$ 等溶液)，否则会改变溶液的浓度和损坏乳胶管。滴定管的基本操作如下。

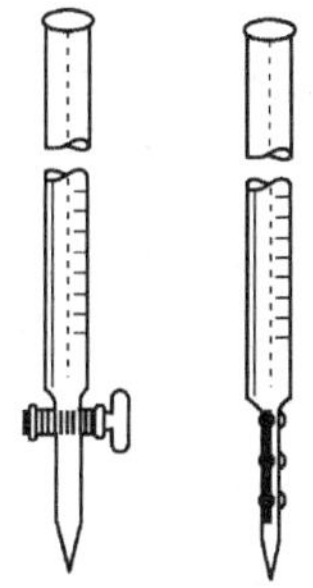

(a)　　(b)

图 3-29　酸式滴定管(a)和碱式滴定管(b)

1. 滴定管的准备

滴定管的准备主要包括滴定管的查漏和洗涤。

1) 查漏及其处理

滴定管在使用前通常要先检查其是否漏液。查漏的方法是：装入自来水至近满，擦干管外的水珠，直立约 2 min，观察管内液面是否下降，下端尖嘴有无水滴滴出及活塞缝隙中有无水渗出，然后将活塞转动 180° 后重复上述动作。

若酸管漏液或旋塞转动不灵活，应重新涂油。方法是：在旋塞套的小端内壁和旋塞的大端涂上薄薄的一层凡士林，也可以仅涂旋塞的孔两边(图 3-30 中 a、b 两部分)。注意：涂油太多会堵塞旋塞孔；涂油太少则达不到转动灵活与防漏的目的。涂凡士林后，将旋塞孔与滴定管平行插入旋塞套中，注意不要转动旋塞，以免凡士林被挤压到旋塞孔中，塞紧旋塞并向同一方向旋转几下，使凡士林涂布均匀，呈透明状，然后用橡皮圈套住旋塞的小端沟槽，以防旋塞脱落和损坏。

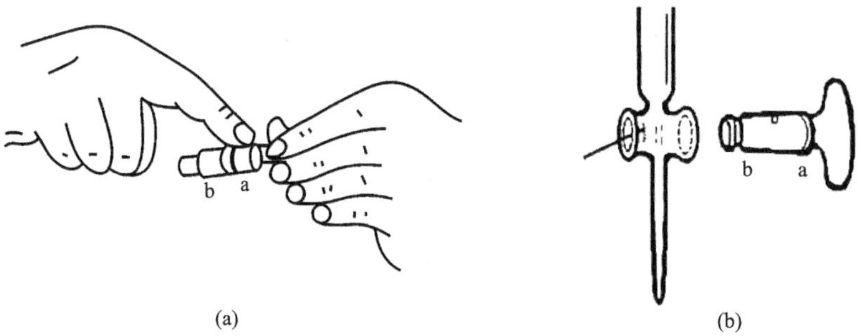

图 3-30　塞套涂油操作

如果旋塞孔或尖嘴口被凡士林堵塞，可将滴定管装满水，然后打开旋塞，并用洗耳球在滴定管上口挤压、鼓气，即可将凡士林排除。

碱式滴定管漏水时，将玻璃珠挤压到适当的部位即可。这样处理还漏水时，应更换玻璃珠或乳胶管。

2）洗涤

洗涤滴定管时，一般用自来水冲洗。零刻度以上部位可用毛刷蘸洗涤剂刷洗，零刻度以下部位如不能冲洗干净，则采用洗液洗涤，使洗液润洗到管的整个内壁(太脏时，可浸泡一段时间)，然后将洗液分别从管两端全部放回洗液瓶。最后用自来水冲洗干净，并用适量去离子水润洗两三次。洗净的滴定管等玻璃量器，其内壁应能被水均匀润湿而不挂水珠。

2. 滴定操作

滴定的操作过程包括操作液润洗、装入溶液、排气泡、调零、去除尖嘴外液滴、滴定控制、读数等。

1）操作液的装入

滴定管先用操作液润洗两三次，每次 10 mL 左右，再将操作液注入滴定管至零刻度以上。

2）尖管气泡的排除

为消除体积测量误差，应把滴定管尖管中的气泡排除。排除气泡的方法是：对于碱式滴定管，将乳胶管向上弯曲翘起，用手指挤压玻璃珠所处部位，使溶液从管口喷出即可；对于酸式滴定管，应将其倾斜 30°，迅速转动旋塞，使溶液冲出管口，反复数次即可(若还不能将气泡排除时，则打开旋塞后，用力抖动酸式滴定管，气泡即可排出)。

排除气泡后，调节液面在 0～1 mL 的刻度之间，并除去管尖嘴外液滴(可用干净的玻璃棒除去)，然后读取体积初读数。

3）读数

滴定中消耗溶液的体积等于终读数与初读数之差。为了读数准确，应遵守以下原则：

(1) 装入溶液或放出溶液后，必须等(0.5～1 min)附于内壁的溶液流下后，才能读数。

(2) 读数时，滴定管的出口尖嘴外应无液滴悬挂、尖嘴管内无气泡。

(3) 读数时，滴定管必须取下，用拇指和食指捏住滴定管的“0”刻度以上部位，并确保滴定管竖直。

(4) 读数必须准确至 0.01 mL，及时做好记录。

(5) 对于无色或浅色溶液，读数时视线应与管内溶液弯月面下线实线的最低点相切(图 3-31)；对于深色溶液(如高锰酸钾溶液)，读数时视线应与液面两侧最高点相切；对于“蓝带”滴定管，应读取其中间的弯月面三角交叉点所对应的刻度值。

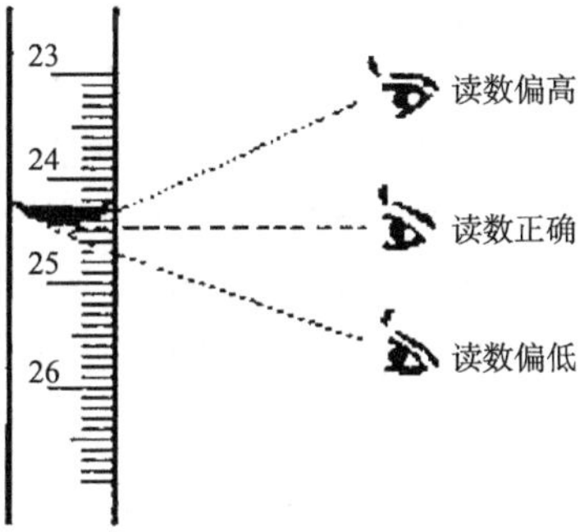

图 3-31　读数姿势

4）滴定

滴定反应一般是在锥形瓶中进行的。滴定时，将滴定管夹在滴定台架上，加入适量的指示剂于待滴定溶液中。然后左手操作滴定管，右手自然拿住锥形瓶的颈部，提起锥形瓶，使滴定管下端伸入瓶口内 1～2 cm，两手配合操作，边滴加溶液，边靠手腕的力量旋摇锥形瓶，使瓶内溶液充分混合、及时反应，直至反应终点。

(1) 酸式滴定管的操作。使用酸式滴定管时，旋塞柄向右，左手拇指在管前方、食指和中指在管后方控制旋塞的转动，无名指和小指向手心空握并轻贴出口部分，转动旋塞过程中手指有轻微向手心拉的力量，以免掌心把旋塞顶出而发生溶液渗漏。

(2) 碱式滴定管的操作。使用碱式滴定管时，左手拇指和食指捏住玻璃珠所在部位稍上处，其他三指辅助夹在出口，向右挤乳胶管，使玻璃珠移至手心一侧而形成一个小缝隙，如图 3-32 所示，这样即可使溶液流出。注意：不要用力捏挤玻璃珠，也不要使玻璃珠上下移动，不要捏挤玻璃珠下方胶管，以免空气进入而形成气泡，使滴定读数偏大。

进行滴定操作时，还应注意以下几点：

a. 最好每次滴定都从 0.00 mL 开始，且消耗溶液的体积相近，这样可减少测量误差。

b. 使用酸管滴定时，左手不能离开旋塞而任溶液自流。

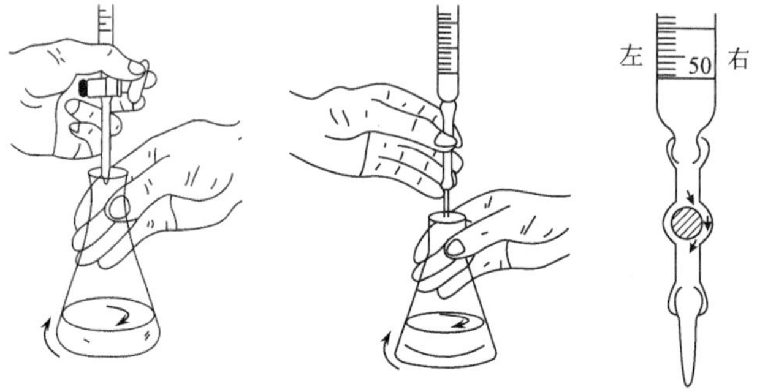

图 3-32　滴定操作

c. 摇瓶时，应微动手腕，使溶液向同一方向旋转，速度适当，不能来回振动，以免溶液溅出。同时，不要让瓶口碰到滴定管尖嘴。

d. 滴定时，应注意观察溶液滴落点周围颜色的变化。不要去看滴定管的刻度变化，而不顾滴定反应的进行。

e. 滴定时，控制好滴定速度。一般情况下，开始时可稍快，滴定速度呈“见滴成线”，即 3～4 滴/s，不能太快，接近终点时，应逐滴甚至半滴滴加到达终点。

(3) 半滴溶液的加入。其操作方法是：小心控制滴定管的旋塞或玻璃珠部位，使溶液悬挂在滴定管尖嘴外而形成液滴，然后将液滴靠落在锥形瓶内壁上，再倾斜旋摇锥形瓶或用少量去离子水吹洗，使附于瓶壁上的溶液洗至瓶中。

滴定完毕，应将滴定管冲洗干净，倒夹在滴定管架上。酸式滴定管长期不用时，活塞部分应垫上纸片，碱式滴定管不用时胶管应拔下，蘸些滑石粉保存。

3.3.5　分光光度计

在化验分析中，经常遇到微量组分的测定，目前厂矿化验室中测量微量组分，最普遍使用的是比色和分光光度法。分光光度法的基本原理是溶液中的物质在光的照射下，对光产生了吸收，物质对光的吸收是具有选择性的，各种不同的物质都具有其各自的吸收光谱，因此某种单色光通过溶液时，其能量就会被吸收并减弱，光能量减弱的程度与物质的浓度有一定的比例关系，当含有这些物质的溶液浓度改变时，溶液颜色的深浅度也就随着改变，溶液越浓颜色越深，溶液越稀颜色越浅。因此，可以利用比较溶液颜色深浅的方法来确定溶液中有色物质的含量，这种方法就称为比色分析法。

当一束白光(复合光)通过某溶液时，如果该溶液对可见光区各种波长的光都没有吸收，即入射光全部通过溶液，则该溶液呈无色透明状。当该溶液对可见光区各种波长的光全部吸收时，则该溶液呈黑色。如某溶液对可见光区域某种波长的光选择性地吸收，则该溶液即呈现出被吸收波长光的互补色光的颜色。例如，当一束白光通过 $KMnO_4$ 溶液时，该溶液选择性吸收了绿色波长的光，而将其他的色光两两互补成白光而通过，只剩下紫红色光，未被互补，所以 $KMnO_4$ 溶液呈现紫色。同理说明比 $K_2Cr_2O_7$ 溶液对可见光中蓝色光有最大的吸收，故其溶液呈现其互补色——黄色。

吸收层的厚度和溶液的浓度对单色光吸收率的影响如图 3-33 所示，它们之间的定量依据是朗伯-比尔(Lambert-Beer)定律。物质吸收光的程度可以用吸光度 A 或透光率 T 来表示。吸光度与透光率的定义式为

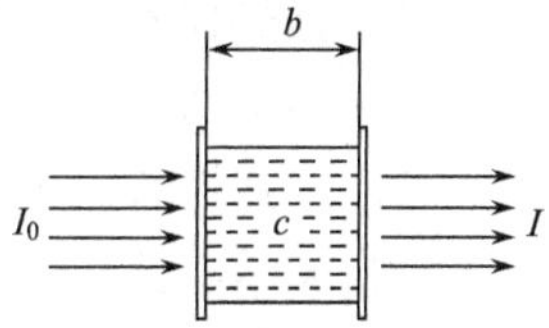

图 3-33　光的吸收原理

$$A=\lg\frac{I_0}{I}\text{；}\quad T=\frac{I}{I_0}$$

式中，I_0 为入射光强度；I 为透射光强度。显然两者的关系为

$$A=\lg\frac{1}{T}\quad 或\quad A=-\lg T$$

朗伯-比尔定律的数学表达式为

$$A=\varepsilon bc$$

式中，A 为吸光度；c 为溶液的浓度，mol/L；b 为液层厚度，cm；ε 为摩尔吸光系数，L/(mol·cm)。

从以上公式可以看出，当入射光吸光系数和液层厚度不变时，吸光度随溶液浓度的变化而变化。

朗伯-比尔定律只在一定浓度范围内适用，吸光度 A 和浓度 c 才呈直线关系。在比色分析中，常利用这种直线关系测定物质含量。测定方法是：配制一系列不同浓度的标准溶液，在一定条件下显色，使用同样厚度的比色皿，测定吸光度，然后以浓度为横坐标，吸光度为纵坐标作图，得一条直线称为工作曲线或标准曲线。在同样条件下测出试样溶液的吸光度，就可从工作曲线上查出试样溶液的浓度。

分光光度计的基本原理是根据朗伯-比尔定律设计的。本节简单介绍 752 型分光光度计的使用方法(图 3-34)。

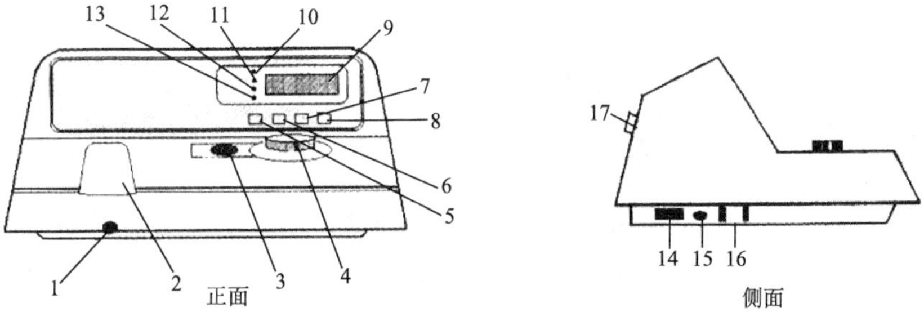

图 3-34　752 型紫外分光光度计的外形结构

1.比色皿拉杆；2.样品室；3.波长指示窗；4.波长调节旋钮；5.模式键；6.功能键；7.↓/0%键；8.↑/100%键；9.显示窗；10.“吸光度”指示灯；11.“透射比”指示灯；12.“浓度因子”指示灯；13.“斜率”指示灯；14.电源插孔；15.熔丝插孔；16.电源开关；17.RS232 串行接口

1. 752 型紫外分光光度计的使用方法

(1) 预热仪器。打开电源开关，显示窗显示数字，预热 30 min。

(2) 零点调整。打开暗箱盖或用不透光材料在样品室遮断光路能自动调整零位。

(3) 选择波长。使用波长调节旋钮，选择当前测试所需波长。具体波长由波长显示窗显示，读波长时目光要垂直观察。

(4) 调节百分透光率。将空白液置于光路中，关闭暗箱盖(同时打开光门)，按 100%键，即能自动调整 100%T(一次有误差可加按一次)。

(5) 变换指示灯。仪器有四种指示灯，指示灯间的转换用模式键操作，由“吸光度”、“透射比”、“浓度因子”、“斜率”指示灯分别指示，开机初始状态为“透射比”，每按一次按顺序循环。

(6) 测定溶液。将待测液盛于比色皿并置于比色皿架中，关闭暗箱盖，轻轻拉动比色皿拉杆，使待测液进入光路，进行测定。测完后应打开暗箱盖，以免光电管疲劳。

(7) 实验完毕，切断电源，将比色皿洗涤干净并用软纸将比色皿与座架、暗箱擦净。

2. 注意事项

(1) 工作环境室温 5～35 ℃，室内相对湿度小于 85%。安放在稳定的工作台上避免震动，并避免阳光直射及强烈电磁场干扰，避免灰尘及腐蚀性气体。

(2) 清洁仪器外表时，宜用温水擦拭，勿用乙醇、乙醚等有机溶剂。不使用时加防尘罩。

(3) 比色皿每次使用后都用石油醚清洗，并用镜头纸轻拭干净，存于比色皿盒中备用。不能用碱液或氧化性强的洗涤液洗比色皿，以免损坏；也不能用毛刷，以免损坏透光面。

(4) 为了防止光电管疲劳，不测定时必须将比色皿暗箱盖打开，切断光路，以延长光电管的使用寿命。

(5) 手拿比色皿时，手指捏住比色皿的毛玻璃面，不要碰比色皿的透光面，以免沾污及磨损，比色皿的光学面对准光路放入，若比色皿外面沾有溶液，要用镜头纸擦干净。

(6) 测定时，一定要用待测液将比色皿内壁润洗两三次，以保证溶液的浓度不变。在测定一系列溶液的吸光度时，通常按从稀到浓的顺序测定，以减少误差。

3.3.6　知识链接——称量瓶和酸度计的使用

1. 称量瓶

称量瓶是一种磨口、带塞的圆柱形玻璃容器，其质量较小，可用于称量易吸潮、易氧化和易吸收二氧化碳的固体样品或者需要连续称取多份的试样。使用称量瓶称量时要注意以下几点：

(1) 称量瓶应洗净、烘干，并放在玻璃干燥器内冷却以备用(用时才从干燥器中取出)。

(2) 瓶与磨口盖是配套的，不要把盖子弄错。

(3) 称量过程中，不能让手直接接触称量瓶和盖，要用洁净的纸条套拿，以免手指上的油污沾污称量瓶，影响称量结果的准确度。

(4) 从称量瓶中转移出固体粉末样品时，应在接收容器上方进行操作。左手拿纸条套住称量瓶，右手拿小纸片夹住瓶盖，称量瓶稍微向下倾斜，用瓶盖轻轻敲击瓶口右上(内)缘，使样品慢慢落入容器中。估计敲出的样品与要求相当时，边轻敲瓶口，边慢慢竖起称量瓶，使黏附在瓶口上的样品全部落回称量瓶内(图 3-35)。盖好瓶盖，把称量瓶放回天平秤盘上进行称量。

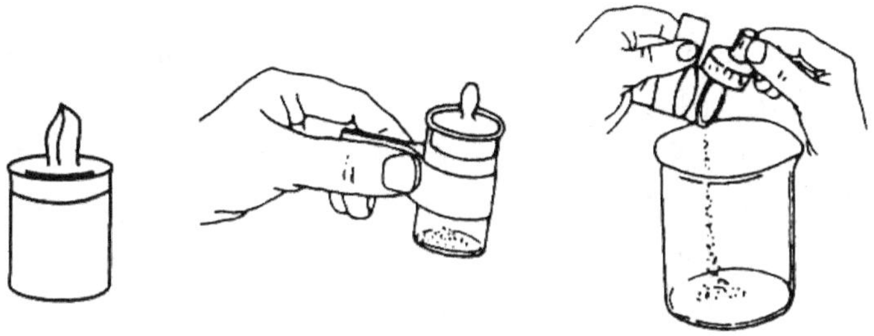

图 3-35　从称量瓶中倾倒试样操作

若敲出的样品不够，可再转移一次，使敲出的样品量满足所需。如果敲出的样品超出实验要求太多，只能弃之，再重称一份。不要把敲出的样品倒回称量瓶，以免污染称量瓶内的样品。

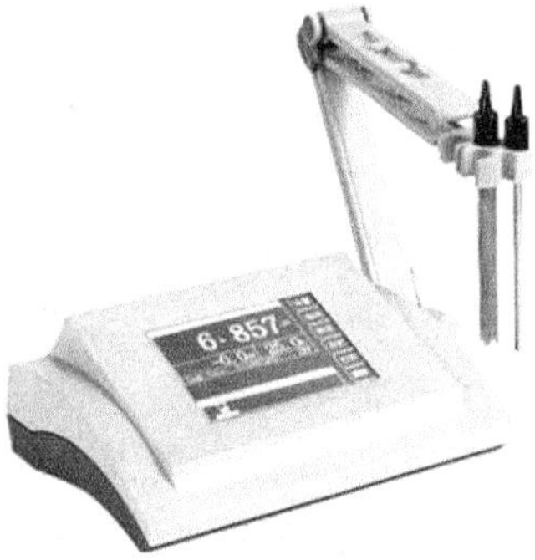

图 3-36　酸度计

2. 酸度计

酸度计又称 pH 计(图 3-36)，是对溶液中的氢离子活度产生选择性响应的一种电化学传感器，用于精确测定溶液的 pH。由电极和电动势测量装置组成，其原理是用已知 pH 的标准缓冲溶液为基准，通过比较标准缓冲溶液所组成的电池的电动势，从而得出待测溶液的 pH。

以实验室中广泛使用的 pHS-3C 型为例，主机上有选择、定位、斜率、温度和确定五个按钮，使用时主要包括以下几个步骤。

1) 开机

(1) 电源线插入电源插座。

（2）按下电源开关，电源接通后，预热 30 min。

2）标定

仪器使用前先要标定。一般来说，仪器在连续使用时每天要标定一次。

（1）在测量电极插座处拔下短路插头。

（2）在测量电极插座处插上复合电极。

（3）把“选择”旋钮调到 pH 挡。

（4）调节“温度”旋钮，使旋钮红线对准溶液温度值。

（5）把“斜率”调节旋钮顺时针旋到底(调到 100%位置)。

（6）把清洗过的电极插入 pH＝6.86 的标准缓冲溶液中。

（7）调节“定位”调节旋钮，使仪器显示读数与该缓冲溶液的 pH 一致(如 pH＝6.86)。

（8）用蒸馏水清洗电极，再用 pH＝4.00 的标准缓冲溶液调节“斜率”旋钮到 4.00 pH。

（9）重复(6)～(8)的操作，直至显示的数据重现时稳定在标准溶液 pH 的数值上，允许 pH 变化范围为±0.01。

注意：经标定的仪器“定位”调节旋钮及“斜率”调节旋钮不应再有变动；标定的标准缓冲溶液第一次用 pH＝6.86 的溶液，第二次应接近被测溶液的值，如被测溶液为酸性时，缓冲溶液应选 pH＝4.00；如被测溶液为碱性时，则选 pH＝9.18 的缓冲溶液。一般情况下，在 24 h 内仪器不需要再标定。

3）测量待测溶液的 pH

经标定过的仪器即可用来测量被测溶液，被测溶液与标定溶液温度相同与否，测量步骤也有所不同。

（1）被测溶液与定位溶液温度相同时，测量步骤如下：

a.“定位”调节旋钮不变。

b. 用蒸馏水清洗电极头部，用滤纸吸干。

c. 把电极浸入被测溶液中，搅拌溶液，使溶液均匀，在显示屏上读出溶液 pH。

d. 测量结束后，将电极泡在 3 mol/L 的 KCl 溶液中，或及时套上保护套，套内装少量 3 mol/L 的 KCl 溶液以保护电极球泡的湿润。

（2）被测溶液和定位溶液温度不同时，测量步骤如下：

a.“定位”调节旋钮不变。

b. 用蒸馏水清洗电极头部，用滤纸吸干。

c. 用温度计测出被测溶液的温度值。

d. 调节“温度”调节旋钮，使红线对准被测溶液的温度值。

e. 把电极插入被测溶液内，搅拌溶液，使溶液均匀后，读出该溶液的 pH。

下篇　化学实验技能训练

第4章　操 作 训 练

实验一　分析天平称量练习

一、实验目的

（1）掌握分析天平的使用方法。

（2）学会用直接称量法和差减称量法称取试样。

二、仪器和试剂

仪器：分析天平；小烧杯；称量瓶；表面皿。

试剂：废药品。

三、实验内容

电子分析天平是利用电磁力平衡原理制成的，具有性能稳定、灵敏度高、精密度高、操作方便快捷、自动校准等优点。

1. 开机和校准

按照 3.3.1 节分析天平使用方法进行操作。

2. 直接和固定质量法称量

准备一干燥洁净的小表面皿(直径约 6 cm)，放在分析天平上称，准确到 0.1 mg，将结果记录下来。用药匙将固体药品慢慢加入小表面皿中，称出固体的量为 0.5000 g(误差范围为±0.2 mg)。以表面皿加试样为起点，继续加入所要称取的固体，重复练习两三次。直接和固定质量法称量练习记录在表 4-1 中。

3. 差减称量法

准备三个干燥洁净的瓷坩埚(或小烧杯)，做好标记，准确称取每个瓷坩埚的

表 4-1　直接和固定质量法称量练习记录

实验次数	$m_{表面皿}$/g	$m_{表面皿+试样}$/g	$m_{试样}$/g
1			
2			
3			

质量；取一洁净、干燥的称量瓶，加入约 1.5 g 的固体药品，准确称量，记下质量为 m_0。

用纸条夹住称量瓶，右手以小块纸垫住瓶盖，打开，用盖轻轻敲击称量瓶，转移试样 0.3～0.4 g 于器皿 1 中，然后准确称出称量瓶和剩余样品的质量，以同样方法转移试样 0.3～0.4g 于器皿 2 和器皿 3 中，再准确称出称量瓶和剩余的试样质量，准确计算出器皿 1、器皿 2 和器皿 3 中试样的质量(表 4-2)。

表 4-2　差减称量法称量练习记录

称量项目	1	2	3
$m_{称量瓶+样品（倾出样品前）}$/g			
$m_{称量瓶+样品（倾出样品后）}$/g			
$m_{倾出样品}$/g			

四、思考题

(1) 称量方法有哪几种？固定称量法和差减称量法各有何优缺点？在何种情况下选用此两种方法？

(2) 实验中数据应准确至几位有效数字？

(3) 采用差减称量法时，从称量瓶向器皿中转移样品能否用药匙取，为什么？如果转移样品时有少许样品未转移到器皿中而洒落到外边，此次称量数据还能否使用？

实验二　由粗盐制备试剂级氯化钠

一、实验目的

(1) 学习由粗盐制备试剂级氯化钠的原理及检验氯化钠纯度方法。

(2) 巩固并掌握称量、溶解、沉淀、过滤、蒸发、浓缩等基本操作。

二、实验原理

粗盐中除了含有泥沙等不溶性杂质外，还含有 K^+、Ca^{2+}、Mg^{2+}和SO_4^{2-}等相应盐类的可溶性杂质。不溶性的杂质可以用过滤的方法除去，而 Ca^{2+}、Mg^{2+}和 SO_4^{2-}则要用化学方法处理才能除去。由于氯化钠的溶解度随温度的变化不明显，因此不能用重结晶的方法进行提纯，只能用蒸发溶剂的方法进行提纯。

化学除杂的方法是在粗盐的溶液中先加入稍过量的 $BaCl_2$ 溶液，使SO_4^{2-}转化为难溶的 $BaSO_4$ 沉淀而除去，有关反应为

$$Ba^{2+}+SO_4^{2-} = BaSO_4\downarrow$$

再向除去 $BaSO_4$ 沉淀后的溶液中加入 NaOH 和 Na_2CO_3 溶液，使 Ca^{2+}、Mg^{2+}及过量的 Ba^{2+}都生成沉淀

$$Ca^{2+}+CO_3^{2-} = CaCO_3\downarrow$$

$$Ba^{2+}+CO_3^{2-} = BaCO_3\downarrow$$

$$2Mg^{2+}+2OH^-+CO_3^{2-} = Mg_2(OH)_2CO_3\downarrow$$

过滤后，原溶液中的 Ca^{2+}、Mg^{2+}和 Ba^{2+}重金属离子都已除去，但又引进了过量的CO_3^{2-}和 OH^-，最后加入盐酸将溶液调至弱酸性，加热煮沸以除去CO_3^{2-}和 OH^-

$$CO_3^{2-}+2H^+ = CO_2\uparrow+H_2O$$

$$OH^-+H^+ = H_2O$$

对于存在的少量 KCl 等杂质，由于它们的含量少，而溶解度很大，最后仍留在浓缩结晶后的母液中，从而与氯化钠分离。

三、仪器和试剂

仪器：托盘天平；烧杯；量筒；布氏漏斗；抽滤瓶；蒸发皿；电炉；石棉网；表面皿、玻璃水泵；铁架台；试管；滤纸等。

试剂：粗盐；2 mol/L HCl；2 mol/L NaOH；1 mol/L $BaCl_2$ 溶液；1 mol/L Na_2CO_3；95%乙醇。

四、实验内容

（1）溶解。用台秤称取 5.0 g 粗盐，倒入烧杯中，加入约 30 mL 蒸馏水，加热搅拌使粗盐溶解。

（2）除SO_4^{2-}。边搅拌边滴加 1～2 mL 1 mol/L 的 $BaCl_2$ 溶液，继续加热煮沸 3 min，将烧杯从石棉网上取下，静置，待沉淀沉降后，向上层清液中加 1～2 滴

1 mol/L $BaCl_2$ 溶液。如果出现浑浊，表示 SO_4^{2-} 尚未除尽，需继续滴加 $BaCl_2$ 溶液，以除去剩余的 SO_4^{2-}。如果不浑浊，表示 SO_4^{2-} 已除去。趁热过滤，弃去沉淀，保留滤液。

(3) 除 Ca^{2+}、Mg^{2+}、Ba^{2+}。将所得滤液加热至沸，在滤液中加入 1 mL 2 mol/L NaOH 溶液，滴加 4～5 mL 1 mol/L Na_2CO_3 溶液，至沉淀完全为止。过滤，弃去沉淀，保留滤液。

(4) 除 CO_3^{2-} 和 OH^-。在滤液中逐滴加入 2 mol/L HCl，加热，并不断搅拌，至溶液的 pH 为 5～6(用 pH 试纸检验)，煮沸 2 min。

(5) 蒸发浓缩。把溶液转移入蒸发皿中，小火加热浓缩至浓稠状，注意不要蒸干，冷却结晶。

(6) 减压过滤。将结晶后的 NaCl 晶体转移到布氏漏斗中抽滤，并用少量 65% 的乙醇洗涤两三次，尽量抽干后，放在托盘天平上进行称量，计算收率。

(7) 产品检验。取 0.5 g 精盐于试管中，加 5 mL 蒸馏水溶解后，检验 Ca^{2+}、Mg^{2+}、Ba^{2+}、SO_4^{2-}、K^+是否除净，同时用粗盐和试剂级氯化钠做对比实验。表 4-3 为粗盐和试剂级氯化钠检测结果对比表。

表 4-3　粗盐和试剂级氯化钠检测结果对比表

检测试剂	粗盐	试剂级 NaCl
$BaCl_2$ (SO_4^{2-})	白色沉淀	无沉淀
草酸铵 (Ca^{2+})	白色沉淀	无沉淀
镁试剂 (Mg^{2+})	蓝色沉淀	紫色溶液
四苯硼酸钠 (K^+)	白色沉淀	无沉淀

五、思考题

(1) 为什么不能用重结晶法提纯氯化钠？浓缩结晶时最后的氯化钠溶液为什么不能蒸干？

(2) 除去 SO_4^{2-}、Mg^{2+}、Ca^{2+}的先后顺序是否可以颠倒？如先除 Ca^{2+}和 Mg^{2+}，再除 SO_4^{2-}，有何不同？

(3) 粗盐中不溶性杂质和可溶性杂质如何除去？

六、注意事项

(1) 加热 NaCl 溶液，趁热加入沉淀剂时，由于 NaCl 随水分蒸发达过饱和，上层有晶膜析出。过滤时用水洗涤沉淀及烧杯内壁，这些晶体又会溶解，不会造成产品损失。

(2) 减压过滤注意以下问题：

a. 布氏漏斗斜下口要正对抽滤瓶侧管口。

b. 滤纸大小合适，应完全盖住布氏漏斗孔隙。

c. 抽滤时，先开水泵待滤纸贴紧后再转移 NaCl 晶体，抽滤完毕，先打开布氏漏斗的塞子和大气相通，再关闭水，以防倒吸。

实验三 硝酸钾的制备及溶解度的测定

一、实验目的

(1) 利用物质溶解度随温度变化的差别，学习用转化法制备硝酸钾。

(2) 巩固无机产品制备中常用的减压过滤和热过滤等操作技能。

(3) 掌握硝酸钾溶解度的测定方法。

二、实验原理

硝酸钾(KNO_3)又称钾硝石，俗称火硝，无色斜方晶系，结晶或白色粉末。相对分子质量 101.10，相对密度 2.109，熔点 334 ℃。工业上常用转化法制备 KNO_3 晶体，其反应如下：

$$NaNO_3 + KCl = NaCl + KNO_3$$

该反应是可逆反应。

根据 NaCl 的溶解度随温度变化不大，而 $NaNO_3$、KCl 和 KNO_3 在高温时具有较大或很大的溶解度，温度降低时溶解度又明显减小(如 KCl、$NaNO_3$)或急剧下降(如 KNO_3)的这种差别，将一定浓度的 $NaNO_3$ 和 KCl 混合溶液加热浓缩，当温度达到 118～120 ℃时，由于 KNO_3 溶解度增加很多，没达到饱和状态，不能结晶析出，而 NaCl 的溶解度增加很少，随浓缩、溶剂水的减少，NaCl 会从溶液中析出，通过热过滤除去 NaCl，将滤液冷却至室温，即有大量 KNO_3 析出，此时 NaCl 仅有少量析出，从而得到含少量 NaCl 等杂质的 KNO_3 粗产品。再经过重结晶提纯，得到 KNO_3 纯品。表 4-4 列出了 KNO_3 等四种盐在不同温度下的溶解度。

表 4-4 KNO_3 等四种盐在不同温度下的溶解度(g/100 g 水)

盐	温度/℃								
	10	20	30	40	50	60	70	80	90
KCl	31	34	37	40	42.6	45.5	48.3	51.1	54
KNO_3	20.9	31.6	45.8	63.9	85.5	110	138	169	202
NaCl	35.8	36	36.3	36.6	37	37.3	37.8	38.4	39
$NaNO_3$	80	88	96	104	114	124	—	148	—

注：表中溶解度都是单组分体系的数据，混合体系中各物质的溶解度数据是有差异的，但不影响有关计算和讨论。

测定在已知量水中恰好溶解已知量硝酸钾时的温度，即可确定硝酸钾在该温度下的溶解度。再以溶解度为纵坐标，温度为横坐标，作出溶解度随温度变化曲线，即得硝酸钾的溶解度曲线。

三、仪器和试剂

仪器：烧杯；减压过滤装置；玻璃漏斗；蒸发皿；大试管；温度计；移液管。

试剂：$NaNO_3$(工业级)；KCl(工业级)；0.1 mol/L $AgNO_3$。

四、实验内容

1. 硝酸钾的制备

称取 8.5 g $NaNO_3$ 和 7.5 g KCl 固体倒入 100 mL 烧杯中，加入 15 mL 水，将烧杯置于石棉网上小火加热，使其全部溶解，在继续加热并不断搅拌下蒸发至 20 mL 左右。此时在烧杯中有晶体析出，趁热过滤，将滤液转移至烧杯中。向滤瓶中加入 5 mL 热水，冲洗滤瓶后，再次转移至烧杯中，加热至沸后静置冷却(也可流水冷却)，随着温度的下降，晶体析出。观察晶体形状，并与漏斗中的晶体比较外观，用 4 号砂芯漏斗(或 4 号玻璃坩埚)抽滤出晶体，取出硝酸钾晶体，干燥后(温度应控制在 100～120 ℃)，即得硝酸钾成品。称量，求产率。

2. 硝酸钾溶解度的测定

在一定量的水中，溶入一定量硝酸钾制成不饱和溶液。当使溶液缓缓降温并开始析出晶体(溶液成为饱和状态)的同时测出溶液的温度，即可计算出在该温度下 100 g 水中，溶解达饱和所需此物质的最大质量，即硝酸钾在该温度下的溶解度。

(1) 在托盘天平上分别称量硝酸钾 3.5 g、1.5 g、1.5 g、2.0 g 和 2.5 g。

(2) 在大试管中加入 10 mL 蒸馏水，加入 3.5 g 硝酸钾，水浴中加热，边加热边搅拌至完全溶解。

(3) 自水浴中拿出试管，插入一支干净的温度计，一边用玻璃棒轻轻搅拌并摩擦管壁，同时观察温度计的读数，当开始有晶体析出时，应即刻读数并做记录。

(4) 把试管再放入水浴中加热，使晶体全部溶解，然后重复上述(3)的操作，再测定开始析出晶体的温度。对比两次读数，再复测一次。

(5) 向试管中再加 1.5 g 硝酸钾(试管共有硝酸钾为 3.5+1.5=5.0 g)，然后重复上述(3)、(4)的操作。

(6) 同样重复(5)的操作，依次测得加入 1.5 g、2.0 g、2.5 g(试管中依次共有硝酸钾 6.5 g、8.5 g、11.0 g)开始析出晶体的温度(温度计不必洗涤)。

(7) 根据所得数据，以温度为横坐标，溶解度为纵坐标，绘制出溶解曲线图。

注意：当室温不够低时，可把试管浸入冷水中冷却降温。溶液在降温的过程中，用玻璃棒轻轻搅拌溶液并摩擦管壁，以防止溶液出现过饱和。读取温度计读数，必须把握刚刚开始析出晶体的时刻，以免增大误差。

五、实验数据记录和处理

1. 数据记录

表 4-5 硝酸钾的制备及溶解度的测定

项目	1	2	3	4	5
m_{KNO_3} / g					
$m_{水}$ / g					
$T_{开始析出晶体}$ / ℃					
KNO_3 在水中的溶解度/(g/100 g 水)					

2. KNO_3 晶体在水中的溶解度

表 4-6 实验中测出的 KNO_3 的溶解度

温度/℃	10	20	30	40	50	60	70	80	90
溶解度/(g/100 g 水)									

3. 溶解度曲线的绘制

依据理论值和实验值用不同颜色画出硝酸钾的溶解度曲线。

六、思考题

(1) 制备硝酸钾晶体时，为什么要把溶液进行加热和热过滤？

(2) 硝酸钾溶解度测定过程中，为什么等待冷却析出时，要用玻璃棒轻轻搅拌并摩擦管壁？

实验四 离子交换树脂法制去离子水

一、实验目的

(1) 掌握离子交换树脂法制备纯水的基本原理和操作方法。

(2) 了解离子交换树脂的处理方法。

(3) 学习电导率仪、pH 计的使用。

二、实验原理

离子交换树脂是一种具有网状骨架结构的难溶性的高分子聚合物，对酸、碱及一般试剂相当稳定，它们都是固态有机高分子聚合物(其骨架用 R 表示)。在其骨架上引入磺酸活性基团($—SO_3H^+$)就成为强酸性阳离子交换树脂；如果引入季铵活性基团($\equiv NOH^-$)就成为强碱性阴离子交换树脂。当水流过离子交换树脂床时，活性基团中的 H^+或 OH^-与水中的 Na^+、Ca^{2+}或 Cl^-、SO_4^{2-}等离子交换，离子交换树脂的交换机理如下。

强酸性阳离子交换树脂：

$$R—SO_3H + Na^+ \xrightarrow{\text{交换}} R—SO_3Na + H^+$$

氢型　　　　　　钠型

强碱性阴离子交换树脂：

$$RN(CH_3)_3OH + Cl^- \xrightarrow{\text{交换}} RN(CH_3)_3Cl + OH^-$$

氢氧型　　　　　　氯型

通过离子交换，水中的无机离子被留在树脂床上，而交换出来的 H^+与 OH^-发生中和反应，使水得到了净化。这种交换也是可逆的，当用一定的酸或碱处理树脂时，无机离子便从树脂上解脱出来，树脂得到再生。

离子交换制取纯水一般在交换柱中进行，树脂层高度与内径之比要大于 5∶1。交换柱的排列顺序为原水先经过阳离子交换柱，再流经阴离子交换柱，若直接通入离子交换柱，交换下来的 OH^-会与水中的阳离子杂质生成难溶沉淀，吸附在阴离子树脂表面，使其交换容量降低。阴离子交换树脂在酸性介质中易于交换，阳离子交换柱出水偏酸性，可提高阴离子交换树脂的交换效率。

用离子交换树脂制备纯水一般有复床法和混床法。本实验采用复床-混床法，所选用的树脂为国产 732 型强酸性阳离子交换树脂和 717 型强碱性阴离子交换树脂。

三、仪器和试剂

仪器：DDSJ-308A 型电导率仪；PHS-3D 型 pH 计；离子交换柱等。

试剂：732 型强酸性阳离子交换树脂；717 型强碱性阴离子交换树脂；HCl；NaOH；HNO_3；钙试剂；镁试剂；四苯硼钠；$AgNO_3$。

四、实验内容

1. 树脂的预处理

(1) 732 型树脂的处理：称约 40 g 的树脂泡在烧杯中，用水漂洗至水澄清后，改用纯水浸泡 4～8 h，再用 5% HCl 浸泡 4 h。倾去盐酸溶液，最后用纯水洗至水中检不出 Cl^-。

（2）717 型树脂的处理：称约 80 g 的树脂如同上法漂洗和浸泡后，改用 5% NaOH 浸泡 4 h。倾去 NaOH 溶液，再用纯水洗至 pH＝8～9。

2. 交换柱的制作

（1）交换柱下部空气的排除：取一支下端带有活塞的交换柱，柱子底部放入一些玻璃丝或棉花，然后加入蒸馏水至柱高的 1/3 处，排除柱下部和玻璃丝中的空气。

（2）装柱：将处理好的树脂分别与水混合后倒入柱中，与此同时打开柱下部的活塞，让水缓慢流出(水的流速不能太快，防止树脂床露出水面)，使树脂均匀自然沉降，分别得到阳离子交换柱、阴离子交换柱和混合离子交换柱。阳离子交换树脂和阴离子交换树脂的比例约为 2∶1，单柱装入高度约为柱高的 2/3，混柱装入柱高的 3/5，树脂床上部的水高为 4～6 cm。

3. 纯水的收集和检验

原水依次通入阳离子交换柱、阴离子交换柱和混合离子交换柱后，控制出水流速为 4～6 mL/min(要注意防止树脂床干涸)，从各柱流出的水取样，进行如表 4-7 中所示的项目检验，并做好记录。

表 4-7　水质项目检验

检验项目	检验方法	样品水				
		原水	阳离子柱交换水	阴离子柱交换水	混合床交换水	蒸馏水
电导率	测电导率					
pH	测 pH					
Ca^{2+}	1 mL H_2O + 2 滴 2 mol/L NaOH + 1 滴钙试剂，观察溶液是否变红					
Mg^{2+}	1 mL H_2O + 2 滴 4 mol/L NaOH + 1 滴镁试剂，观察有无蓝色沉淀生成					
Na^+	1 mL H_2O + 2 滴四苯硼钠饱和溶液，观察有无白色沉淀生成					
SO_4^{2-}	1 mL H_2O + 2 滴 6 mol/L HCl + 2 滴 Ba^{2+}，观察有无白色沉淀生成					
Cl^-	1 mL H_2O + 2 滴 2 mol/L HNO_3 + 1 滴 $AgNO_3$，观察有无白色沉淀					
结论						

五、知识链接

1. 新树脂的处理

新购的树脂常含有一些未参与反应的低分子物质和高分子组分的分解产物，还含有一些金属离子杂质、色素和灰沙等异物。此外，出厂的树脂一般为钠型(阳离子树脂)和氯型(阴离子树脂)。因而在使用前应对它们进行处理——除去杂质和转化为所需要的类型。

1） 水洗

将新购的树脂放在塑料桶中用清水漂洗，不断搅动，然后静置，直到排水清晰为止。然后用水浸泡 12～24 h，使其充分膨胀。若买进的为干树脂，应先用饱和 NaCl 溶液浸泡，再逐步稀释 NaCl 溶液，以免树脂突然急剧膨胀而破碎。

2） 酸碱处理

为使强酸性阳离子交换树脂完全转化为氢型，可将阳离子交换树脂浸没在 2 mol/L HCl 溶液中，不断搅拌 15 min 后，浸泡一天；强碱性阴离子交换树脂可浸没在 8% NaOH 溶液中转型，不断搅拌 30 min 后，浸泡一天。然后将 HCl 和 NaOH 溶液倾去，用去离子水冲洗树脂，洗至水溶液接近中性为止，用 pH 试纸检验(为了节省去离子水，最初几次可用自来水代替)。

检查强酸性交换树脂处理结果的方法：取上层清液 1 mL，加入数滴 NH_3-NH_4Cl 缓冲溶液及 1 滴铬黑 T 指示剂，如呈红色，说明水中有 Ca^{2+}、Mg^{2+}等金属离子存在；如显蓝色，则 Ca^{2+}、Mg^{2+}差不多没有了，树脂已为氢型。

强碱性交换树脂处理结果的检查方法与以上相似：取上层清液 1 mL，加稀 HNO_3 2 滴，酸化后，滴入 $AgNO_3$ 溶液，若没有或基本没有乳白色浑浊出现，说明氯离子差不多没有了，即阴离子交换树脂已基本上转化为氢氧型。这样的阴阳树脂即可以用于水处理。

2. 树脂的再生

离子交换树脂使用一段时间后会失效(阳离子交换柱出水能检出金属阳离子，阴离子交换柱出水能检出阴离子，混合离子交换柱出水电导率检查不合格)，这时可用酸碱再生处理。再生的方法有静态法和动态法两种。前者即将树脂倒入容器，加一定浓度的 HCl(或 NaOH)溶液浸泡，并予以搅拌，使之发生交换反应的逆反应，重新转化为氢型(或氢氧型)，然后同上述树脂预处理。

对于动态法，其过程为通水逆流反洗，加再生液再生，再通水正洗。以阳柱再生为例，先将自来水从柱底部通入，废水从顶部排出，借助自来水作用使树脂松动，排除树脂层内的气泡(如 CO_2 等)和破碎树脂及其他杂质。然后将 2 mol/L HCl 溶液从柱的顶部加入，废酸液从柱底部流出，控制废酸液流出速度。待完全再生转型后，再将自来水从柱顶通入正洗，废水从柱底排出，流速可比加酸时稍快，洗至出水 pH 为 3～4 时即可，此时用铬黑 T 检验应无阳离子存在。

阴离子交换柱动态再生方法同上，再生液可用 5% NaOH 溶液，正洗结束时 pH 为 11～12。

混合柱的离子交换树脂再生要先将阴阳离子树脂分开。可将混合树脂倒入 4～6 mol/L NaOH 溶液中，此时阴离子树脂因密度较小而浮在上层，阳离子交换树脂因密度较大而在下部，借此分开成单一树脂后再按上法再生。

实验五 菠菜色素的提取和分离——薄层色谱

一、实验目的

(1) 通过绿色植物色素的提取和分离，了解天然物质分离提纯方法。

(2) 掌握分离与提纯实验设计的一般思路和方法。

(3) 掌握菠菜中色素提取的原理、步骤和影响因素。

二、实验原理

绿色植物如菠菜叶中含有叶绿素、胡萝卜素和叶黄素等多种天然色素。叶绿素存在两种结构相似的形式即叶绿素 a(蓝绿色)和叶绿素 b(黄绿色)，植物中叶绿素 a 的含量通常是叶绿素 b 的 3 倍。尽管叶绿素分子中含有一些极性基团，但大的烃基结构使它易溶于醚、石油醚等一些非极性的溶剂。叶黄素(黄色)是胡萝卜素(橙黄色)的羟基衍生物，它在绿叶中的含量通常是胡萝卜素的 2 倍，与胡萝卜素相比，叶黄素较易溶于醇而在石油醚中溶解度较小。

本实验选用的是吸附色谱，硅胶作为吸附剂，色素提取液为吸附液，色素提取液中各成分极性大小为：叶绿素 b(黄绿色)>叶绿素 a(蓝绿色)>叶黄素(黄色)>胡萝卜素(橙黄色)。薄层色谱法的分离原理是根据物质在吸附剂上吸附力不同而使各组分分离，一般情况下极性较大的物质易被吸附，极性较小的物质不易被吸附。

三、仪器和试剂

仪器：小型展开槽；载玻片(2.5 cm×7.5 cm)6 块；研钵；烘箱；毛细管；表面皿；分液漏斗；普通漏斗；量筒。

试剂：硅胶 G(200 目)或硅胶 H；1%羧甲基纤维素钠溶液(CMC 溶液)；蒸馏水；石油醚-丙酮(8∶3)；石油醚-乙酸乙酯(6∶4)；石油醚-甲醇(3∶2)；新鲜菠菜；甲醇。

四、实验内容

1. 薄层板的制备

将待铺的载玻片平放在水平台面上，称取适量的硅胶 G 于干净研钵中，按照每克硅胶 G 用 2 mL 溶剂的比例加入 1%的 CMC 溶液，立即研磨，在 30 s 内研成均匀的糊状。用牛角匙舀取糊状物倒在载玻片上迅速摊布均匀，如不均匀，可轻敲载玻片边缘，或将载玻片托在手中前后左右稍稍倾斜，靠糊状物的流动性使之分布均匀，然后平放在台面上，使其固化定型并晾干。将晾干后的薄板移入烘箱烘焙活化，升温至 105～110 ℃并保持 0.5 h，取出，立即放入干燥器中备用。

2. 菠菜色素的提取

取 20 g 新鲜菠菜叶，用剪刀剪细，与 10 mL 甲醇拌匀研磨 5 min，弃去滤液。残渣用 10 mL 的石油醚-甲醇(3∶2)混合液进行提取，共提取两次。合并液用水洗后弃去甲醇层，石油醚层进行干燥、浓缩，得到色素提取液。

3. 点样

在距薄层板一端约 1 cm 处用铅笔画一水平横线作为起始线。用毛细管在起始线上点样，点样时毛细管的下端应轻轻接触吸附剂层。每块板上点两个样点，样品斑点的直径应小于 2 mm。若在同一块板上点两个以上样点时，样点之间的距离不应小于 1 cm。点样后待样点上溶剂挥发干净才能放入层析展开槽中展开。如果溶液太稀，样点模糊，可待前次样点干燥后，在原处重复点样。

4. 展开

先在层析展开槽（图 4-1）中装入深 0.2～0.5 cm 的展开剂，盖上盖子放置片刻，使蒸气充满层析展开槽，然后将点好样的薄层板小心地放入其中，点样一端

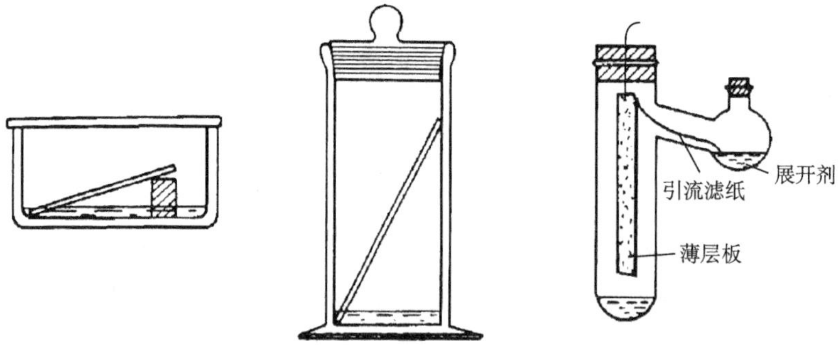

(a) 长方形盒式展开槽　　(b) 广口瓶式展开槽　　(c) 斜靠式展开槽

图 4-1　常见的层析展开槽

向下，展开剂不得浸及样点。当展开剂前沿升至距薄层板上端约 1 cm 处时取出薄层板，并立即用铅笔标记出前沿位置。依次展开其余各板，分别测出各样点中心及前沿到起始线的距离，计算各组分的比移值(R_f)。

R_f 是薄层色谱法的定性参数，是溶质移动距离与流动相移动距离之比，即 $R_f=L/L_0$，如图 4-2 所示，L 为原点至斑点中心的距离，L_0 为原点至溶剂前沿的距离。

各物质的 R_f 值与所用的固定相、溶剂、吸附层的厚度等因素有关。常在同一薄层板上同时并列点上待测样品和已知标准样品，通过两者 R_f 值的比较，可以对样品作出定性判定。

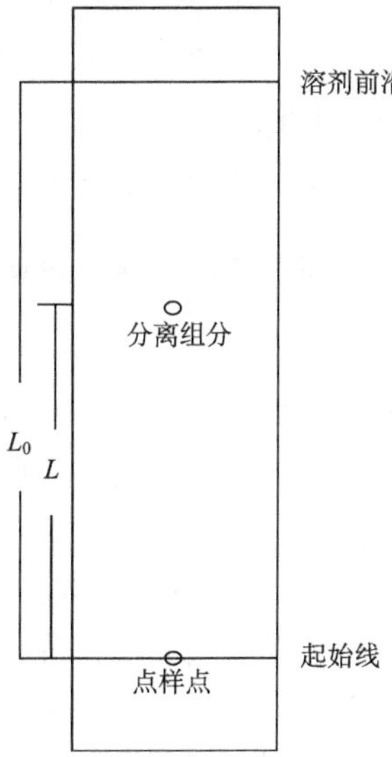

图 4-2　薄层色谱展开示意图

5. 显色

将薄层板平放晾干后即可显色。如果待分离的各物质有颜色，展开后就可以清楚地看到各个色斑。如果本身无色，则可把层析板放在暗处，在紫外灯下观察其光亮的斑点，也可以根据被分离化合物的性质，采用不同的试剂进行喷雾显色。

五、结果与讨论

R_f 值计算填入表 4-8。

表 4-8　R_f 值计算数据

色素种类	胡萝卜素	叶黄素	叶绿素 a	叶绿素 b
L				
L_0				
R_f				

六、注意事项

(1) 载玻片应干净且不被手污染，吸附剂在载玻片上应均匀平整。

(2) 点样不能戳破薄层板面，各样点间距 1～1.5 cm，样点直径应不超过 2 mm。

(3) 展开时，不要让展开剂前沿上升至底线，否则无法确定展开剂上升高度值和准确判断粗产物中各组分在薄层板上的相对位置。

七、思考题

（1）什么是 R_f 值？为什么利用它能鉴定化合物？

（2）薄层色谱法点样时应注意什么？

（3）如何利用 R_f 值来鉴定化合物？在混合物薄层色谱中，如何判定各组分在薄层上的位置？

（4）展开前展开剂的高度如果超过了点样线，对薄层色谱有何影响？

八、知识链接：薄层色谱

薄层色谱(thin layer chromatography，TLC)，又称薄层层析，属于固-液吸附色谱，是一种微量、快速而简单的色谱法。它兼备柱色谱和纸色谱的优点，一方面适用于少量样品(几到几十微克，甚至 0.01 μg)的分离；另一方面，若在制作薄层板时，把吸附层加厚，将样品点成一条线，则可分离多达 500 mg 的样品。薄层色谱又可用来精制样品，故此法特别适用于挥发性较小或在较高温度下易发生变化而不能用气相色谱分析的物质。在进行化学反应时，常利用薄层色谱观察原料斑点的逐步消失来判断反应是否完成。此外，由于薄层色谱和柱色谱在分离原理上基本相同，而操作简单，试样和展开剂用量少，展开速度快，因此经常被用于探索柱色谱分离条件和监测柱色谱过程。

薄层色谱法是把吸附剂(固定相)均匀地涂在平整的玻璃板上制成薄层板，根据混合物中各组分对吸附剂吸附能力的差异，可以在此薄层上进行各组分的分离。按其作用机理可以分为吸附薄层层析、分配薄层层析等。当待分离的混合物随流动相通过固定相时，由于各组分的理化性质存在差异，与两相发生相互作用(吸附、溶解、结合等)的能力不同，在两相中的分配(含量对比)不同，而且随流动相向前移动，各组分不断地在两相中进行再分配。与固定相相互作用力越弱的组分，随流动相移动时受到的阻力小，向前移动的速度越快；反之，与固定相相互作用越强的组分，向前移动的速度越慢。分步收集流出液，可得到样品中所含的各单一组分，从而达到将各组分分离的目的。

薄层色谱常用的吸附剂(固定相)有硅胶和氧化铝。硅胶是无定形、多孔性的物质，它的吸附性来自表面的 Si—OH 基，适用于酸性和中性化合物的分离和分析。薄层色谱用的硅胶有：硅胶 H 不含硫酸钙；硅胶 G 含 13%硫酸钙(黏合剂)；硅胶 HF254 含无机荧光物质，可在波长 254 nm 的紫外光照射下发出荧光；硅胶 GF245 含硫酸钙和无机荧光物质。薄层色谱用的氧化铝也可分为氧化铝 G、氧化铝 HF254 和氧化铝 GF245 等类型。黏合剂除硫酸钙外，还可用淀粉、羧甲基纤维素钠。通常将添加黏合剂的薄板称为硬板，不加黏合剂的称为软板。

实验六　纸色谱法分离氨基酸

一、实验目的

通过氨基酸的分离，学习纸层析法的基本原理及操作方法。

二、实验原理

色谱又称层析，是一种分离混合物的物理方法。其分离原理是混合物中各组分在两相之间溶解能力、吸附能力或其他亲和作用的差别，使其在两相中分配系数不同，当两相做相对运动时，组分在两相间进行连续多次分配，使各组分达到彼此分离。其中一相是不动的称为固定相，另一相是携带混合物流过此固定相的流体称为流动相。当流动相所含混合物经过固定相时，由于各组分在性质和结构上有差异，与固定相发生作用的大小、强弱也有差异，换言之，在相同流动相下，不同组分在固定相中的滞留时间有长有短，从而按先后不同的次序从固定相中流出。这种借助在两相间分配差异而使混合物中各组分分离的技术方法，称为色谱法。

纸色谱是以滤纸作为惰性支持物的分配色谱，滤纸纤维上有亲水性的羟基，通过吸附一层水作为固定相，通常把有机溶剂作为流动相。流动相流经支持物时，与固定相之间连续抽提，使物质在两相间不断分配而得到分离。物质被分离后在纸色谱图谱上的位置用 R_f 值(比移值)来表示：

$$R_f\text{值} = \text{原点到色谱点中心的距离/原点到溶剂前沿的距离}$$

在一定条件下某种物质的 R_f 值是常数，其大小受物质的结构、性质、溶剂系统物质组成与比例、pH、选用滤纸质地和温度等多种因素影响。此外，样品中的盐分、其他杂质以及点样过多均会影响有效分离。无色物质的纸色谱图谱可用光谱法(紫外光照射)或显色法鉴定，氨基酸纸色谱图谱常用茚三酮或吲哚醌作为显色剂，本实验采用茚三酮作为显色剂。

三、仪器和试剂

仪器：层析缸；毛细管；喷雾器；培养皿；层析滤纸。

试剂：扩展剂；氨基酸溶液；显色剂。

扩展剂：4 份水饱和的正丁醇和 1 份乙酸的混合物。将 20 mL 正丁醇和 5 mL 乙酸放入分液漏斗中，与 15 mL 水混合，充分振荡，静置后分层，放出下层水层。取漏斗内的扩展剂约 5 mL 置于小烧杯中作平衡溶剂，其余的倒入培养皿中备用。

氨基酸溶液：0.5%的赖氨酸、脯氨酸、缬氨酸、苯丙氨酸、亮氨酸溶液及它们的混合液(各组分浓度均为 0.5%)。

显色剂：0.1％水合茚三酮正丁醇溶液。

四、实验内容

(1) 将盛有平衡溶剂的小烧杯置于密闭的层析缸中。

(2) 取层析滤纸(长 22 cm、宽 14 cm)一张。在纸的一端距边缘 2～3 cm 处用铅笔划一条直线，在此直线上每间隔 2 cm 作一记号。

(3) 点样。 用毛细管将各氨基酸样品分别点在 6 个位置上，干后再点一次。每点在纸上扩散的直径最大不超过 3 mm。

(4) 展开。用线将滤纸缝成筒状，纸的两边不能接触。将盛有约 20 mL 扩展剂的培养皿迅速置于密闭的层析缸中，并将滤纸直立于培养皿中(点样的一端在下，扩展剂的液面需低于点样线 1 cm)。待溶剂上升 15～20 cm 时即取出滤纸，用铅笔描出溶剂前沿界线，自然干燥或用吹风机热风吹干。

(5) 显色。用喷雾器均匀喷上 0.1％茚三酮正丁醇溶液，然后置烘箱中烘烤 5 min(100 ℃)或用热风吹干即可显出各层析斑点。

(6) 计算各种氨基酸的 R_f 值。

五、思考题

(1) 什么是纸色谱法？

(2) 什么是 R_f 值？影响 R_f 值的主要因素是什么？

(3) 如何制备扩展剂？

实验七　柱色谱分离有机染料

一、实验目的

(1) 了解柱色谱法分离有机化合物的方法。

(2) 掌握柱色谱分离的原理和基本操作。

二、实验原理

色谱法是分离、纯化有机化合物的重要方法之一。色谱法根据操作条件的不同，可分为薄层色谱(TLC)、柱色谱(CC)、纸色谱(PC)等。

柱色谱也称柱层析，它包括以氧化铝、硅胶、聚酰胺等为吸附剂的吸附色谱和用硅胶、硅藻土、纤维素等为支持剂以吸收较大量的液体作为固定相的分配色谱。

图 4-3 所示是实验室中常见的柱色谱装置。吸附柱色谱通常在玻璃管中装入表面积很大、经过活化的多孔性或粉状固体吸附剂(固定相)，液体样品从柱顶加

入，流经吸附柱时，被吸附在柱的上端，然后从柱顶加入洗脱剂(流动相)进行冲洗、展开。由于各组分在固定相中的吸附作用力不同、在流动相中的溶解度不同，各组分以不同的速度沿柱下移。在固定相中吸附作用较强、在流动相中溶解度较小的组分，其下移的速度就慢；反之，下移速度较快。随着洗脱剂的不断淋洗，柱中会形成若干色带，分别收集各组分，再逐个鉴定。柱色谱法主要用于分离。

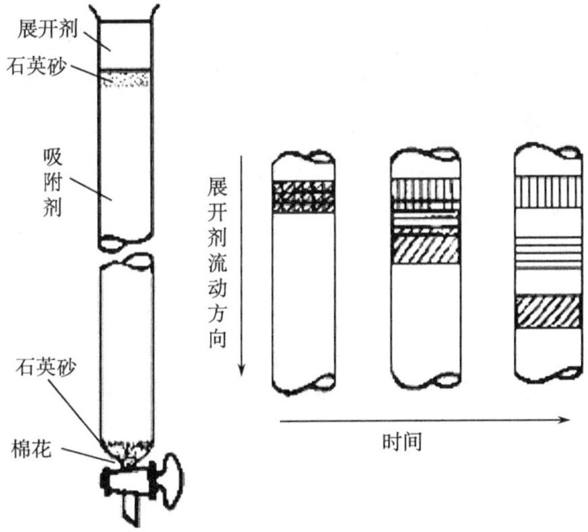

图 4-3　柱层析过程物质分离示意图

1. 吸附剂

常用的吸附剂有氧化铝、硅胶、氧化镁、碳酸钙和活性炭等。选择吸附剂首先要满足吸附剂与被吸附物质及展开剂均无化学作用，其次要考虑颗粒大小及酸碱性问题。吸附剂颗粒太粗，则流速快而分离效果不好；吸附剂颗粒太细，则流速很慢。色谱用的氧化铝可分为酸性、中性和碱性 3 种。酸性氧化铝是用 1%盐酸浸泡后，用蒸馏水洗至悬浮液 pH＝4～4.5，然后干燥脱水，备用。酸性氧化铝用于分离酸性物质；中性氧化铝 pH＝7.5，用于分离中性物质；碱性氧化铝 pH＝9～10，用于分离生物碱、碳氢化合物等。吸附剂的活性与其含水量有关，含水量越低，活性越高。氧化铝的活性分 5 级，其含水量分别为 0%(Ⅰ级)、3%(Ⅱ级)、6%(Ⅲ级)、10%(Ⅳ级)、15%(Ⅴ级)，一般常用的是Ⅱ～Ⅲ级。

吸附剂与被吸附物质之间的吸附力与化合物分子的极性有关，分子极性越强，吸附能力越大。氧化铝对各种化合物的吸附性按下列顺序递减：酸、碱＞醇、胺、硫醇＞酯、醛、酮＞芳香族化合物＞卤代物＞醚＞烯＞饱和烃。

2. 溶剂和洗脱剂

溶剂的选择是重要的一环，除了要考虑本身的性质之外，还应考虑被分离各组分的极性和溶解度。溶剂的极性应比样品小一些，如果大了，样品不易被吸附剂吸附。溶剂对样品的溶解度不能太大，否则影响吸附；但也不能太小，若太小，溶液的体积增加，使色谱分散。样品吸附在吸附剂上后，如果用原来溶解样品的溶剂冲洗柱子，不能达到分离的目的，可选用极性较大的溶剂作为洗脱剂。为了提供洗脱剂的洗脱能力，一般用混合溶剂冲洗。常用的洗脱溶剂的极性按以下次序递增：石油醚＜环己烷＜苯＜氯仿＜乙醚＜乙酸乙酯＜丙酮＜乙醇＜甲醇＜水＜吡啶＜乙酸。

本实验以色谱柱分离甲基橙和亚甲基蓝的少量混合溶液。两组分均有鲜艳的颜色，可以清晰地观察到柱中分离情况。

三、仪器和试剂

仪器：色谱柱(长 25 cm，内径 1 cm)。

试剂：中性氧化铝(100 目，Ⅱ～Ⅲ级)；95%乙醇；甲基橙；亚甲基蓝。

四、实验内容

1. 装柱

色谱柱的大小视处理样品的量多少而定，用于制备性分离时柱的长度与直径之比为 10∶1～40∶1，用于分析性分离时柱的长度与直径之比一般约为 75∶1。

1）湿法装柱

先将玻璃管洗净干燥，用镊子取少许脱脂棉放于干净的色谱柱底部，轻轻塞紧；再在脱脂棉上盖上一层厚 5 mm 的石英砂，关闭活塞。将吸附剂中性氧化铝用洗脱剂 95%的乙醇调成糊状，向柱中倒入 95%的乙醇约至柱高的 3/4 处，打开活塞，控制流出速度为 1～2 滴/s，再将调好的吸附剂边敲边倒入柱中，当装柱至 3/4 时，再在上面加一层厚 5 mm 的石英砂。操作时一直保持上述流速，注意不能使液面低于石英砂的上层。本实验采用湿法装柱。

2）干法装柱

在玻璃管的上端放一漏斗，将氧化铝均匀装入管内，轻敲玻璃管，使之均匀，然后加入溶剂，至氧化铝全部润湿。所装的吸附剂的高度约为管长的 3/4，装完之后，应在吸附剂上面加一层厚约 5 mm 的石英砂或一小圆滤纸、玻璃丝、脱脂棉，以保证吸附剂上端顶部平整，不受流入溶剂干扰。操作时应保持溶剂的流速，不能使液面低于石英砂的上层，以保证整个过程中吸附剂都被溶剂覆盖。

2. 加样

当溶剂液面刚好流至上层石英砂面时，立即用胶头滴管沿柱壁加入 1 mL 甲基橙和亚甲基蓝的乙醇溶液(1 mg 甲基橙和 5 mg 亚甲基蓝溶于 2.2 mL 乙醇中)，当此溶液流至接近石英砂面时，再加入少量的洗脱剂将壁上的样品洗下来，如此连续两三次，直至柱壁和顶部的淋洗剂均无颜色。

3. 淋洗和接收

加入大量淋洗剂，打开柱下活塞，控制流出速度为 1 滴/s，观察柱中色带下行情况。随着色带向下行进逐渐分为两个色带，亚甲基蓝因极性较小向柱子下方移动，极性大的甲基橙留在柱的上端，继续加入足够量的乙醇，使亚甲基蓝的色带全部从柱子里洗脱下来。待洗出液无色时，更换接收瓶，改用水为洗脱剂，这时甲基橙向柱子下方移动，用容器收集，同样至洗出液无色为止。

本实验因样品量甚微，不要求蒸发溶剂制取固体产品。所接收的两个色带可以分别密封避光保存，留待下个实验中作薄层检测。操作以柱中色带分布狭窄、前沿整齐水平、空白带较宽者为佳。实验完毕，倒出柱中的氧化铝，洗净，放回原处。

五、注意事项

(1) 色谱柱填充要紧密，要求无断层、无缝隙。若松紧不匀，特别是有断层时，影响流速和色带的均匀。但如果装柱时过分敲击玻璃管，色谱柱填充过紧，流速太慢。

(2) 在装柱、洗脱过程中，始终保持有洗脱剂覆盖吸附剂。

(3) 在洗脱过程中，一定要注意一个色带与另一色带的洗脱液的接收不要交叉，否则组分之间不能完全分离。

六、思考题

(1) 为什么极性大的组分要用极性大的溶剂洗脱？

(2) 若用氧化铝分离偶氮苯和邻硝基苯胺，哪种组分先被洗脱下来？

(3) 如果柱子填充不均匀或留有气泡，会对分离有何影响？如何避免？

实验八　液-液萃取

一、实验目的

(1) 掌握液-液萃取的原理。

(2) 了解萃取的基本方法及其在有机化合物研究中的应用。

(3) 学习分液漏斗的操作方法。

二、实验原理

根据物质在两种不相溶或微溶的溶剂中的分配比不同(或不同的溶解度)，使物质从一种溶剂转移到另一种溶剂中，从而进行分离和提纯的方法，称为萃取。

要从水中萃取有机化合物时，常用的有机溶剂是二氯甲烷、石油醚和乙醚等在水中溶解度很小的溶剂。与此相反，也可以用水来萃取有机溶剂以除去不要的组分，这个过程常称为洗涤。如果有机层中含有需要除去的酸(如盐酸)，就可用水或稀的弱碱水溶液来洗涤。如果要除去碱性物质，可用稀酸水溶液洗涤。

分配定律是液-液萃取的主要理论依据。设某溶液由某物质 x 溶解于溶剂 A 而形成，如果要从其中萃取该物质，可在其中加入一种对该物质溶解度极好，而与溶剂 A 不混溶和不发生化学反应的溶剂 B，充分振荡静置后，由于 A 与 B 不混溶，分成两层。在一定温度下，该物质在 A、B 两相间达到分配平衡时，其浓度比为一常数，$c_A/c_B=K$，K 是一常数，称为分配系数，这就是分配定律。

根据分配定律，有如下关系：

$$W_n = W_0 \times \left(\frac{KV}{KV + V_B}\right)^n$$

式中，W_0 为 x 物质的总量；W_n 为萃取 n 次后 x 物质在 A 中的剩余量；K 为分配系数；V 为萃取剂 B 的体积；n 为萃取次数；V_B 为分 n 次萃取，每次用的萃取剂 B 的体积。

由分配定律可知，把溶剂分成几份做多次萃取要比用全部量的溶剂一次萃取的效果好。一般萃取 3 次即可满足要求。

选择萃取溶剂的原则是：要求溶剂在水中的溶解度小或几乎不溶；被萃取物在溶剂中要比在水中溶解度大；溶剂与水和被萃取物都不反应；萃取后溶剂易于和溶质分离开，因此最好用低沸点溶剂，萃取后可用常压蒸馏回收。此外，价格便宜、操作方便、毒性小、不易着火等也是应考虑的因素。

常用的萃取溶剂有乙醚、苯、四氯化碳、氯仿、石油醚、正丁醇、乙酸酯等。一般水溶性较小的物质可用石油醚萃取；水溶性较大的可用苯和乙醚；水溶性极大的可用乙酸乙酯。

三、仪器和试剂

仪器：分液漏斗；量筒；锥形瓶；滴定管。

试剂：1∶19 冰醋酸水溶液；乙醚；0.2 mol/L 氢氧化钠溶液。

四、实验内容

本实验是用乙醚从冰醋酸水溶液中萃取乙酸。

1. 一次萃取法

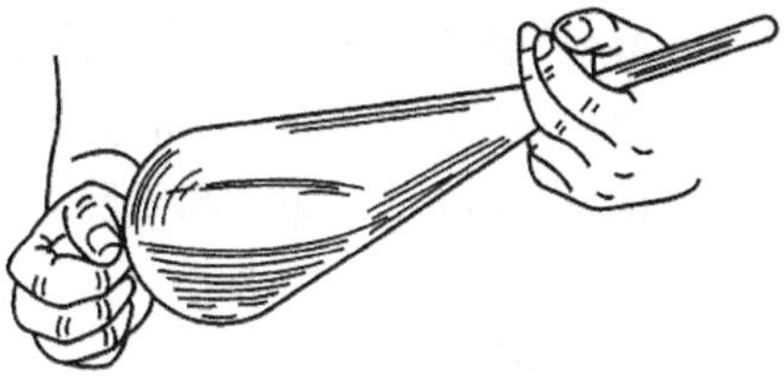

图 4-4　分液漏斗的振摇方法

用移液管准确量取 10 mL 冰醋酸与水的混合液（冰醋酸与水以 1∶19 的体积比相混合），放入分液漏斗中，用 30 mL 乙醚萃取。加入乙醚后，如图 4-4 所示，先用右手食指末节将漏斗上端玻璃塞顶住，再用大拇指及食指和中指握住漏斗，这样漏斗转动时可用左手的食指和中指蜷握在活塞的柄上，使振摇过程中玻璃塞和活塞均夹紧。上下轻轻振摇分液漏斗，每隔几秒钟小心打开活塞以平衡内外压力，重复操作两三次，然后用力振摇一段时间，使乙醚与冰醋酸水溶液两不相溶的液体充分接触，提高萃取率。

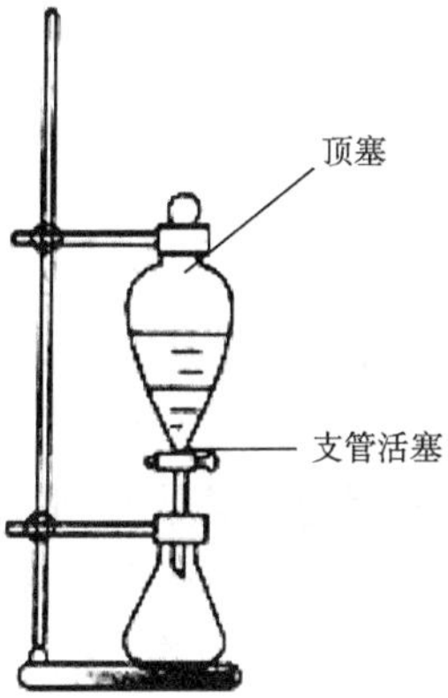

图 4-5　分液方法

如图 4-5 所示，将分液漏斗置于铁圈上，当溶液分成两层后，小心旋开活塞，放出下层水溶液于 50 mL 锥形瓶中，加入 2 滴酚酞作指示剂，用 0.2 moL/L 氢氧化钠溶液滴定，根据消耗的氢氧化钠溶液的体积，计算：

（1）留在水中的冰醋酸量及质量分数。

（2）萃取率。

2. 三次萃取法

用移液管准确量取 10 mL 冰醋酸与水的混合液（冰醋酸与水以 1∶19 的体积比混合），放入分液漏斗中，用 10 mL 乙醚如上法萃取，分去乙醚溶液，将水溶液再用 10 mL 乙醚萃取，分出乙醚溶液后，将第二次剩余的水溶液再用 10 mL 乙醚萃取。如此前后共计三次。最后将乙醚第三次萃取后的水溶液放入 50 mL 锥形瓶中，用 0.2 moL/L 氢氧化钠溶液滴定，根据消耗的氢氧化钠溶液的体积，计算：

（1）留在水中的冰醋酸量及质量分数。

（2）萃取率。

五、注意事项

（1）放出下层液体时，注意不要使它流得太快。待下层液体流出后，关上活塞，等待片刻，观察是否还有水层出现。如有，应将此水层再放入锥形瓶内，而上层液体则应从分液漏斗口倒入另一容器中。

(2) 不能把活塞上附有凡士林的分液漏斗放在烘箱内烘干。

(3) 取放分液漏斗时，不能握住分液漏斗的下端，也不能用手握住分液漏斗进行分离液体。

(4) 玻璃塞打开后才能开启活塞。

(5) 分液漏斗使用后应清洗干净，玻璃塞用薄纸包裹后塞入。

(6) 在萃取时，如遇乳化现象，两相密度接近难以分离时，可采用以下方法处理：

a. 较长时间静置。

b. 加入少量电解质。

c. 若因溶液碱性而产生乳化，常可加入少量稀硫酸或采用过滤等方法除去。

d. 根据不同情况，还可以加入其他破乳的物质，如乙醇、磺化蓖麻油等。

六、知识链接

1. 萃取剂的选择

萃取剂是有机溶剂，根据分配定律使有机化合物从水溶液中萃取出来。另外一类萃取剂是利用它能与被萃取物质发生化学反应。这种萃取通常用于从化合物中移去少量杂质或分离混合物，操作方法与上面所述相同，常用的这类萃取剂如5%氢氧化钠水溶液，5%或10%的碳酸钠、碳酸氢钠溶液，稀盐酸、稀硫酸及浓硫酸等。碱性的萃取剂可以从有机相中移出有机酸，或从溶于有机溶剂的有机化合物中除去酸性杂质(使酸性杂质形成钠盐溶于水中)。稀盐酸及稀硫酸可从混合物中萃取出有机碱性物质或用于除去碱性杂质。浓硫酸可应用于从饱和烃中除去不饱和烃，从卤代烷中除去醇及醚等。

2. 萃取剂选择时注意事项

(1) 分配系数。被分离物质在萃取剂与原溶液两相间的平衡关系是选择萃取剂首先应考虑的问题。分配系数 K 的大小对萃取过程有着重要的影响，分配系数 K 大，表示被萃取组分在萃取相的组成高，萃取剂用量少，溶质容易被萃取出来。

(2) 密度。在液-液萃取中两相间应保持一定的密度差，以利于两相的分层。

(3) 界面张力。萃取体系的界面张力较大时，细小的液滴比较容易聚结，有利于两相的分离。但是界面张力过大，液体不易分散，难以使两相很好地混合；界面张力过小时，液体易分散，但易产生乳化现象使两相难以分离。因此，应从界面张力对两相混合与分层的影响来综合考虑，一般不宜选择界面张力过小的萃取剂。常用体系界面张力的数值可在文献中找到。

(4) 黏度。萃取剂黏度低，有利于两相的混合与分层，因而黏度低的萃取剂对萃取有利。

(5) 其他。萃取剂应具有良好的化学稳定性，不易分解和聚合，一般选择低沸点溶剂，萃取剂应容易与溶质分离和回收，此外，其毒性、易燃易爆性、价格等因素也都应加以考虑。

一般选择萃取剂时，难溶于水的物质用石油醚作萃取剂，较易溶于水的物质用苯或乙醚作萃取剂，易溶于水的物质用乙酸乙酯或类似的物质作萃取剂。

常用的萃取剂有乙醚、苯、四氯化碳、石油醚、氯仿、二氯甲烷、乙酸乙酯等。

实验九　从茶叶中提取咖啡因

一、实验目的

(1) 学习从茶叶中提取咖啡因的基本原理和方法，了解咖啡因的性质。

(2) 掌握用索氏提取器提取有机物的原理和方法。

(3) 进一步熟悉萃取、蒸馏、升华等基本操作。

二、实验原理

咖啡因又称咖啡碱，是一种生物碱，存在于茶叶、咖啡、可可等植物中。咖啡因是弱碱性化合物，可溶于氯仿、丙醇、乙醇和热水，难溶于乙醚和苯(冷)。纯品熔点 235～236 ℃，含结晶水的咖啡是无色针状晶体，在 100 ℃时失去结晶水，并开始升华，120 ℃时显著升华，178 ℃时迅速升华。利用这一性质可纯化咖啡因。

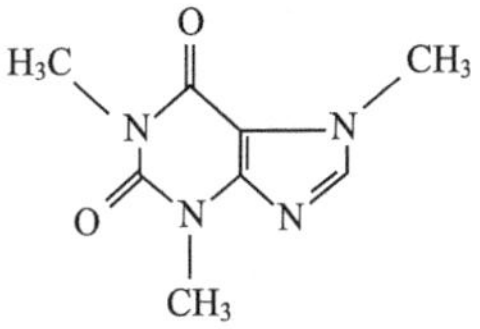

咖啡因(1,3,7-三甲基-2,6-二氧嘌呤)是一种温和的兴奋剂，具有刺激心脏、兴奋中枢神经和利尿等作用。其结构如右图。

茶叶中含有很多生物碱，其中以咖啡因为主，占 1%～5%，此外还含有茶碱、可可碱、丹宁酸、色素、纤维素、蛋白质等。茶叶中咖啡因可选用适当的溶剂(氯仿、乙醇、苯等)通过索氏提取器(又称脂肪提取仪)提取。提取液中除了咖啡因外，还有叶绿素、丹宁酸(又称鞣酸)及少量水解物等。通过蒸馏除去提取液中的溶剂后可得到粗咖啡因，将生石灰拌入粗咖啡因中，使其与丹宁酸等酸性物质反应生成钙盐，再通过升华方法使咖啡因得到分离纯化。

升华是指固态物质不经过液态直接转变为气态，随后气态物质不经过液态直接转变为固态的物态变化过程。升华是纯化固态物质的方法之一，但由于它要求被提纯物在其熔点温度下具有较高的蒸气压，故仅适用于一部分固体物质，而不是纯化固体物质的通用方法。

图 4-6 是几种用沙浴加热的常压升华装置。其中，图 4-6(a)是在铜锅中装入沙子，装有被升华物的蒸发皿放在沙子中，皿底沙层厚约 1 cm；如无铜锅，也可

在石棉网上铺一层1～2 mm厚的细沙，将升华器皿放在沙层上，如图4-6(b)所示。这样的装置可以插温度计，因而需十分小心地缓慢加热，密切注视蒸气上升和结晶情况，勿使被升华物熔融。提取咖啡因的方法有碱液提取法和索氏提取器提取法。本实验以乙醇为溶剂，用索氏提取器提取，再经浓缩、中和、升华，得到含结晶水的咖啡因。

(a)　　(b)

图4-6　常见的升华装置

三、仪器和试剂

仪器：索氏提取器；磨口仪器一套；电热套；蒸发皿；长颈漏斗。

试剂：氧化钙，茶叶；95%乙醇。

四、实验内容

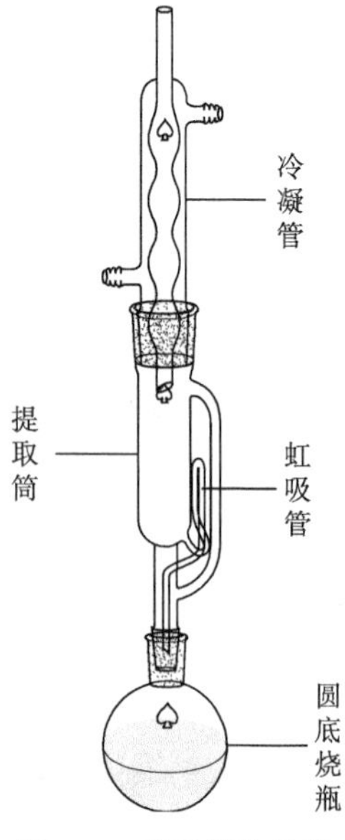

图4-7　索氏提取装置

1. 提取

称取6 g茶叶末(红茶较好)，装入索氏提取器的滤纸套筒内，然后将滤纸套筒放入索氏提取筒(注意茶叶末高度不能超过虹吸管，也不能让茶叶漏出滤纸套外)。按图4-7所示安装好提取装置，往提取筒内加入50 mL 95%乙醇至虹吸管顶部，这时通过虹吸作用，提取筒内的乙醇被虹吸至圆底烧瓶内，再往提取筒内加入95%乙醇至虹吸管高度的1/2。用水浴加热，连续提取到提取液颜色较淡为止，虹吸六七次为宜，待冷凝液刚刚虹吸下去时，立即停止加热。

2. 蒸馏

稍冷后，改成蒸馏装置，加入几粒沸石，回收提取液中的乙醇；趁热将烧瓶中残液(粗咖啡因)倾入蒸发皿中，加入约5 g粉状CaO，在水浴上蒸干后，再将蒸发皿直接加热片刻，并不断搅拌，务必使水分完全除去。冷却后，将蒸发皿边缘上的粉末擦去，以免进行以下升华操作时污染产物。

3. 升华

在蒸发皿上盖一张刺有许多小孔的滤纸(有刺的一面朝上)，再在上面罩上一个合适的玻璃漏斗，漏斗颈上塞少许棉花，在石棉网上小心加热升华。当纸上出现白色针状结晶时，控制火焰使升华速度减慢；当出现棕色烟雾时，升华完毕，停止加热。

4. 计算与测定

冷却后揭开漏斗和滤纸，仔细刮下附在滤纸上及器皿周围的结晶。将残渣搅和捣碎后用较大的火焰再升华一次，合并两次收集到的咖啡因，称量。若咖啡因的提取率按 98%计，计算茶叶中咖啡因的含量。测定咖啡因的熔点(无水咖啡因的熔点为234.5 ℃)。

五、注意事项

(1) 索氏提取器的虹吸管极易折断，在使用时要小心取放。

(2) 滤纸套大小粗细要合适，茶叶末高度不得超过虹吸管。

(3) 蒸去乙醇时，不可蒸得过干，应以能倒出为准，否则残液很黏，转移时损失较大。

(4) 升华时要严格控制加热温度，温度太高，会炭化。

六、思考题

(1) 本实验是否可以利用简单的回流装置提取咖啡因？利用索氏提取器提取有何优点？

(2) 实验中加入生石灰(CaO)的作用是什么？

实验十 从海带中提取碘

一、实验目的

(1) 了解从海带中提取碘的生产原理。

(2) 掌握升华原理和操作技术。

二、实验原理

海带中含有碘化物，将干海带中的有机成分灼烧后，无机灰分用水浸取并过滤，为验证碘的存在与性质，滤液中的I^-可用H_2O_2氧化成I_2；生成的I_2又与碱反应；滤液用$K_2Cr_2O_7$-H_2SO_4处理，使I^-被氧化成I_2，利用碘的升华特点得到纯碘。

$$2I^-+H_2O_2+2H^+ = I_2+2H_2O$$

$$3I_2+6NaOH = 5NaI+NaIO_3+3H_2O$$

$$6I^-+Cr_2O_7^{2-}+14H^+ = 3I_2+2Cr^{3+}+7H_2O$$

三、仪器和试剂

仪器：烧杯；铁皿；抽滤装置；酒精灯；高型烧杯；蒸馏烧瓶。

试剂：干海带；3%H_2O_2；硫酸(3 mol/L)；NaOH 溶液（1 mol/L）；淀粉溶液；四氯化碳；重铬酸钾。

四、实验内容

1. 灰化

称取 40 g 干燥的海带，放在铁皿中焙烧，使海带完全灰化。

2. 浸取

将海带灰倒入烧杯中，依次加入 40 mL、20 mL、10 mL 蒸馏水熬煮，每次熬煮后，倾泻出上层清液，抽滤。将滤液和三次浸取液合并在一起，总体积不宜超过 30 mL，滤渣留作性质检验。

3. 酸化

往滤液中加 3 mol/L 硫酸溶液酸化至 pH 显中性(海带灰中含有碳酸钾，酸化使其呈中性或弱酸性对下一步氧化析出碘有利，但硫酸加多了则易使碘化氢氧化出碘而损失)。把酸化后的滤液在蒸发皿中蒸发至干并尽量炒干，研细，并且加入 2 g 重铬酸钾固体与之混合均匀。

4. 升华

将上述混合物放入干燥的高筒烧杯中，将装有水冷却的烧瓶放在烧杯口上。加热烧杯使生成的碘升华，碘蒸气在烧瓶底部凝聚(图 4-8)。当无紫色碘蒸气产生时，停止加热。取下烧瓶，将烧瓶凝聚的固体碘刮到小称量瓶中，称量。计算海带中碘的百分含量(注意：冷却速度应控制在蒸馏烧瓶外无冷凝水层为宜)。

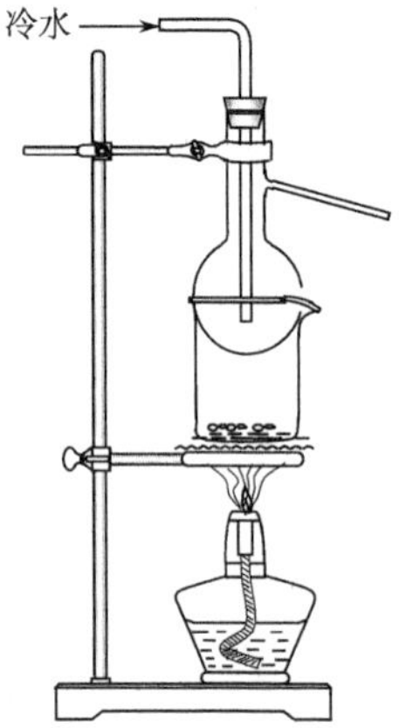

图 4-8　碘升华装置

5. 性质检验

上述滤纸中的滤渣再加 5～8 mL 蒸馏水过滤，滤液备用。

(1) 取 1 mL 滤液于试管中，滴加几滴淀粉溶液，振荡，观察现象。向试管中滴入几滴 H_2SO_4，再加入约 1 mL H_2O_2 溶液，振荡，观察现象。

(2) 另取少量上述滤液于试管中，滴入几滴硫酸和 1 mL H_2O_2 溶液，再加入 2 mL CCl_4 溶液，振荡，观察现象。

(3) 向剩余的滤液中加入 1 mL H_2SO_4 和 2 mL H_2O_2 溶液，再加入 1 mol/L NaOH 溶液，充分振荡后，观察现象，将混合液倒入指定的容器中。

五、注意事项

干海带表面附着物不要用水洗，是为了防止海带中的碘化物溶于水而造成损失。

六、思考题

上述实验中的哪些现象可以说明海带的成分中含有碘？以哪种形式存在？

第5章 定性分析

实验十一 阳离子第Ⅰ组——Ag^+、Pb^{2+}、Hg_2^{2+}的分析

一、本组离子与组试剂的反应

本组离子的组试剂是稀盐酸。Ag^+、Pb^{2+}、Hg_2^{2+}三种离子的氯化物难溶于水。$PbCl_2$在水中溶解度较大，可溶于热水，而AgCl、$HgCl_2$则不溶。$PbCl_2$加热溶解，可将Pb^{2+}分到阳离子第Ⅱ组。

$$Ag^+ + Cl^- = AgCl\downarrow$$

$$Pb^{2+} + 2Cl^- = PbCl_2\downarrow$$

$$Hg_2^{2+} + 2Cl^- = Hg_2Cl_2\downarrow$$

$$PbCl_2 \overset{\triangle}{=} Pb^{2+} + 2Cl^-$$

AgCl易溶于氨水，形成$Ag(NH_3)_2^+$，Hg_2Cl_2与NH_3反应形成难溶于水的氨基化合物($HgNH_2Cl$)并析出Hg，借此可将两者分开。

$$AgCl + 2NH_3 = Ag(NH_3)_2^+ + Cl^-$$

$$Hg_2Cl_2 + 2NH_3 = HgNH_2Cl\downarrow + Hg\downarrow + NH_4Cl$$

二、银组离子的鉴定反应

1. Ag^+的鉴定

取Ag^+的试液2滴于离心管中，加6 mol/L HCl 1滴，搅拌，离心沉降，弃去离心液，以6 mol/L氨水1～2滴溶解沉淀，再以6 mol/L HNO_3酸化后又得白色沉淀，示有Ag^+。

2. Pb^{2+}的鉴定

取Pb^{2+}的试液2滴于离心管中，加3 mol/L H_2SO_4 1滴，搅拌，离心沉降，吸出离心液，在沉淀上加几滴水和少许小颗粒固体NH_4Ac(或6 mol/L NaOH溶液)，搅拌，加热，使沉淀溶解，然后以6 mol/L HAc酸化，加K_2CrO_4，如有黄色$PbCrO_4$沉淀生成，示有Pb^{2+}。

3. Hg_2^{2+}的鉴定

取Hg_2^{2+}的试液2滴，置于离心管中，加6 mol/L HCl 1滴，若有白色沉淀，加6 mol/L 氨水后变为黑色，示有Hg_2^{2+}。

三、银组混合物的分析

1. 本组的沉淀

取Ag^+、Hg_2^{2+}试液各2滴，Pb^{2+}试液10滴，滴入一支离心管中，加2滴6 mol/L HCl，充分搅拌，约2 min，离心沉降，吸出离心液，弃去，沉淀以3滴1 mol/L HCl洗涤两次，然后按下述2研究。

在分析未知液时，应首先检查试液的酸碱性，若为碱性，应先以6 mol/L HNO_3转化为酸性，然后加6 mol/L HCl 1滴，充分搅拌，等待2 min后，观察有无沉淀。如无沉淀，表明银组(Pb^{2+}除外)不存在，不必再加；如有沉淀，再补加1滴，以便使沉淀完全。离心沉降后，离心液中含其他组阳离子，应保留，以便以后研究。沉淀以1 mol/L HCl洗涤后按下述2研究。

2. 铅的分离和鉴定

向所得氯化物沉淀上加水 1 mL，然后在水浴中加热近沸、搅拌，1～2 min后，趁热离心沉降，并迅速吸出离心液于另一离心管中。要避免长时间加热沸腾，以免6 mol/L HNO_3存在下将亚汞盐沉淀氧化为二价汞盐而溶解。向离心液中加6 mol/L HAc 1滴，K_2CrO_4 3滴，如生成黄色$PbCrO_4$沉淀，示有Pb^{2+}。

3. 亚汞的鉴定和银的分离

在上述2中如已鉴定有Pb^{2+}，则在所得残渣上加水1 mL，加热并搅拌，离心分离后弃去洗涤液。在分析未知物时，Pb^{2+}可能不存在，此时洗涤过程可以省去。

向上述2的残渣加5～10滴6 mol/L 氨水，搅拌。如残渣变黑($HgNH_2Cl + Hg$)，表示有汞。离心沉降，吸出离心液，按下述4进行处理。

4. 银的鉴定

在上述3的离心液中加几滴6 mol/L HNO_3酸化，如有白色AgCl沉淀生成，示有Ag^+存在。

四、思考题

(1) 试述第Ⅰ组阳离子的沉淀条件及分离方法。

(2) 向未知溶液中加入第Ⅰ组组试剂HCl时，未生成沉淀，是否表示第一组阳离子都不存在？

(3) 如果以 KI 代替 HCl 作为第 I 组组试剂，将产生哪些后果？

(4) 举出 Ag^+与配位体生成的配离子；Pb^{2+}与配位体生成的配离子。

实验十二　阳离子第 II 组——Pb^{2+}、Bi^{3+}、Cu^{2+}、Cd^{2+}、Hg^{2+}、As(III,V)、Sb(III,V)、Sn(II,IV)的分析

一、本组离子与组试剂的反应

Pb^{2+}、Bi^{3+}、Cu^{2+}、Cd^{2+}、Hg^{2+}、As(III,V)、Sb(III,V)、Sn(II,IV)离子属第 II 组阳离子，前四种为 IIA 组，后四种为 IIB 组。

II 组离子的组试剂是 0.3 mol/L $HCl-H_2S$。H_2S 已广泛地被硫代乙酰胺(简称 TAA)试剂所代替。

IIA 组离子 Pb^{2+}、Bi^{3+}、Cu^{2+}、Cd^{2+}在组试剂的作用下加热时，生成黑色的 PbS、Bi_2S_3、CuS 和橙黄色的 CdS 沉淀。

$$Pb^{2+}+H_2S = PbS\downarrow+2H^+$$

$$2Bi^{3+}+3H_2S = Bi_2S_3\downarrow+6H^+$$

$$Cu^{2+}+H_2S = CuS\downarrow+2H^+$$

$$Cd^{2+}+H_2S = CdS\downarrow+2H^+$$

上述沉淀不溶于 NaOH-TAA 溶液。将它们溶于 HNO_3 后生成 Pb^{2+}、Bi^{3+}、Cu^{2+}、Cd^{2+}的混合溶液，加入甘油和过量的 NaOH 混合溶液后，生成白色的 $Cd(OH)_2$ 沉淀，可将 Cd^{2+}与 Pb^{2+}、Bi^{3+}、Cu^{2+}分开。

IIB 组离子 Hg^{2+}、As(III,V)、Sb(III,V)、Sn(II,IV)与 TAA 反应均生成硫化物沉淀。TAA 有还原性(实质上是 H_2S 有还原性)，可使 As(V)、Sb(V)还原。As(III,V)均生成黄色 As_2S_3 沉淀，Sb(III,V)生成橘黄色 Sb_2S_3 沉淀，SnS_2 为黄色沉淀，HgS 为黑色沉淀，反应如下：

$$H_3AsO_4+H_2S = H_3AsO_3+S\downarrow+H_2O$$

$$2H_3AsO_3+3H_2S = As_2S_3\downarrow+6H_2O$$

$$H_3SbO_4+H_2S = H_3SbO_3+S\downarrow+H_2O$$

$$2H_3SbO_3+3H_2S = Sb_2S_3\downarrow+6H_2O$$

$$SnCl_6^{2-}+2H_2S = SnS_2\downarrow+4H^++6Cl^-$$

$$Hg^{2+}+H_2S = HgS\downarrow+2H^+$$

这些硫化物均溶于 NaOH+TAA 或 Na_2S 溶液中，生成硫代酸盐溶液：

$$HgS+S^{2-} = HgS_2^{2-}$$

$$As_2S_3+3S^{2-}=\!=\!=2AsS_3^{3-}$$

$$Sb_2S_3+3S^{2-}=\!=\!=2SbS_3^{3-}$$

$$SnS_2+S^{2-}=\!=\!=SnS_3^{2-}$$

上述硫代酸盐在 3 mol/L HCl 溶液中生成相应的硫化物沉淀：

$$HgS_2^{2-}+2H^+=\!=\!=HgS\downarrow+H_2S\uparrow$$

$$2AsS_3^{3-}+6H^+=\!=\!=As_2S_3\downarrow+3H_2S\uparrow$$

$$2SbS_3^{3-}+6H^+=\!=\!=Sb_2S_3\downarrow+3H_2S\uparrow$$

$$SnS_3^{2-}+2H^+=\!=\!=SnS_2\downarrow+H_2S\uparrow$$

其中，Sb_2S_3、SnS_2 在 8 mol/L HCl 溶液中溶解，生成 $SbCl_6^{3-}$、$SnCl_6^{2-}$

$$Sb_2S_3+6H^++12Cl^-=\!=\!=2SbCl_6^{3-}+3H_2S\uparrow$$

$$SnS_2+4H^++6Cl^-=\!=\!=SnCl_6^{2-}+2H_2S\uparrow$$

据此可将 Sb(Ⅲ)、Sn(Ⅳ)与 Hg^{2+}、As(Ⅲ)分开。

As_2S_3 沉淀溶于 $(NH_4)_2CO_3$：

$$As_2S_3+3CO_3^{2-}+3H_2O=\!=\!=H_3AsO_3+AsS_3^{3-}+3HCO_3^-$$

据此可将 Hg^{2+}与 As(Ⅲ)分开。

二、铜锡组混合物的分析

1. 铜锡组的沉淀

(1) 将试液调至中性。取 Pb^{2+}、Bi^{3+}、Cu^{2+}、Cd^{2+}、Hg^{2+}、Sn(Ⅱ,Ⅳ)、Sb(Ⅲ,Ⅴ)、As(Ⅲ,Ⅴ)试液各 4 滴混合。此时溶液应为酸性，因为 Bi^{3+}、As(Ⅲ,Ⅴ)、Sb(Ⅲ,Ⅴ)、Sn(Ⅱ,Ⅳ)离子的试液中已加入了足够量的酸。在未知物分析中，此时溶液中有过量的 HCl，也是酸性的。向此酸性溶液加 6 mol/L 氨水至刚呈碱性，再以 3 mol/L HCl 中和至恰变酸性。此时的溶液可认为是近中性的。这时如有白色沉淀生成，其为 Bi、Sb、Sn 等离子的水解产物，不妨碍分析。它们以后会转化为硫化物沉淀。

(2) 调至 0.6 mol/L HCl 酸性。为了更有利于 As_2S_3 沉淀完全，首先将试液调至 0.6 mol/L HCl 酸性。为此，在白色点滴板的凹槽中，取 0.6 mol/L HCl 标准溶液 1 滴，加 1 g/L 甲基橙指示剂 1 滴搅拌，应呈黄绿色。此时以稀 HCl 和稀 $NH_3\cdot H_2O$ 调节操作(1)试液的酸度，然后取 1 滴于点滴板上，加指示剂 1 滴搅拌，与标准色比较，至相同为止。溶液酸度与指示剂颜色的关系见表 5-1。

表 5-1　溶液酸度与指示剂的颜色

c_{HCl}/ (mol/L)	1	0.6	0.33	0.25	0.1	0
pH	0	0.22	0.52	0.6	1	7
1.0 g/L 甲基橙的颜色	黄色	黄绿	墨绿	蓝绿	蓝紫	紫色

(3) 加硫代乙酰胺(TAA)。在已调至 0.6 mol/L HCl 酸性的试液中加 TAA 溶液 10～15 滴，搅拌后放在水浴上加热 10 min。离心沉降，保留沉淀，离心液按下述步骤处理。

(4) 稀释试液。为使 CdS、PbS 等较难沉淀的硫化物完全沉出，试液需稀释一倍，以降低酸度。此时的酸度应低于 0.3 mol/L，接近于 0.2 mol/L。所得沉淀经离心后与之前得到的合并，按(5)处理。在系统分析中，离心液按第三组阳离子研究。本实验中弃去。

(5) 洗涤沉淀。将所得两份沉淀合并后，以含 NH_4Cl 的水洗涤，按下述 2 研究。

2. 铜组与锡组的分离

在铜锡组沉淀上加 TAA-碱溶液①6～8 滴，搅拌，加热 10 min 边热边搅，以加速溶解。离心沉降后，吸出清液，残渣再以 TAA-碱溶液处理一次，两次的清液合并，按下述 8 研究。沉淀以含 NH_4NO_3 或 NH_4Cl 的水洗涤两次，然后按下述 3 研究。

3. 铜组沉淀的溶解

在上述 2 所得沉淀上加 3 mol/L HNO_3 5～8 滴和 $KClO_3$ 少许，加热，搅拌。沉淀溶解时应有硫析出，并且其表面可能因吸附某些硫化物沉淀而呈黑色。离心沉降，离心液按上述 4 研究。

4. 镉的分离与鉴定

取由上述 3 所得离心液，加入甘油溶液(1∶1)5～6 滴，然后滴加 6 mol/L NaOH 至 $Cd(OH)_2$ 沉淀完全，充分搅拌，加热 1 min，离心沉降，离心液按下述 5～7 研究。沉淀以稀的甘油-碱溶液(以 6 滴 NaOH，4 滴 1∶1 甘油，10 滴水配成)洗净后，以 3 mol/L HCl 数滴溶解，然后重新加入甘油溶液和碱溶液，使 $Cd(OH)_2$ 再次沉出，离心沉降，沉淀用 3 mol/L HCl 3 滴溶解，加 NaAc 4 滴降低酸度，然后加 TAA 数滴并加热，如有黄色至橙黄色沉淀生成，示有镉。

5. 铜的鉴定

如由上述 4 所得的离心液显蓝色，表示有铜存在。如颜色不明显或无色，可在点滴板上取 1 滴离心液，以浓 HAc 酸化，加 $K_4Fe(CN)_6$ 1 滴，如有红棕色 $Cu_2Fe(CN)_6$沉淀生成，示有铜。

6. 铅的鉴定

取由上述 4 得到的离心液 1 滴于表面皿(或黑色点滴板)上，以 1～2 滴 HAc 酸化，加 1 滴 K_2CrO_4，生成黄色 $PbCrO_4$沉淀并溶于 6 mol/L NaOH，示有铅。

7. 铋的鉴定

取 2 滴 $SnCl_2$于点滴板上，加 3～5 滴 6 mol/L NaOH，搅拌，生成 Na_2SnO_2。然后在所得溶液中，逐滴加入由上述 4 得到的离心液。出现黑色金属铋，示有铋。

8. 锡组的沉淀

向由上述 2 得到的锡组硫代酸盐溶液中，逐滴加入 3 mol/L HCl，同时搅拌，至溶液呈酸性为止，加热数分钟，离心沉降，离心液上再加 1 滴 3 mol/L HCl，检查沉淀是否完全。沉淀完全后，吸出离心液弃去，沉淀以含 NH_4Cl 的水洗涤，按下述 9 研究。如沉淀仅呈乳白色，是反应中析出的硫，表示锡组不存在。

9. 汞、砷与锑、锡的分离

在由上述 8 得到的沉淀上加 6～8 滴 8 mol/L HCl，加热 3～5 min，不时搅拌。离心沉降，沉淀以含 NH_4Cl 的水洗涤后按下述 10 研究，离心液按下述 13 和下述 14 研究。

10. 汞与砷的分离

在上述 9 的沉淀上加 5～7 滴 120 g/L $(NH_4)_2CO_3$，微热，搅拌 1 min，离心沉降。沉淀以含 NH_4Cl 的水洗涤，按下述 11 研究；离心液按下述 12 研究。

11. 汞的鉴定

在上述 10 的沉淀上加 4 滴浓 HCl 和 1 滴浓 HNO_3，加热数分钟，至将干(勿干)，以除去过量王水。然后加几滴水，吸取澄清溶液，滴加 $SnCl_2$。如生成由白变灰黑的沉淀(Hg_2Cl_2+Hg)，示有汞。

12. 砷的鉴定

取上述 10 的离心液，小心地滴加 3 mol/L HCl 至呈酸性，生成黄色 As_2S_3沉淀，示有砷。

13. 锡的鉴定

取由上述 9 得到的离心液 1/2 于离心管中，加 1 滴浓 HCl 及洁净的铁丝（或镁片、铝片），加热 5 min，在所得清液中加 1 滴 $HgCl_2$，生成白色、灰色或黑色沉淀 Hg_2Cl_2+Hg，示有锡。

14. 锑的鉴定

取上述 9 的离心液 1 滴于一小块锡箔（或一颗锡粒）上，如锡箔上有黑色斑点生成（或锡粒变黑），用水仔细洗净（务必洗去全部 HCl），以 1 滴新配制的 NaBrO②处理，斑点不消失（金属 Sb），示有锑。

三、注释

① 50 g/L TAA 溶液与 6 mol/L NaOH 溶液按 1∶3 混合而成。

② 在几滴溴水中加 6 mol/L NaOH 溶液使红棕色褪去（或呈淡色）即成。

四、思考题

（1）为沉淀第Ⅱ组阳离子，调节酸度时①以 HNO_3 代替 HCl，②以 H_2SO_4 代替 HCl，③以 HAc 代替 HCl 将发生何种问题？

（2）在本实验中为沉淀硫化物而调节酸度时，为什么先调至 0.6 mol/L HCl 酸度，然后再稀释一倍，使最后的酸度为 0.2 mol/L？

（3）以 TAA 代替 H_2S 作为第Ⅱ组组试剂时，为什么可以不加 H_2O_2 和 NH_4I？

（4）已知某未知试液不含第Ⅲ组阳离子，在沉淀第Ⅱ组硫化物时是否还要调节酸度？

（5）为什么 Hg^{2+} 的鉴定反应中，沉淀有时是白色的，有时是灰色的，而有时又是黑色的？

（6）为防止 $SnCl_2$ 试剂失效，常加入锡粒，为什么？

（7）设原试液中砷、锑、锡高低价态的离子均存在，试说明它们在整个系统分析过程中价态的变化。

实验十三　阳离子第Ⅲ组——Al^{3+}、Cr^{3+}、Fe^{3+}、Fe^{2+}、Mn^{2+}、Zn^{2+}、Co^{2+}、Ni^{2+}的分析

一、本组离子与组试剂的反应

本组离子只能在 NH_3-NH_4Cl 的存在下与 $(NH_4)_2S$ 或与硫代乙酰胺（TAA）生成硫化物或氢氧化物沉淀。在氨性介质中（pH=8～9），加入 TAA，加热，Al^{3+}和 Cr^{3+}

生成白色的 $Al(OH)_3$ 和灰绿色 $Cr(OH)_3$ 沉淀；Zn^{2+} 生成白色的 ZnS 沉淀；Mn^{2+} 生成浅红色的 MnS 沉淀；Co^{2+}、Ni^{2+}、Fe^{3+}、Fe^{2+} 分别生成黑色的 CoS、NiS、Fe_2S_3、FeS 沉淀。本组离子的氢氧化物和硫化物沉淀均可溶于 HNO_3。

二、铁组离子的鉴定反应

1. Fe^{2+} 的鉴定

(1) $K_3Fe(CN)_6$ 试法。取试液 1 滴于点滴板上，加 3 mol/L HCl 溶液 1 滴，$K_3Fe(CN)_6$ 1 滴，生成深蓝色 $KFe[Fe(CN)_6]$ 沉淀，示有 Fe^{2+}。

(2) 邻二氮菲试法。滴 1 滴试液于点滴板上，加 3 mol/L HCl 1 滴，邻二氮菲试剂 1 滴，溶液如显红色，示有 Fe^{2+}。

2. Fe^{3+} 的鉴定

(1) NH_4SCN 试法。滴 1 滴试液于点滴板上，加 NH_4SCN 1 滴，0.1 mol/L HCl 1 滴，溶液显红色，示有 Fe^{3+}。同时作空白实验 1 份，以进行对比。

(2) $K_4Fe(CN)_6$ 试法。滴 1 滴试液于点滴板上，加 3 mol/L HCl 溶液 1 滴，$K_4Fe(CN)_6$ 1 滴，生成深蓝色 $KFe[Fe(CN)_6]$ 沉淀，示有 Fe^{3+}。

3. Mn^{2+} 的鉴定

滴 1 滴试液于点滴板上，加 6 mol/L HNO_3 1 滴，$NaBiO_3$ 粉末少许，搅拌，溶液呈紫红色，示有 Mn^{2+}。

4. Cr^{3+} 的鉴定

取含 Cr^{3+} 试液 2 滴于离心管中，加 6 mol/L NaOH 2 滴，30 g/L H_2O_2 2 滴，煮沸除去过量的 H_2O_2，溶液变为 CrO_4^{2-} 的黄色，初步表示有 Cr^{3+}。

取上面制得的 CrO_4^{2-} 溶液 2 滴于另一支离心管中，加戊醇数滴、6 mol/L HNO_3 2 滴酸化、H_2O_2 2 滴，振荡，戊醇层显蓝色，示有 Cr^{3+}。

5. Ni^{2+} 的鉴定

滴 1 滴浓 $(NH_4)_2HPO_4$ 溶液于滤纸上，加试液 1 滴，在湿斑点的边缘处加丁二酮肟试剂 1 滴，然后在氨气上熏，斑点外缘变红，示有 Ni^{2+}。

另取 Fe^{2+} 同法操作，观察其干扰情况。在混合离子分析中，若有 Fe^{2+} 存在时，可事先在酸性试液中加 1～2 滴 H_2O_2，加热沸腾，除去过量的 H_2O_2，然后按上法处理。

6. Co^{2+} 的鉴定

取试液 1 滴放在点滴板上，加一小块 NH_4SCN 晶体和戊醇(或丙酮)1 滴，如有红色或棕色出现，加 $SnCl_2$ 1 滴，溶液显蓝色或绿色，示有 Co^{2+}。

7. Zn^{2+}的鉴定

滴 1 滴 $(NH_4)_2Hg(SCN)_4$ 试剂于点滴板上，然后加 0.2 g/L $CoCl_2$ 1 滴，搅拌，无沉淀生成。此时加入试液 1 滴，如迅速(0.5 min)生成天蓝色沉淀，示有 Zn^{2+}。

另取 Zn^{2+} 试液 3 滴，Fe^{3+}、Cu^{2+}、Cd^{2+}、Co^{2+}等试液各 1 滴混合，加过量 6 mol/L NaOH，至沉淀完全。吸取离心液($[Zn(OH)_4]^{2-}$)，以 6 mol/L HCl 酸化，加 NH_4F 1 滴(掩蔽因微溶于 NaOH 而未分离完全的 Fe^{3+})，按上法鉴定 Zn^{2+}。若所得沉淀带有紫色，表示有微量 Cu^{2+}未分离完全，对鉴定无影响。

8. Al^{3+}的鉴定

在离心管中取试液 2～3 滴，以 3 mol/L HAc 酸化，加铝试剂 2 滴，再加 6 mol/L 氨水转化为氨性，在水浴上加热，如生成红色絮状沉淀，示有 Al^{3+}。

在作混合离子未知试液分析时，为了排除干扰，须取试液 5～6 滴，加 6 mol/L KOH 及 1∶10 H_2O_2 各 4 滴，搅拌，加热，离心沉降。离心液转移至另一离心管中，以 6 mol/L HAc 中和至酸性，然后按上法鉴定 Al^{3+}。

三、铁组混合离子的分析

1. 铁组的沉淀

取本组阳离子试液各 4 滴，混合成分析试液。向此试液中加 NH_4Cl 6～8 滴，再以 6 mol/L 氨水①转化为氨性。加 TAA 8～10 滴，加热 10 min。离心沉降后，在上部清液中再加 2 滴 TAA，加热，证实沉淀确已完全。离心分离后，沉淀以含 NH_4NO_3 的热水洗三四次，然后按下述 2 处理。

在系统分析中，离心液含有钙钠组阳离子，应保留备用。但必须立即加浓 HAc 酸化，在蒸发皿或微坩埚中蒸发至将干，然后补充 1 mL 水，离心沉降，除去单质硫，吸取离心液，保留作第Ⅳ组阳离子分析用。

2. 铁组沉淀的溶解

在沉淀上加 6 mol/L HNO_3 4～5 滴，加热 2～3 min。为加速沉淀溶解，可加 $NaNO_2$ 或 $KClO_3$ 晶体数粒，继续加热。沉淀溶解后，剩有胶状的硫，有时它由于包藏痕量硫化物而显灰色，但不妨碍分析。离心沉降，弃去不溶物，离心液按下述 3 研究。

3. 铁组离子的分别鉴定

本组离子因相互干扰较少，鉴定反应的选择性较高，因此一般不必进行组内的分离，而直接用分别分析的方法鉴定各离子。鉴定方法见二中所述。

四、注释

氨水在放置过程中可能吸附空气中的 CO_2，因而含有 CO_3^{2-}，它能使第四组的 Ba^{2+}等离子沉出，这样的氨水应避免使用。

五、思考题

(1) 在系统分析中，沉淀本组离子时可否用 Na_2S 代替 $(NH_4)_2S$？

(2) 用 $(NH_4)_2S$ 或 TAA 沉淀本组离子，为什么要加足够的 NH_4Cl？

(3) 本组阳离子氢氧化物中哪些具有两性？它们在分离和鉴定上各有何意义？

(4) 在系统分析中，本组硫化物沉淀生成后，与母液放置过夜才离心沉降，是否可以？

(5) 以 6 mol/L HNO_3 溶解本组沉淀时，为什么加 KNO_2 或 $KClO_3$ 晶粒少许可以加速溶解？

(6) 已知 NiS、CoS 在 0.3 mol/L HCl 溶液中不能被 H_2S 沉淀，但为什么生成的 NiS、CoS 又难溶于 1 mol/L HCl？

实验十四　阳离子钙钠组——Ba^{2+}、Ca^{2+}、Mg^{2+}、K^+、Na^+、NH_4^+的分析

一、本组离子与组试剂的反应

本组离子有 Ba^{2+}、Ca^{2+}、Mg^{2+}、K^+、Na^+和 NH_4^+ 六种离子。本组离子可用试剂使 $(NH_4)_2CO_3$ 将离子分成两组即钙组和钠组，Ba^{2+}、Ca^{2+}、Mg^{2+}与试剂使 $(NH_4)_2CO_3$ 反应生成 $BaCO_3$、$CaCO_3$、$MgCO_3$ 沉淀。其余离子存在溶液中。$MgCO_3$ 能溶于 NH_4Cl 溶液，其余两种能溶于 HAc 溶液。

二、本组离子的鉴定反应

1. Ba^{2+}的鉴定

(1) 玫瑰红酸钠试法。取 Ba^{2+}的中性或微酸性试液 1 滴于滤纸上，加新配制的玫瑰红酸钠 1 滴，如出现红紫色斑点，加 0.5 mol/L HCl 后转为桃红色，示有 Ba^{2+}。

在分析混合离子试液时，为消除干扰离子，可将试液转为氨性，以锌粉除去。Fe^{3+}的干扰可加 NH_4F 掩蔽。

(2) K_2CrO_4 试法。取 Ba^{2+}试液 1 滴于黑色点滴板上，以 6 mol/L HAc 1 滴酸化，加 NaAc 1 滴，K_2CrO_4 1 滴，如生成黄色结晶 $BaCrO_4$ 沉淀，示有 Ba^{2+}。

以铂丝蘸取沉淀及浓 HCl，在无色火焰上灼烧，火焰显黄绿色，进一步证实 Ba^{2+}的存在。

2. Ca^{2+}的鉴定

在离心管中加试液数滴，加$(NH_4)C_2O_4$ 2～3 滴，生成白色 CaC_2O_4沉淀，示有 Ca^{2+}。以铂丝蘸取 CaC_2O_4及浓 HCl，焰色反应为砖红色，进一步证实 Ca^{2+}的存在。

3. NH_4^+ 的鉴定

在气室(由两块表面皿合成)中放试液少许于下部表面皿，上部表面皿贴以湿润的红色石蕊试纸(或滴加奈氏试剂的试纸)。然后在试液上加浓 NaOH，于水浴上加热，注意勿使气室内液体沸腾，以免把碱液溅到试纸上。若石蕊试纸变蓝(奈氏试剂斑点变棕色时)，示有 NH_4^+。

4. K^+的鉴定

(1) $Na_3Co(NO_2)_6$试法。于点滴板上放试液 1 滴，以 6 mol/L HAc 酸化，加 1 滴 $Na_3Co(NO_2)_6$试剂，搅拌，如有黄色 $K_2NaCo(NO_2)_6$沉淀生成，示有 K^+。

在混合离子试液分析中，如原试液中有 NH_4^+及其他干扰离子，则须先取试液于坩埚中，加热蒸发至干，然后灼烧至不冒白烟(NH_4NO_3 除外)以除去铵盐，并使其他干扰物质变为不溶氧化物，加水数滴煮沸，离心沉降。吸取部分离心液，检查 NH_4^+是否已完全除净。如已除净，则按上法鉴定。

(2) 四苯硼化钠试法。取试液 1 滴于黑色点滴板上，加四苯硼化钠 2 滴，生成白色沉淀，示有 K^+。

NH_4^+存在时用灼烧法除去，其他重金属离子的干扰可在 pH≈5 时加 EDTA 掩蔽。Ag^+的干扰加 HCl 析出或 NaCN 掩蔽。

5. Na^+的鉴定

取试液 1 滴于离心管中，中和至接近中性，加 6 mol/L HAc 1 滴，乙酸铀酰锌试剂 8 滴，乙醇 5～6 滴搅拌。如生成柠檬黄色 $NaAc\cdot Zn(Ac)_2\cdot 3UO_2(Ac)_2\cdot 9H_2O$ 沉淀，示有 Na^+。

在系统分析中，若有大量干扰离子存在时，可取原试液加饱和 $Ba(OH)_2$至呈碱性，然后加$(NH_4)_2CO_3$，离心沉降，离心液在蒸发皿或坩埚中灼烧除去铵盐，并使其他干扰物质变为不溶氧化物，残渣以水煮沸，吸出后离心沉降，取离心液按上述方法进行鉴定。

6. Mg^{2+}的鉴定

取 Mg^{2+}试液 1 滴于点滴板上，加 6 mol/L NaOH 1 滴，镁试剂 1 滴，如出现天蓝色沉淀，示有 Mg^{2+}。

在系统分析中，若有大量干扰离子存在时，可取原试液 4～5 滴，加锌粉少许共热，离心分离后，在离心液中加 NH_3 至呈氨性，然后加 NH_4Cl 2 滴，以 pH 试纸检查，pH 应调至 9～10 之间，滴加 TAA 5～8 滴，加热 10 min，离心沉降。取 1 滴离心液于点滴板上，加 6 mol/L NaOH 1 滴，搅拌，尽量使 NH_3 逸出，然后加镁试剂 1 滴，生成天蓝色沉淀，示有 Mg^{2+}。

三、本组混合物的分析

在讨论第Ⅲ组分析时已经提到，将第Ⅲ组阳离子以 TAA 沉出后，应立即处理可能含有本组钙钠组的溶液。方法是向溶液中加入 HAc 使之酸化，在坩埚或蒸发皿中蒸发除去 H_2S。如当时不准备立即进行本组的分析，可将溶液蒸发至一半，离心沉降后，吸取离心液保存。用时取离心液继续蒸发至干，灼烧除去铵盐，冷却，加 2 滴 HCl 和 10 滴水。搅拌，移于离心管中。另以 10 滴清水洗蒸发容器，洗液与离心管中的溶液合并。如果溶液不清，可离心沉降，吸取清液进行单个离子的分别鉴定研究。

四、思考题

（1）在系统分析中，分出第Ⅲ组阳离子后为什么要立即处理含有钙钠组阳离子的试液？怎样处理？

（2）在系统分析中，引起钙钠组中二价离子失去的可能原因有哪些？

（3）以 K_2CrO_4 试法鉴定 Ba^{2+}时，为什么要加 HAc 和 NaAc？

（4）用 $Na_3[Co(NO_2)_6]$试剂鉴定 K^+时，如果发生下列错误，其原因可能是什么？

a. 试样中无 K^+，却鉴定有 K^+。

b. 试样中有 K^+，却鉴定无 K^+。

（5）以镁试剂鉴定 Mg^{2+}时，以 $(NH_4)_2S$ 消除干扰离子，如果加得不足，将产生什么后果？

实验十五　阳离子未知试液的分析

领取 3 mL 包括第Ⅰ～Ⅴ组阳离子的未知混合液进行分析，写出鉴定报告。

实验十六　常见阴离子的分别鉴定

一、常见阴离子的鉴定

1. CO_3^{2-} 的鉴定

取 10 滴 CO_3^{2-} 试液于离心管中，用 pH 试纸测定其 pH，然后加 10 滴 6 mol/L HCl 溶液，并立即将事先沾有 1 滴新配制的石灰水或 $Ba(OH)_2$ 溶液的玻璃棒置于试管口上，仔细观察若玻璃棒上溶液立刻变为浑浊，结合溶液的 pH，可以判断有 CO_3^{2-} 存在。

2. NO_3^- 的鉴定

取两滴 NO_3^- 的试液于点滴板上，在溶液的中央放一小粒 $FeSO_4$ 晶体，然后在晶体上加 1 滴浓硫酸。如晶体周围有棕色出现，表示有 NO_3^- 存在。

3. NO_2^- 的鉴定

取 2 滴 NO_2^- 的试液于点滴板上，加 1 滴 2 mol/L HAc 溶液酸化，再加 1 滴对氨基苯磺酸和 1 滴 *α*-萘胺。如有玫瑰红色出现，表示有 NO_2^- 存在。

4. SO_4^{2-} 的鉴定

取 5 滴 SO_4^{2-} 的试液于试管中，加 2 滴 6 mol/L HCl 溶液和 1 滴 0.1 mol/L Ba^{2+} 溶液，如有白色沉淀，表示有 SO_4^{2-} 存在。

5. SO_3^{2-} 的鉴定

在盛有 5 滴 SO_3^{2-} 试液的试管中，加 2 滴 1 mol/L 硫酸溶液，迅速加入 1 滴 0.01 mol/L $KMnO_4$ 溶液，如紫色褪去，表示有 SO_3^{2-} 存在。

6. $S_2O_3^{2-}$ 的鉴定

取 $S_2O_3^{2-}$ 试液 3 滴于试管中，加入 10 滴 0.1 mol/L $AgNO_3$ 溶液，摇动，如有白色沉淀迅速变棕变黑，表示有 $S_2O_3^{2-}$ 存在。

7. PO_4^{3-} 的鉴定

取 3 滴 PO_4^{3-} 试液于离心管中，加 5 滴 6 mol/L HNO_3 溶液，再加 8～10 滴 $(NH_4)_2MoO_4$ 试剂，温热，如有黄色沉淀生成，表示有 PO_4^{3-} 存在。

二、混合离子的分离

Cl^-、Br^-、I^-混合物的分离与鉴定。

三、知识链接：阴离子分析

绝大多数的阳离子是由一种元素形成的简单离子，而对阴离子来说，这是少数的情形，多数是由两种以上元素构成的酸根或络离子。所以，尽管组成阴离子的元素为数不多，阴离子的数目却很多。有时组成元素相同，但有多种形式的阴离子存在。

例如，由 S 和 O 可以构成SO_3^{2-}、SO_4^{2-}、$S_2O_3^{2-}$、$S_2O_8^{2-}$等常见的阴离子，由 N 和 O 可以构成NO_3^-和NO_2^-等。由于阴离子的总数很多，难以一一加以研究，因此只涉及下列常见的 13 种阴离子：SO_4^{2-}、SO_3^{2-}、$S_2O_3^{2-}$、S^{2-}、SiO_3^{2-}、CO_3^{2-}、PO_4^{3-}、Cl^-、Br^-、I^-、NO_3^-、NO_2^-、Ac^-。

1. 阴离子的分析特性

阴离子在分析上的性质同阳离子相比存在许多不同的特点，因而阴离子的分析方法也与阳离子的分析方法不同。阴离子的分析特性主要表现在以下几方面。

(1) 与酸的反应。许多阴离子与酸作用，有的生成挥发性的气体，有的生成沉淀。例如

$$CO_3^{2-}+2H^+ \xlongequal{} CO_2\uparrow+H_2O$$

$$SiO_3^{2-}+2H^+ \xlongequal{} H_2SiO_3\downarrow$$

这一性质一方面给它们的鉴定带来很多方便，另一方面也提示我们：阴离子的分析试液在酸性条件下不稳定，一般应保存在碱性溶液中。

(2) 氧化还原性。阴离子的氧化性和还原性一般表现得比阳离子突出。多数阳离子在酸性溶液中彼此可以共存，而阴离子有些却不能共存，它们之间彼此可能发生氧化还原反应，多的一方可以消去少的一方。在所研究的阴离子范围内，存在不能共存的情况，利用阴离子的这一性质可以通过试验其氧化性、还原性来推测其是否存在；而且在一定酸碱环境中，当不能共存的离子中有一方已经被鉴定出来之后，另一方就没有必要再去鉴定，这可以使分析手续大为简化。

(3) 形成络合物的性质。例如，$S_2O_3^{2-}$、PO_4^{3-}、Cl^-、Br^-、I^-、NO_2^-等，能作为络合剂同阳离子形成络合物。阴离子的这一性质，一方面可用于掩蔽阳离子，同时也给阳离子的分析带来干扰。反过来也一样，易于同阴离子生成络合物的阳离子，也会使相应阴离子的鉴定受到干扰。因此，在制备阴离子分析试液时，要事先把碱金属以外的阳离子全部除去。

从阴离子的上述特性可知：第一，阴离子在分析过程中容易发生变化不利于

进行手续繁多的系统分析，而且阴离子一般没有理想的组试剂，组与组的分离不像阳离子那样清楚，所以阴离子分析一般不使用系统分析方法；第二，阴离子共存的机会较少，而且可以利用的特效反应较多，根据上述理由，在阴离子分析中主要采用分别分析方法。

2. 分析试液的制备

根据阴离子的上述特性，制备阴离子分析液时必须满足以下三个要求：

(1) 除去重金属离子。

(2) 将阴离子全部转入溶液。

(3) 保持阴离子原来的存在状态。

最好的办法是以 Na_2CO_3 粉末处理试液。阳离子除 K^+、Na^+、NH_4^+、As(Ⅲ,Ⅴ)以外能生成沉淀(碳酸盐、碱式碳酸盐、氢氧化物、氧化物)而同阴离子分离，Na_2CO_3 溶液是碱性的，阴离子在碱性环境中比较稳定，彼此发生氧化还原反应的机会也最少。这样制得的阴离子分析试液用 Na_2CO_3 处理试样时，所依据的反应是复分解反应。

如果以 MA 代表试样中某种重金属离子的盐，则此时的复分解反应为

$$MA + Na_2CO_3 = MCO_3 + Na_2A$$

反应进行的完全程度视生成的 MCO_3 是否比 MA 更难溶而定。如果 MA 的溶解度较大，而 MCO_3 的溶解度很小，那么它容易被 Na_2CO_3 分解，生成碳酸盐沉淀，同时其阴离子便转入溶液。相反，如果 MA 的溶解度远比 MCO_3 小，那么这种转化就比较困难。所以，用 Na_2CO_3 处理也不是理想的方法。一方面，像硫化物、磷酸盐、卤化银等溶解度相当小的难溶盐可能转化不完全，甚至不能转化。另一方面，具有酸性的离子如 Sn^{4+}、Sb^{3+}、Al^{3+}、Cr^{3+}等还可能部分被溶解。当遇到难转化的难溶盐时，用 Na_2CO_3 处理后的残渣还要以下述特殊方法加以处理。

残渣加 HAc 以全溶转化成 MCO_3，不溶物一份加锌粉及 H_2SO_4 溶液，鉴定 S^{2-} 和 X^-；另一份加 HNO_3 溶解，鉴定 PO_4^{3-}。值得注意的是：如果试样中不含重金属离子，那么这种试样可以直接用水溶解，以 NaOH 调为碱性便可用于阴离子分析。因在制备阴离子分析试液时加入大量的 Na_2CO_3，CO_3^{2-} 应在开始时鉴定。

3. 阴离子的初步实验

采用分别分析方法鉴定阴离子，并不是要针对所研究的全部阴离子一一进行鉴定，而是在鉴定前要做一些初步实验，借以弄清哪些阴离子有存在的可能，哪些没有可能，从而把目标缩小到为数很少的几种阴离子范围内。这类实验中的某项如果得出否定结果，往往可以排除一批阴离子存在的可能性，所以这类初步实验通常也称为消去实验。

阴离子的初步实验一般包括分组实验、挥发性实验、氧化性和还原性实验。

1) 分组实验

分组实验是阴离子初步实验的重要内容之一。虽然我们不准备进行阴离子的系统分析，但也可以把阴离子按其与某些试剂的反应分成组。组试剂只起查明该组是否存在的作用。根据阴离子与某些试剂的反应，把阴离子分为以下 3 个组(表 5-2)。

表 5-2 阴离子的分组

组别	组试剂	组中阴离子
Ⅰ	$BaCl_2$(中性或弱碱性)	SO_4^{2-}、SO_3^{2-}、$S_2O_3^{2-}$ (浓度大)、SiO_3^{2-}、CO_3^{2-}、PO_4^{3-}
Ⅱ	$AgNO_3$(HNO_3 存在)	$S_2O_3^{2-}$ (浓度小)、S^{2-}、Cl^-、Br^-、I^-
Ⅲ	—	NO_3^-、NO_2^-、Ac^-

第Ⅰ组：二价以上的含氧酸根离子。

第Ⅱ组：简单阴离子。

第Ⅲ组：一价含氧酸根离子(没有组试剂，不能通过分组实验得出结论)。

需要注意的是第Ⅰ组的$S_2O_3^{2-}$，它与Ba^{2+}生成的BaS_2O_3，沉淀溶解度较大，只有当$S_2O_3^{2-}$浓度大于 4.5 mol/L 时，才能沉出。不仅如此，BaS_2O_3还容易形成过饱和溶液，所以，当加入 $BaCl_2$ 后未产生沉淀，应以玻璃棒摩擦离心管壁，如此时沉淀仍不产生，可得出$S_2O_3^{2-}$含量不大或不存在的初步结论，当$S_2O_3^{2-}$的浓度较小时，中间产物迅速变黄、变棕，最后变为黑色 Ag_2S 沉淀：

$$Ag_2S_2O_3+H_2O \xlongequal{} Ag_2S\downarrow+H_2SO_4$$

第Ⅲ组没有组试剂，相当于阳离子的可溶组。

2) 挥发性实验

在试样上加稀 H_2SO_4 或稀 HCl，必要时加热，则在酸性溶液中具有挥发性的阴离子可与酸作用生成具有不同特征的气体，视不同情况，溶液中有或多或少的气泡发生，有SO_3^{2-}、$S_2O_3^{2-}$、S^{2-}、CO_3^{2-}、NO_2^-等。

CO_2——由CO_3^{2-}生成，无色无臭，使$Ca(OH)_2$溶液变浑浊。

SO_2——由SO_3^{2-}或$S_2O_3^{2-}$生成，无色，有燃烧硫磺的刺激臭，具有还原性。

NO_2——由NO_2^-生成，红棕色气体，有氧化性，能将I^-氧化为I_2。

H_2S——由S^{2-}生成，无色、有腐卵臭，可使乙酸铅试纸变黑。

3) 氧化性和还原性实验

(1) $KMnO_4$(酸性)。试液以 H_2SO_4 酸化后，加入 0.01 mol/L 的 $KMnO_4$ 溶液，如果溶液的紫红色褪去则表示SO_3^{2-}、$S_2O_3^{2-}$、S^{2-}、Br^-、I^-、NO_2^-以及较浓的 Cl^- 等可能存在。

（2）I_2-淀粉(酸性)。I_2溶液的氧化能力远较酸性$KMnO_4$溶液的氧化能力弱，因此它所能氧化的只是强还原性阴离子，如SO_3^{2-}、$S_2O_3^{2-}$、S^{2-}等，试验时在I_2溶液中加入淀粉溶液，使试剂显蓝色，当I_2被还原为I^-时，则蓝色消失，表示上述三种离子至少有一种可能存在。显然，在前项$KMnO_4$实验得出否定结果后，此项实验已无必要。

（3）KI-淀粉。常见的 13 种阴离子中，具有氧化性的只有NO_2^-在稀H_2SO_4酸性溶液将I^-氧化为I_2。

第6章　定量分析

实验十七　溶液的配制及酸碱滴定练习

一、实验目的

（1）学习溶液的配制方法。

（2）初步掌握酸式滴定管和碱式滴定管的使用方法。

（3）掌握酸碱滴定分析的原理和方法。

二、实验原理

酸碱滴定中，通常将HCl标准溶液或NaOH标准溶液作为滴定剂。

NaOH和HCl是中和反应：

$$NaOH + HCl = H_2O + NaCl$$

化学计量点时溶液pH呈中性，HCl溶液与NaOH溶液的滴定突跃pH范围为4～10，可选用在此范围变色的指示剂：甲基橙（变色范围pH 3.1～4.4）或酚酞（变色范围 pH 8.0～9.6）来指示滴定终点。根据眼睛对颜色的敏感性，用HCl滴定NaOH时，一般选甲基橙为指示剂，终点变化是黄色突变为橙色；而用NaOH滴定HCl时，一般选酚酞为指示剂，终点变化是无色转变为微红色。

三、仪器和试剂

仪器：酸式滴定管；碱式滴定管；锥形瓶。

试剂：盐酸（A.R.）；氢氧化钠（A.R.）；甲基橙溶液（0.2%）；酚酞溶液（0.2%乙醇溶液）。

四、实验内容

1. 0.1 mol/L HCl溶液的配制

用洁净的量筒量取浓盐酸（相对密度1.19）4～4.5 mL，倒入500 mL试剂瓶中，用水稀释至500 mL，盖上玻璃塞，摇匀。

2. 0.1 mol/L 氢氧化钠溶液的配制

在台秤上迅速称取固体NaOH 2.0 g于烧杯中，加50 mL蒸馏水使之溶解后，移入500 mL试剂瓶中，再加水450 mL，用橡皮塞塞好瓶口，摇匀，贴上标签。

3. NaOH 溶液和 HCl 溶液的互滴练习

将酸式滴定管检漏、洗净，用 0.1 mol/L HCl 溶液润洗后，再装入溶液到刻度“0”以上，排除滴定管下端气泡，调节液面至 0.00 mL 处。

将碱式滴定管检漏、洗净，用 0.1 mol/L NaOH 溶液润洗后，再装入溶液，排除气泡，调节液面至 0.00 mL 处。

（1）以甲基橙作指示剂，用 HCl 滴定 NaOH 溶液。

由碱式滴定管中放出 NaOH 溶液约 20mL 于锥形瓶中，放出时以每分钟约 10mL 的速度，再加入 1 滴甲基橙指示剂，用 0.1mol/L 盐酸溶液滴定至溶液由黄色恰变为橙色为终点，平行测定三次。

（2）以酚酞为指示剂，用 NaOH 溶液滴定 HCl 溶液。

由酸式滴定管中放出 HCl 溶液 20mL 于锥形瓶中，放出时以每分钟约 10mL 的速度，再加入 2 滴酚酞指示剂，用 0.1mol/LNaOH 溶液滴定至溶液由无色变为微红色并保持 30 秒不褪色即为终点，平行测定三次。

根据滴定结果，计算 HCl 溶液和 NaOH 溶液的体积比。

五、实验数据记录和处理

表 6-1　酸碱滴定数据记录和处理

测定次数	1	2	3
$V_{NaOH,终读数}$ / mL			
$V_{NaOH,初读数}$ / mL			
V_{NaOH} / mL			
$V_{HCl,终读数}$ / mL			
$V_{HCl,初读数}$ / mL			
V_{HCl} / mL			
V_{HCl} / V_{NaOH}			
平均值			
相对平均偏差/%			

六、注意事项

配制 NaOH 溶液，用少量蒸馏水冲洗表面可能含有的 Na_2CO_3 时，不能用玻璃棒搅拌，操作要迅速，以免 NaOH 溶解过多而减小溶液的浓度。

七、思考题

在滴定分析实验中，滴定管和移液管为什么需用滴定剂和待移取的溶液润洗几次？

实验十八 容量仪器的校准

一、实验目的

(1) 了解容量仪器校准的意义和方法。

(2) 初步掌握滴定管的分段标准、容量瓶与移液管间相对校准的操作。

二、实验原理

玻璃容器是以 20 ℃时蒸馏水的体积为标准而校准的，但是实际使用时不一定在 20 ℃，所盛装的溶液也不一定是蒸馏水，因此器皿的容量以及溶液的体积都将发生变化。

移液管、吸量管、滴定管、容量瓶是分析化学实验中常用的精确量器，它的准确度是分析化学实验测定结果准确的前提。因此，在进行分析化学实验前，应该对所用的容量器具做到心中有数，保证其精度达到实验结果准确的要求。尤其是进行高精度要求的实验，应使用经过校准的仪器。

校准的方法：称量一定体积纯水的质量，再根据该温度下纯水的密度(表 6-2)计算出量器的实际体积。校准工作是一项技术性较强的工作，操作要正确，对实验室有下列要求：

(1) 天平的称量误差应小于量器允许误差的 1/10。

(2) 采用分度值为 0.1 ℃的温度计。

(3) 室内温度变化不超过 1 ℃/h，室温最好控制在(20±5)℃。

三、仪器

仪器：50 mL 具塞锥形瓶(洗净晾干)；温度计(最小分度值 0.1 ℃)；分析天平。

四、实验内容

1. 滴定管的校准

洗净 1 支 50 mL 滴定管，用洁布擦干外壁，向滴定管注入纯水至液面距最高标线以上约 5 mm 处，垂直挂在滴定台上，等待 30 s 后调节液面至 0.00 mL。

取一个洗净、外壁晾干的 50 mL 具塞锥形瓶，在电子天平上称准至 0.01 g。打开滴定管旋塞以滴定的速度向锥形瓶中放出约 10 mL 水，随即使锥形瓶内壁接触管尖，以除去挂在管尖下的液滴，等待 30 s 后读数(准确至 0.01 mL)，将瓶塞盖上，再称出它的质量，两次质量之差即为放出水的质量。

由滴定管再放出 10 mL 水(即放至约 20 mL 处)于原锥形瓶中，用上述方法称量、读数并记录。同样再放出 10 mL 水，即从 20 mL 到 30 mL，30 mL 到 40 mL，直至 50 mL 为止。用实验温度时水的密度(表 6-2)除以每次得到的水的质量，即可得到相当于滴定管各部分的实际容积(mL)。对滴定管 25～40 mL 体积范围内，以每 5 mL 分段校准则更为精确。

表 6-2　不同温度下的纯水密度

温度/℃	ρ_w/(g/mL)	温度/℃	ρ_w/(g/mL)	温度/℃	ρ_w/(g/mL)
8	0.9886	15	0.9979	22	0.9968
9	0.9985	16	0.9978	23	0.9966
10	0.9984	17	0.9976	24	0.9963
11	0.9983	18	0.9975	25	0.9961
12	0.9982	19	0.9973	26	0.9959
13	0.9981	20	0.9972	27	0.9956
14	0.998	21	0.997	28	0.9954

根据滴定管分段校准体积计算总校准体积，以总校准体积为纵坐标，以滴定管的体积为横坐标，绘出该滴定管的体积校准曲线，以备在实验中查询使用。

2. 移液管和吸量管的校准

移液管和吸量管的校准方法同滴定管。

3. 容量瓶的校准

(1) 绝对校准方法原理同滴定管，注意容量瓶装水前要干燥。

(2) 相对校准法。很多情况下，容量瓶和移液管是配合使用的，因此，重要的不是知道容量瓶的绝对容积，而是容量瓶与移液管的容积比是否正确。例如，100 mL 容量瓶的容积是否为 10 mL 移液管所放出的液体体积的 10 倍，此时只需要做相对校准即可。方法如下：将容量瓶洗净晾干，用洁净的移液管吸取蒸馏水注入该容量瓶中。假如容量瓶为 250 mL，移液管为 25 mL，则共吸 10 次，观察容量瓶中水的弯月面是否与标线相切，若不相切，表示有误差，应重新校准一次，若仍不相切，可在容量瓶上做一新标记，以后配合该移液管使用时，以新标记为准。

五、思考题

(1) 容量仪器为什么要校准？

(2) 称量纯水所用的具塞锥形瓶，为什么要避免将磨口部分和瓶塞沾湿？

(3) 本实验称量时，为什么只要求称准到 mg 位？

实验十九　盐酸和氢氧化钠溶液浓度的标定

一、实验目的

（1）熟练掌握滴定操作。

（2）掌握标定盐酸和氢氧化钠溶液浓度的原理和方法。

（3）掌握分析天平的使用及递减称量法。

二、实验原理

标定 HCl 溶液常用的基准物质是碳酸钠，标定反应为

$$Na_2CO_3 + 2HCl = 2NaCl + CO_2\uparrow + H_2O$$

通常选用甲基橙为指示剂，溶液由黄色恰好转变为橙色即滴定终点；标定氢氧化钠溶液常用邻苯二甲酸氢钾基准试剂，标定反应为

$$KHC_8H_4O_4 + NaOH = KNaC_8H_4O_4 + H_2O$$

化学计量点时，溶液的 pH 约为 9，可选用酚酞作指示剂，滴定至溶液由无色变为微红色，30 s 内不褪色即为终点。

三、仪器和试剂

仪器：酸式滴定管；锥形瓶；分析天平等。

试剂：无水碳酸钠(G.R.或 A.R.，在 270～300 ℃灼烧至恒量)；邻苯二甲酸氢钾(在 105～110 ℃烘干至恒量)；甲基橙(0.2%水溶液)；酚酞(0.2%乙醇溶液)。

四、实验内容

1. 0.1 mol/L 盐酸溶液的配制和标定

配制：用洁净量筒量取浓盐酸(相对密度 1.19)4～4.5 mL，倒入事先装入适量蒸馏水的试剂瓶中，加蒸馏水稀释至 500 mL，摇匀，贴上标签。

标定：准确称取无水 Na_2CO_3 0.15～0.20 g 于 250 mL 锥形瓶中，加 50 mL 蒸馏水使其溶解，加甲基橙指示剂 2 滴，用 HCl 溶液滴定至溶液由黄色突变为橙色，30 s 不褪色即为终点，记下消耗的盐酸溶液的体积，计算盐酸溶液的准确浓度，平行测定三份，同时做空白实验，相对平均偏差应小于 0.2%。

计算公式：$c_{HCl} = \dfrac{2 \times m_{Na_2CO_3} \times 1000}{V_{HCl} M_{Na_2CO_3}}$ mol/L

2. 0.1 mol/L 氢氧化钠溶液的配制和标定

配制：在台秤上迅速称取固体 NaOH 2.0 g 于小烧杯中，加 50 mL 水，用玻

璃棒搅拌使之全部溶解，转移至 500 mL 试剂瓶中，用水洗涤烧杯和玻璃棒两三次，洗涤液一并转移至试剂瓶中，再加水稀释至 500 mL，用橡皮塞塞好瓶口，摇匀，贴上标签。

标定：准确称取基准试剂邻苯二甲酸氢钾 0.6～0.7 g 于 250 mL 锥形瓶中，加 50 mL 蒸馏水使其溶解，加酚酞指示剂 2 滴，用 0.1 mol/L NaOH 溶液滴定至溶液由无色变为微红色，30 s 内不褪色即为终点，记下消耗的 NaOH 溶液的体积，计算 NaOH 溶液的准确浓度，平行测定三份，同时做空白实验，相对平均偏差应小于 0.2 %。

计算公式：$c_{NaOH}=\dfrac{m_{KHC_8H_4O_4}\times 1000}{V_{NaOH}M_{KHC_8H_4O_4}}$ mol/L

五、实验数据记录和处理

1. 盐酸的标定

表 6-3　盐酸的标定

项目	1	2	3
$m_{(称量瓶+Na_2CO_3)倾样前}$ / g			
$m_{(称量瓶+Na_2CO_3)倾样后}$ / g			
$m_{Na_2CO_3}$ / g			
$V_{HCl,终读数}$/ mL			
$V_{HCl,初读数}$/ mL			
V_{HCl}/mL			
c_{HCl}/（mol/L）			
平均值			
相对平均偏差/%			

2. 氢氧化钠溶液的标定

表 6-4　氢氧化钠溶液的标定

项目	1	2	3
$m_{(称量瓶+邻苯二甲酸氢钾)倾样前}$ / g			
$m_{(称量瓶+邻苯二甲酸氢钾)倾样后}$ / g			
$m_{邻苯二甲酸氢钾}$ / g			
$V_{NaOH,终读数}$ /mL			

续表

项目	1	2	3
$V_{NaOH,初读数}$ /mL			
V_{NaOH} / mL			
c_{NaOH} /(mol/L)			
平均值			
相对平均偏差/%			

六、思考题

标定氢氧化钠溶液时，可用邻苯二甲酸氢钾基准试剂，也可以用盐酸标准溶液来标定，如何操作？比较两种方法的优缺点。

实验二十　食醋中总酸含量的测定

一、实验目的

（1）熟练掌握称量、滴定操作。
（2）掌握移液管或吸量管、容量瓶的使用方法。
（3）掌握强碱滴定弱酸的原理和指示剂的选择。

二、实验原理

食醋中的酸主要是乙酸，含量为 3%～5% (g/100 mL)，此外还含有少量乳酸等有机酸。用 NaOH 标准溶液滴定时，测出的是酸的总量，结果按乙酸计算。反应式为

$$n\,NaOH + H_nA \xlongequal{\quad} Na_nA + nH_2O$$

$$NaOH + HAc \xlongequal{\quad} NaAc + H_2O$$

反应产物为强碱弱酸盐，终点时溶液的 pH>7，因此，选择酚酞为指示剂。

三、仪器和试剂

仪器：碱式滴定管；移液管；锥形瓶；容量瓶。
试剂：食醋；NaOH 标准溶液；酚酞指示剂。

四、实验内容

1. 0.1 mol/L NaOH 标准溶液的配制和标定

方法见实验十九。

2. 食醋试液的定量稀释

用移液管或吸量管准确移取 10.00 mL 食醋样品，定容于 100 mL 容量瓶中，摇匀备用。

3. 食醋总酸度的测定

用移液管移取上述稀释好的食醋试液 25.00 mL 放入锥形瓶中，加 1～2 滴酚酞指示剂，用 NaOH 标准溶液滴定至溶液呈浅粉红色，30 s 内不褪色即为终点。记录 NaOH 消耗的体积，平行测定三次，计算每 100 mL 食醋中所含乙酸的质量(g/100 mL)。

计算公式：$\rho_{\text{HAc}}=\dfrac{V_{\text{NaOH}}\times c_{\text{NaOH}}\times M_{\text{HAc}}}{10\times V_{\text{待测食醋}}}\text{g/100mL}$

五、实验数据记录和处理

表 6-5　食醋中总酸含量的测定

项目	1	2	3
$m_{\text{邻苯二甲酸氢钾}}$/g			
c_{NaOH} /(mol / L)			
$\bar{c}_{\text{NaOH}}$ /(mol / L)			
$V_{\text{NaOH,初读数}}$/mL			
$V_{\text{NaOH,终读数}}$/mL			
V_{NaOH} /mL			
ρ_{HAc} /(g / 100 mL)			
$\bar{\rho}_{\text{HAc}}$ /(g / 100 mL)			
相对平均偏差/%			

六、注意事项

(1) 实验一般选用白醋，酿造食醋常带有颜色，影响终点的观察，可用活性炭脱色后测定。

(2) 注意碱式滴定管滴定前要赶走气泡，滴定过程中不要形成气泡。

(3) NaOH 标准溶液滴定 HAc，属强碱滴定弱酸，水中 CO_2 的影响比较大，要注意除去所用碱标准溶液和蒸馏水中吸收和溶解的 CO_2。

实验二十一 工业混合碱的组成分析

一、实验目的

(1) 了解工业混合碱的组成。

(2) 掌握用双指示剂法测定工业混合碱组分的原理和方法。

二、实验原理

工业混合碱是指 Na_2CO_3 与 NaOH 或 Na_2CO_3 与 $NaHCO_3$ 的混合物。在同一份试液中选用两种不同的指示剂，以 HCl 标准溶液进行滴定，即可根据两个终点时消耗 HCl 标准溶液的体积关系，判断工业混合碱的组成，并计算各组分的含量，这种测定方法称为双指示剂法。

通常用酚酞和甲基橙两种指示剂，在工业混合碱试液中先加入酚酞指示剂，此时溶液呈现红色，用 HCl 标准溶液滴定至红色刚刚褪去为终点，由于酚酞的变色范围是 pH＝8～10，因此在此终点时，试样中的 NaOH 完全被中和，Na_2CO_3 也被中和转变为 $NaHCO_3$，将酚酞终点消耗的 HCl 标准溶液体积记为 V_1。再向试液中加入甲基橙指示剂，继续用 HCl 标准溶液滴定至黄色变为橙色，即为终点，此时 Na_2CO_3 被完全中和。将甲基橙终点消耗的 HCl 标准溶液体积记为 V_2，可以根据 V_1 和 V_2 的大小关系，判断工业混合碱的组成。有关反应如下：

第一终点时： $HCl+Na_2CO_3 \xlongequal{} NaHCO_3+NaCl$

$HCl+NaOH \xlongequal{} NaCl+H_2O$

第二终点时： $HCl+NaHCO_3 \xlongequal{} NaCl+H_2O+CO_2\uparrow$

若 $V_1>V_2$，则说明试样由 NaOH 和 Na_2CO_3 组成：

$$w_{Na_2CO_3}=\frac{c_{HCl}\times V_2\times M_{Na_2CO_3}}{m_{试样}\times 1000}\times 100\%$$

$$w_{NaOH}=\frac{c_{HCl}\times (V_1-V_2)\times M_{NaOH}}{m_{试样}\times 1000}\times 100\%$$

若 $V_1<V_2$，则说明试样由 Na_2CO_3 与 $NaHCO_3$ 组成：

$$w_{Na_2CO_3}=\frac{c_{HCl}\times V_1\times M_{Na_2CO_3}}{m_{试样}\times 1000}\times 100\%$$

$$w_{NaHCO_3}=\frac{c_{HCl}\times (V_2-V_1)\times M_{NaHCO_3}}{m_{试样}\times 1000}\times 100\%$$

三、仪器和试剂

仪器：酸式滴定管；容量瓶(250 mL)；移液管(25 mL)。

试剂：甲基橙(0.2%水溶液)；酚酞(0.2%乙醇溶液)；工业混合碱试样；浓HCl。

四、实验内容

1. 0.1 mol/L HCl 溶液的配制和标定

方法见实验十九。

2. 工业混合碱含量的测定

准确称取试样 1.5～2.0 g 于烧杯中，加水溶解后定量转移到 250 mL 容量瓶中，定容、摇匀。

用移液管准确移取 25.00 mL 试液于锥形瓶中，加入酚酞指示剂 2 滴，用 HCl 标准溶液滴定至红色刚刚褪去，记录消耗 HCl 标准溶液体积记为 V_1，再加入甲基橙指示剂 2 滴，继续用 HCl 标准溶液滴定至溶液由黄色变为橙色，即为终点，记录消耗 HCl 标准溶液的体积 V_2，平行测定三次，根据 V_1 和 V_2 的大小判断工业混合碱的组成并计算相应的含量。相关数据填入表 6-6。

表 6-6　混合碱含量的测定

项目	1	2	3
$m_{试样}$ /g			
HCl 溶液初读数/mL			
第一终点读数/mL			
第二终点读数/mL			
$V_{1消耗}$ / mL			
$V_{2消耗}$ / mL			
工业混合碱成分			
$\overline{V}_1$ / mL			
$\overline{V}_2$ / mL			
w_{NaOH} / (g / L)			
w_{NaHCO_3} / (g / L)			
$w_{Na_2CO_3}$ / (g / L)			

五、思考题

(1) 什么是双指示剂法？

(2) 判断下列情况中工业混合碱的成分。

①$V_1>V_2$；②$V_1<V_2$；③$V_1=V_2$；④$V_1=0$，$V_2>0$；⑤$V_1>0$，$V_2=0$

实验二十二 铵态氮肥含氮量的测定(甲醛法)

一、实验目的

(1) 了解弱酸弱碱滴定的条件。

(2) 掌握甲醛法测定铵态氮的原理和方法。

二、实验原理

铵盐是常见的无机化肥，是强酸弱碱盐，可用酸碱滴定法测定其含量，但由于 NH_4^+ 的酸性太弱($K_a=5.6\times10^{-10}$)，直接用 NaOH 标准溶液滴定有困难，生产和实验室中广泛采用甲醛法测定铵盐中的含氮量。

甲醛法是基于甲醛与一定量铵盐作用，生成相当量的酸(H^+)和六次甲基四铵盐($K_a=7.1\times10^{-6}$)，反应如下：

$$4NH_4^+ + 6HCHO = (CH_2)_6N_4H^+ + 6H_2O + 3H^+$$

所生成的 H^+ 和六次甲基四胺盐，可以酚酞为指示剂，用 NaOH 标准溶液滴定。再按下式计算含量：

$$w_N = \frac{(cV)_{NaOH} M_N / 1000}{m} \times 100\%$$

三、仪器和试剂

仪器：酸式滴定管；容量瓶；移液管。

试剂：NaOH 标准溶液(0.1 mol/L)；酚酞(0.2％乙醇溶液)；甲基红(0.2％水溶液)；甲醛溶液(1∶1)。

四、实验内容

1. 甲醛溶液的处理

甲醛中常含有微量甲酸，是由甲醛受空气氧化所致，应除去，否则产生正误差。处理方法如下：取原装甲醛的上层清液于烧杯中，用水稀释一倍，加入 1～2 滴 0.2％酚酞指示剂，用 0.1 mol/L NaOH 溶液中和至甲醛溶液呈淡红色。

2. 试样中含氮量的测定

准确称取 0.4～0.5 g 的 NH_4Cl 或 1.6～1.8 g 的 $(NH_4)_2SO_4$ 于烧杯中，用适量蒸馏水溶解，然后定量移至 250 mL 容量瓶中，最后用蒸馏水稀释至刻度，摇匀。

用移液管移取试液 25.00 mL 于锥形瓶中，加 1～2 滴甲基红指示剂，溶液呈红色，用 0.1 mol/L NaOH 溶液中和至红色转为金黄色，然后加入 8 mL 已中和的 1∶1 甲醛溶液，再加入 1～2 滴酚酞指示剂摇匀，静置 1 min 后，用 0.1 mol/L NaOH 标准溶液滴定至溶液呈淡红色，30 s 内不褪色，即为终点。平行测定三次，同时做空白实验。根据 NaOH 标准溶液的浓度和消耗的体积，计算试样中氮的含量。

五、实验数据记录和处理

1. 样品的称量

表 6-7　样品的称量

$m_{(硫酸铵样品+称量瓶)倾出前}$ / g	
$m_{(硫酸铵样品+称量瓶)倾出后}$ / g	
$m_{硫酸铵样品}$ / g	

2. N 含量测定

表 6-8　N 含量的测定

次数 / 项目	c_{NaOH}=		
	1	2	3
$V_{(NH_4)_2SO_4}$ / mL			
$V_{NaOH,滴定后}$ / mL			
$V_{NaOH,滴定前}$ / mL			
$V_{NaOH,消耗}$ / mL			
w_N			
$\overline{w}_N$			

六、注意事项

(1) 甲醛常以白色聚合状态存在，称为多聚甲醛。甲醛溶液中含有少量多聚甲酸不影响滴定。

(2) 由于溶液中已经有甲基红，再用酚酞为指示剂，存在两种变色不同的指示剂，用 NaOH 滴定时，溶液颜色由红转变为浅黄色(pH 约为 6.2)，再转变为淡红色(pH 约为 8.2)。终点为甲基红的黄色和酚酞红色的混合色。

实验二十三 EDTA标准溶液的配制和标定

一、实验目的

（1）了解金属指示剂的变色原理。

（2）掌握EDTA标准溶液的配制和标定方法。

二、实验原理

EDTA标准溶液常用乙二胺四乙酸的二钠盐（EDTA-2Na·$2H_2O$）配制。乙二胺四乙酸二钠是白色结晶粉末，因不易制得纯品，标准溶液用间接法配制。可用碳酸钙或氧化锌基准物质标定其浓度。用氧化锌标定的原理是：在pH＝5～6的条件下，用二甲酚橙指示剂，溶液由紫色变到纯蓝色为终点。

滴定前：$Zn^{2+} + HIn^{2-} \xlongequal{} ZnIn^{-} + H^{+}$

纯蓝色　　紫红色

滴定中：$Zn^{2+} + H_2Y^{2-} \xlongequal{} ZnY^{2-} + 2H^{+}$

终点时：$ZnIn^{-} + H_2Y^{2-} \xlongequal{} ZnY^{2-} + HIn^{2-} + H^{+}$

紫红色　　纯蓝色

三、仪器和试剂

仪器：分析天平；水浴锅；称量瓶；烧杯；量筒；锥形瓶；试剂瓶；酸式滴定管。

试剂：乙二胺四乙酸二钠盐（A.R.）；钙指示剂（取钙指示剂0.1 g与研细的干燥NaCl 10 g混匀，将固体混合物保存于干燥器中）；铬黑T指示剂（取铬黑0.1 g与研细的干燥NaCl 10 g混匀，将固体混合物保存于干燥器中，用时挑取少许即可）；ZnO基准试剂（800 ℃灼烧至恒量）；氨-氯化铵缓冲溶液（取5.4 g NH_4Cl溶于少量水中，加入35 mL浓氨水，用水稀释至100 mL，pH＝10）；氨试液（取浓氨水4 mL加水稀释至100 mL）。

四、实验内容

1. 0.02 mol/L EDTA溶液的配制

称取EDTA-2Na·$2H_2O$ 2.0 g，加100 mL温热蒸馏水溶解，稀释至500 mL，储存于聚乙烯塑料瓶中，摇匀。

2. $CaCO_3$标准溶液的配制

准确称取120 ℃干燥过的$CaCO_3$ 0.52～0.55 g，置于100 mL烧杯中，用少量

水润湿，盖上表面皿，慢慢滴加 1∶1 的 HCl 约 5 mL，使其溶解后，定量转移至 250 mL 容量瓶中，用水稀释、定容、摇匀。计算其准确浓度。

3. 锌标准溶液的配制

称取在 800～1000 ℃下灼烧过(需 20 min 以上)的基准物质 ZnO 0.5～0.6 g 于 100 mL 烧杯中，用少量水润湿，然后逐滴加入 6 mol/L HCl 溶液，边加边搅拌至完全溶解为止。然后定量转移至 250 mL 容量瓶中，稀释至刻度并摇匀，贴上标签。

4. EDTA 溶液浓度的标定

1）以 $CaCO_3$ 为基准物质标定 EDTA 溶液

准确移取 $CaCO_3$ 标准溶液 25.00 mL 于锥形瓶中，加入 25 mL 水，加 10 mL 1 mol/L NaOH 溶液、少许钙指示剂，用配制好的 EDTA 溶液滴定至溶液由紫红色变为纯蓝色为终点。

$$c_{\mathrm{EDTA}}=\frac{(cV)_{\mathrm{Ca}}}{V_{\mathrm{EDTA}}}\ \mathrm{mol/L}$$

2）以 ZnO 为基准物质标定 EDTA 溶液

移取 25.00 mL 锌标准溶液于 250 mL 锥形瓶中，加约 30 mL 水、2～3 滴二甲酚橙指示剂，滴加 7.5 mol/L 的氨水至溶液由黄色恰好变为橙色，然后滴加 200 g/L 六次甲基四胺至溶液呈稳定的紫红色后再多加 3 mL，用 EDTA 溶液滴定至溶液由紫红色变成亮黄色，即为终点。

$$c_{\mathrm{EDTA}}=\frac{(cV)_{\mathrm{Zn}}}{V_{\mathrm{EDTA}}}\ \mathrm{mol/L}$$

五、实验数据记录和处理

表 6-9　EDTA 溶液浓度的标定($CaCO_3$ 标准溶液)

项目	1	2	3
m_{CaCO_3} / g			
$V_{CaCO_3标液}$ / mL	25.00	25.00	25.00
$V_{EDTA初}$ / mL			
$V_{EDTA终}$ / mL			
$V_{EDTA消耗}$ / mL			
c_{EDTA} / (mol / L)			
$\bar{c}_{EDTA}$ / (mol / L)			
相对平均偏差/%			

六、思考题

(1) 储存 EDTA 溶液应选用聚乙烯瓶，为什么？

(2) 以盐酸溶解 $CaCO_3$ 时应注意怎样操作？

实验二十四 配位滴定法测水的总硬度

一、实验目的

(1) 了解水硬度的表示方法。

(2) 掌握测定水总硬度的方法和条件。

(3) 掌握铬黑 T 指示剂的使用条件和终点变化。

二、实验原理

水硬度的测定分为水的总硬度和钙-镁硬度两种，前者是测定水中镁、钙总量，后者则是分别测定镁和钙的含量。国内外规定的测定水的总硬度的标准分析方法是 EDTA 滴定法。用 EDTA 滴定 Ca^{2+}、Mg^{2+}总量时，一般是在 pH=10 的氨性缓冲溶液中，以铬黑 T(EBT)为指示剂，计量点前 Ca^{2+}和 Mg^{2+}与 EBT 生成紫红色络合物，当用 EDTA 滴定至计量点时，游离出指示剂，溶液呈现纯蓝色。

滴定时用三乙醇胺掩蔽 Fe^{3+}、Al^{3+}、Ti^{4+}，以 Na_2S 或巯基乙酸掩蔽 Cu^{2+}、Pb^{2+}、Zn^{2+}、Cd^{2+}、Mn^{2+}等干扰离子，消除对铬黑 T 指示剂的封闭作用。

对于水的总硬度，各国表示方法有所不同，通常有以下方法表示：一种是以(°)计(德国度)，一硬度单位表示十万份水中含有 1 份 CaO，1°=10 ppm CaO，即表 1 L 水中含有 CaO 10 mg；另一种是以 ppm 计，这是一种国际单位，即每百万份水中 $CaCO_3$ 的份数，如 1 ppm 即每百万份水中含 $CaCO_3$ 1 份，也就是 1 L 水中含有 $CaCO_3$ 1 mg；我国《生活饮用水卫生标准》规定：总硬度以 $CaCO_3$ 计，不得超过 450 mg/L。

三、仪器和试剂

仪器：称量瓶；滴定管(50 mL)；烧杯(100 mL)；容量瓶(100 mL)；锥形瓶。

试剂：EDTA；氨性缓冲溶液(pH=10；取 20 g NH_4Cl 溶于少量水中，加 100 mL 浓氨水，用水稀释至 1 L)；铬黑 T 指示剂(0.05%)；钙指示剂；碳酸钙基准试剂；三乙醇胺溶液(200 g/L)；HCl 溶液(1∶1)。

四、实验内容

1. 0.02 mol/L EDTA 溶液的配制和标定

见实验二十三。

2. 水硬度的测定

取 100 mL 水样置于 250 mL 锥形瓶中，加 1～2 滴 1∶1 HCl 溶液使之酸化。煮沸数分钟，以除去 CO_2。冷却后，加入 3 mL 三乙醇胺溶液、10 mL 氨性缓冲溶液、2～3 滴铬黑 T 指示剂，用 EDTA 标准溶液滴定至溶液由紫红色变为纯蓝色，即为终点。平行测定三份，计算水样的总硬度，以(°)和 mg /L 表示。

计算公式：

$$\rho_{\mathrm{CaO}} = \frac{(V \times c)_{\mathrm{EDTA}} \times M_{\mathrm{CaO}}}{V_{水样}} \times 1000 \ \ \mathrm{mg/L}$$

五、实验数据记录和处理

水硬度的测定结果填入表 6-10，其中 $V_{水样} = 100 \ \ \mathrm{mL}$。

表 6-10　水硬度的测定

项目	1	2	3
c_{EDTA} / (mol/ L)			
$V_{\mathrm{EDTA,消耗}}$ / mL			
ρ_{CaO} / (mg/L)			
平均值			

六、注意事项

水样中含铁量超过 10 mg/L 时，用三乙醇胺掩蔽不完全，需用蒸馏水将水样稀释到 Fe^{3+}含量不超过 10 mg/L。

七、思考题

(1) 为什么使用乙二胺四乙酸二钠盐配制 EDTA 标准溶液，而不用乙二胺四乙酸？

(2) 如何分别测定水的钙硬度和镁硬度？

八、知识链接：饮用水的总硬度指标及对人体的影响

硬度主要是指水中钙、镁离子的含量。硬度分为碳酸盐硬度及非碳酸盐硬度。碳酸盐硬度主要是由钙、镁的重碳酸盐形成，也含有少量的碳酸盐，经过加热煮沸可以沉淀除去，也称暂时性硬度。非碳酸盐硬度是由钙、镁的硫酸盐或氯化物形成的，用加热煮沸的方法不能除去，也称永久性硬度。碳酸盐硬度和非碳酸盐硬度的总和称为总硬度，以等量的碳酸钙量(mg/L)表示。以往也用德国度或以氧

化钙量(mg/L)来表示；德国度 1° 是 1 L 水中含有相当于 10 mg 的氧化钙，英、美等国也以碳酸钙表示。

水中的钙离子和镁离子主要来源于土壤和岩石中的钙镁盐类的溶解。当水中二氧化碳含量较多时，能促进钙、镁的溶解。各地水源的硬度相差很大，最低的可在数毫克/升左右，最高的可达几千毫克。

对我国 37 个城市生活饮用水的调查显示，南方 15 个城市的平均硬度约为 100 mg/L，其中一个城市的饮用水尚不足 10 mg/L；北方 22 个城市平均为 300 mg/L，其中一个城市的饮用水达 620 mg/L。

对软水、硬水的区分，一般分为四级，即软水(CaO<150 mg/L)、中等硬水(适硬水 151～450 mg/L)、硬水(451～600 mg/L)和极硬水(>600 mg/L)。长期饮用软水的人，开始饮用硬水时就感到不适应，而长期习惯饮用硬水的人，改饮软水，也会感到淡而无味。

一般认为，水中的硬度在维持机体的钙镁平衡上具有良好的作用。但硬度过高对机体也有不利的影响：有人在习惯饮用软水之后，改用硬度过高的水，开始时可能出现胃肠功能紊乱，影响消化吸收，但一般在短时间内即能适应。用硬水烹调时，钙、镁与蛋白质结合，使肉类和豆类不易煮烂，影响消化吸收率。硬度过高，不仅消耗肥皂，产生水垢，腐蚀容器设备，也能影响水的味道，甚至影响胃肠功能。

各国生活饮用水水质标准规定总硬度的限量值为 300～500 mg/L，我国规定为 450 mg/L。

实验二十五　铅铋混合溶液中铅、铋含量的连续测定

一、实验目的

(1) 掌握用控制酸度的方法，以 EDTA 标准溶液连续滴定多种金属离子的原理和方法。

(2) 了解金属离子指示剂变色与酸度的关系，学会正确判断滴定终点。

二、实验原理

混合离子的滴定常采用控制酸度法、掩蔽法进行，Pb^{2+}和 Bi^{3+}均能与 EDTA 形成稳定的 1∶1 络合物，$\lg K_{BiY} = 27.94$，$\lg K_{PbY} = 18.04$，两者 $\lg K$ 相差很大，故可利用控制酸度的方法进行分别滴定。通常在 pH=0.7～1 时测定 Bi^{3+}，在 pH=5～6 时测定 Pb^{2+}。

在 Pb^{2+}和 Bi^{3+}混合液中，首先用 HNO_3 调节溶液的 pH=1，以二甲酚橙为指示剂，用 EDTA 标准溶液滴定 Bi^{3+}至溶液由紫红色突变为亮黄色，即为 Bi^{3+}的滴定

终点。然后加入六亚甲基四胺，调节溶液的 pH=5～6，此时 Pb^{2+}与二甲酚橙形成紫红色络合物，继续用 EDTA 标准溶液滴定至溶液由紫红色变为亮黄色，即为 Pb^{2+}的滴定终点。

三、仪器和试剂

仪器：分析天平；50 mL 酸式滴定管；250 mL 锥形瓶；25 mL 移液管；表面皿；250 mL 烧杯；滴管；10 mL 量杯；250 mL 容量瓶；洗耳球；洗瓶。

试剂：0.01 mol/L EDTA 标准溶液(待标定)；0.10 mol/L HNO_3溶液；15%六亚甲基四胺溶液；二甲酚橙(0.2%水溶液)；Pb^{2+}和 Bi^{3+}混合液试样；纯锌片。

四、实验内容

1. 0.01 mol/L EDTA 标准溶液的标定

见实验二十三。

2. Pb^{2+}和 Bi^{3+}的连续测定

准确移取 25.00 mL 混合液试样于锥形瓶中，用 2 mol/L HNO_3 调节 pH=1，加入 2 滴二甲酚橙指示剂，用 EDTA 标准溶液滴定至溶液由紫红色变为亮黄色，即为终点。根据滴定时消耗 EDTA 标准溶液的体积 V_1，计算混合液中 Bi^{3+}的含量。

在滴定 Bi^{3+}后的溶液中，滴加 20%六亚甲基四胺溶液至溶液呈稳定的紫红色后(约 5 mL)，再加入 5 mL，此时溶液的 pH 为 5～6。再用 EDTA 标准溶液滴定至溶液由紫红色变为亮黄色，即为终点。根据滴定时消耗 EDTA 标准溶液的体积 V_2，计算混合液中 Pb^{2+}的含量。

五、数据处理

1. EDTA 标准溶液浓度的标定

$$c_{\mathrm{EDTA}} = \frac{\dfrac{m_{\mathrm{Zn}}}{M_{\mathrm{Zn}}} \times \dfrac{25}{250}}{10^{-3} \times V_{\mathrm{EDTA}}}(\mathrm{mol/L})$$

2. Pb^{2+}和 Bi^{3+}混合液的测定

$$\rho_{\mathrm{Bi^{3+}}} = \frac{c_{\mathrm{EDTA}} V_1 M_{\mathrm{Bi}}}{V_{试样}}(\mathrm{g/L}) \qquad \rho_{\mathrm{Pb^{2+}}} = \frac{c_{\mathrm{EDTA}} V_2 M_{\mathrm{Pb}}}{V_{试样}}(\mathrm{g/L})$$

六、注意事项

(1) 合金试样中若含有锡，因形成沉淀，制备合金混合液时需进行过滤。

(2) 因合金混合液是用 HNO_3 溶解，用 0.1 mol/L HNO_3 溶液稀释，故测定铋时不必再加 0.1 mol/L HNO_3 溶液。

七、思考题

(1) 用于滴定 Pb^{2+}和 Bi^{3+}混合液的 EDTA 标准溶液，应用何种基准物质来标定？为什么？

(2) 滴定 Pb^{2+}时要调节溶液 pH 为 5～6，为什么加入六亚甲基四胺而不加入乙酸钠、氨水、强碱等调节？

(3) 能否取等量混合溶液两份，一份控制 pH≈1.0 滴定 Bi^{3+}，另一份控制 pH 为 5～6 滴定 Pb^{2+}和 Bi^{3+}总量？为什么？

实验二十六　胃舒平中 $Al(OH)_3$ 含量的测定

一、实验目的

(1) 学习药剂测定的前处理方法。

(2) 学习用返滴定法测定铝的方法。

(3) 掌握沉淀分离的操作方法。

二、实验原理

胃舒平的主要成分为氢氧化铝、三硅酸铝及少量中药颠茄流浸膏，在制成片剂时还加了大量糊精等赋形剂。药片中铝和镁的含量可用 EDTA 配位滴定法测定。首先溶解样品，分离除去水不溶物质，然后分取试液加入过量的 EDTA 溶液，调节 pH 至 4 左右，煮沸使 EDTA 与 Al^{3+}配位完全，再以二甲酚橙为指示剂，用 Zn 标准溶液返滴过量的 EDTA，根据加入的 EDTA 标准溶液和 Zn 标准溶液的物质的量计算出 Al^{3+}含量。

$$Al^{3+} + H_2Y^{2-}(\text{准确过量}) = AlY^- + 2H^+$$

$$H_2Y^{2-}(\text{剩余}) + Zn^{2+} = ZnY^{2-} + 2H^+$$

三、仪器和试剂

仪器：50 mL 酸式滴定管；250 mL 锥形瓶；25 mL 移液管；250 mL 烧杯；研钵；滴管；50 mL 量杯；250 mL 容量瓶。

试剂：0.01 mol/L EDTA 标准溶液；复方氢氧化铝药片；NH_3-NH_4Cl 缓冲溶液；$CaCO_3(s)$基准试剂；1∶1 HCl 溶液；200 g/L 六亚甲基四胺溶液；2.0 g/L 二甲酚橙指示剂。

四、实验内容

1. Zn 标准溶液的制备

见实验二十三。

2. 0.01 mol/L EDTA 标准溶液的配制和标定

参照实验二十三 0.02 mol/L EDTA 标准溶液的配制和标定方法进行。

3. 样品处理

取胃舒平药片 10 片，研细后从中称出药粉约 2 g 于烧杯中，加入 20 mL HCl(1∶1)，加蒸馏水 100 mL，煮沸、冷却后过滤，并以水洗涤沉淀，收集滤液及洗涤液于 250 mL 容量瓶中，稀释至刻度，摇匀。

4. 铝的测定

准确吸取上述试液 5.00 mL，加水至 25 mL 左右，滴加 1∶1 $NH_3 \cdot H_2O$ 溶液至刚出现浑浊，再加 1∶1 HCl 溶液至沉淀恰好溶解，准确加入 EDTA 标准溶液 25.00 mL，再加入 10 mL 六亚甲基四胺溶液，煮沸 10 min 并冷却后，加入二甲酚橙指示剂 2～3 滴，用 Zn^{2+}标准溶液滴定至溶液由黄色变为红色，即为终点。根据 EDTA 加入量与 Zn^{2+}标准溶液滴定体积，计算每片药片中 $Al(OH)_3$ 质量分数。

五、数据记录和处理

表 6-11　铝含量的测定

项目	1	2	3
$c_{EDTA,标}$ / (mol / L)			
$V_{EDTA,标}$ / mL			
$c_{Zn,标}$ / (mol / L)			
V_{EDTA} / mL			
$m_{药粉}$ / g			
$V_{试液}$ / mL		25.00	
$V_{Zn,标液始}$ / mL			
$V_{Zn,标液终}$ / mL			
$V_{Zn,标}$ / mL			
$w_{Al(OH)_3}$ / %			
$\overline{w}_{Al(OH)_3}$ /%			

六、注意事项

为使测定结果具有代表性，应取较多样品，研细后再取部分进行分析。

七、思考题

本实验为什么要称取大样后，再分取部分试液进行滴定？

实验二十七 胃舒平中铝和镁含量的测定

一、实验目的

(1) 掌握返滴定的原理和方法。
(2) 掌握铝和镁含量的测定原理及方法。
(3) 学会药物试样的采集和制备方法。

二、实验原理

胃舒平是一种抗酸的胃药，其主要成分为氢氧化铝、三硅酸镁及少量颠茄流浸膏。其中铝和镁的含量可用 EDTA 为滴定剂进行测定。

胃舒平的原料之一是氢氧化铝，药典要求按 Al_2O_3 计算。氢氧化铝的测定可以用配位滴定法进行测定。由于 Al^{3+}与 EDTA 的络合反应速率慢，对二甲酚橙等指示剂有封闭作用，且在酸度不高时会发生水解，因此采用返滴定法进行测定。首先加入准确过量的 EDTA 标准溶液，煮沸溶液。络合完全后，加入二甲酚橙作指示剂，剩余的 EDTA 用 Zn^{2+}标准溶液滴定，由亮黄色变为紫红色即为终点。滴定反应可表示如下：

$$Al^{3+} + H_2Y^{2-}(\text{准确过量}) = AlY^- + 2H^+$$

$$H_2Y^{2-}(\text{剩余}) + Zn^{2+} = ZnY^{2-} + 2H^+$$

氢氧化铝片中的三硅酸镁，药典要求按氧化镁(MgO)计算。用铬黑 T 作指示剂，用 EDTA 直接滴定。反应为

滴定前：
$$\underset{(\text{蓝色})}{EBT^{2-}} + Mg^{2+} = \underset{(\text{紫红色})}{Mg\text{-}EBT}$$

化学计量点前：
$$Mg^{2+} + H_2Y^{2-} = MgY^{2-} + 2H^+$$

化学计量点：
$$\underset{(\text{紫红色})}{Mg\text{-}EBT} + H_2Y^{2-} = MgY^{2-} + \underset{(\text{蓝色})}{EBT^{2-}} + 2H^+$$

三、仪器和试剂

仪器：50 mL 酸式滴定管；250 mL 锥形瓶；25 mL 移液管；250 mL 烧杯；

研钵；滴管；50 mL 量杯；250 mL 容量瓶。

试剂：EDTA 标准溶液(0.01 mol/L)；胃舒平药片；NH_3-NH_4Cl 缓冲溶液；ZnO(s)基准试剂；HCl 溶液(1∶1)；三乙醇胺(200 g/L)；六亚甲基四胺(200 g/L)；二甲酚橙指示剂(2.0 g/L)。

四、实验内容

1. Zn 标准溶液的制备

见实验二十三。

2. 0.01 mol/L EDTA 标准溶液的配制和标定

参照实验二十三 0.02 mol/L EDTA 标准溶液的配制和标定方法进行。

3. 试样处理

准确称取 10 片胃舒平于研钵中，研成细粉末后混合均匀。准确称取药粉 0.5 g 左右于 250 mL 烧杯中，在不断搅拌下加入 1∶1 HCl 溶液 20 mL，加热煮沸 5 min，静置冷却，过滤，用蒸馏水洗涤沉淀数次，合并洗涤液，转移至 250 mL 容量瓶中，用蒸馏水稀释至刻度，摇匀备用。

4. Al_2O_3 的测定

用吸量管移取滤液 5.00 mL，准确加入 0.01 mol/L EDTA 标准溶液 25.00 mL，将溶液煮沸 3～5 min。冷却后加入二甲酚橙指示剂 2 滴，再加入 200 g/L 六亚甲基四胺溶液 10 mL，剩余的 EDTA 用 Zn^{2+}标准溶液滴定，溶液由黄色变为紫红色即为终点。

5. 镁的测定

移取上述滤液 25.00 mL，加入 200 g/L 三乙醇胺 15 mL、NH_3-NH_4Cl 缓冲溶液 5 mL、铬黑 T 指示剂 1～2 滴，用 0.01 mol/L EDTA 标准溶液滴定，溶液由紫色变为纯蓝色即为终点。

五、数据处理

1. 铝的测定

$$w_{Al_2O_3}=\frac{1/2(c_YV_Y-c_{Zn}V_{Zn})\times 10^{-3}M_{Al_2O_3}}{m\times\dfrac{5.00}{250.0}}$$

2. 镁的测定

$$w_{MgO} = \frac{c_Y V_Y \times 10^{-3} M_{MgO}}{m \times \frac{25.00}{250.0}}$$

六、思考题

(1) 测定铝为什么不能采用直接滴定法？

(2) 能否用 NH_4F 掩蔽 Al^{3+}，然后直接测定 Mg^{2+}？

实验二十八 $KMnO_4$ 溶液的配制及标定

一、实验目的

(1) 了解 $KMnO_4$ 标准溶液的配制方法和保存条件。

(2) 掌握用 $Na_2C_2O_4$ 作基准物质标定 $KMnO_4$ 标准溶液浓度的原理和方法。

二、实验原理

市售的 $KMnO_4$ 中含有少量的 MnO_2 和其他杂质，如硫酸盐、氯化物及硝酸盐等。蒸馏水中也含有微量还原性物质，它们可与 $KMnO_4$ 反应而析出 $MnO(OH)_2$（MnO_2 的水合物），产生的 MnO_2 和 $Mn(OH)_2$ 又能进一步促进 $KMnO_4$ 分解，光线也能促进其分解。因此，$KMnO_4$ 标准溶液不能用直接法配制。

标定 $KMnO_4$ 溶液的基准物质有 $Na_2C_2O_4$、$H_2C_2O_4 \cdot 2H_2O$、$(NH_4)_2Fe(SO_4)_2 \cdot 6H_2O$（俗称莫尔盐）、$As_2O_3$ 和纯铁丝等。其中 $Na_2C_2O_4$ 不含结晶水，容易提纯，没有吸湿性，是常用的基准物质。

在酸性溶液中，$C_2O_4^{2-}$ 与 MnO_4^- 的反应：

$$2MnO_4^- + 5C_2O_4^{2-} + 16H^+ = 2Mn^{2+} + 10CO_2\uparrow + 8H_2O$$

此反应在室温下进行得很慢，必须加热至 75～85 ℃以加快反应的进行。但温度也不宜过高，否则容易引起草酸分解：

$$H_2C_2O_4 = H_2O + CO_2\uparrow + CO\uparrow$$

滴定中，最初几滴 $KMnO_4$，即使在加热情况下，与 $C_2O_4^{2-}$ 反应仍然很慢，当溶液中产生 Mn^{2+}以后，反应速率才逐渐加快，因为 Mn^{2+}对反应有催化作用，这种现象称为自动催化作用。

在滴定过程中，溶液必须保持一定的酸度，否则容易产生 MnO_2 沉淀，引起误差。调节酸度必须用硫酸，因盐酸中 Cl^-有还原性，硝酸中 NO_3^- 又有氧化性，乙酸酸性太弱，达不到所需要的酸度，所以都不适用。滴定时适宜的酸度约为 $c_{H^+} =$

1 mol/L。

由于 $KMnO_4$ 溶液本身具有特殊的紫红色，滴定时 $KMnO_4$ 溶液稍微过量，即可看到溶液呈微红色，表示达到终点。$KMnO_4$ 称为自身指示剂。

三、仪器和试剂

仪器：台秤（0.1 g）；天平（0.1 mg）；试剂瓶（棕色）；酸式滴定管（棕色，50 mL）；锥形瓶（250 mL）；移液管（10 mL、25 mL）。

试剂：H_2SO_4（6 mol/L）；$KMnO_4$（A.R.）；$Na_2C_2O_4$（A.R.）。

四、实验内容

1. 0.02 mol/L $KMnO_4$ 溶液的配制

用台秤称取 $KMnO_4$ 固体约 1.7 g 溶于 500 mL 蒸馏水中。盖上表面皿，加热至沸并保持微沸状态 1 h。在室温下放置 7～10 天，使各种还原性物质完全氧化。用微孔玻璃漏斗（3 号或 4 号）过滤，滤液储存于棕色试剂瓶中。

2. 0.02 mol/L $KMnO_4$ 溶液浓度的标定

准确称取 0.13～0.15 g 基准试剂 $Na_2C_2O_4$，置于 250 mL 锥形瓶中，加蒸馏水 40 mL 使之溶解。加入 3 mol/L H_2SO_4 溶液 10 mL，加热至 75～85 ℃，趁热用 $KMnO_4$ 溶液滴定，刚开始反应较慢，滴入一滴 $KMnO_4$ 溶液后，不断摇动，待溶液褪色后，再加第二滴 $KMnO_4$，随着反应速率的加快，滴定速度也可逐渐加快，滴定至溶液呈现微红色并持续 0.5 min 不褪色即为终点，平行测定三份，同时做空白实验。

五、实验数据记录和处理

$$c_{KMnO_4} = \frac{m_{Na_2C_2O_4}}{V_{KMnO_4} \times \frac{5}{2} M_{Na_2C_2O_4}} \times 1000(\text{mol/L})$$

表 6-12　$KMnO_4$ 溶液浓度的标定

标定次数	1	2	3
$m_{Na_2C_2O_4}$ / g			
V_{KMnO_4} / mL			
V_0 / mL			
c_{KMnO_4} /（mol / L）			
$\bar{c}_{KMnO_4}$ /（mol / L）			
相对平均偏差/%			

六、注意事项

(1) 正确控制滴定速度，滴定速度要和反应速率一致，开始慢，逐渐加快(但不能过快，否则就会有 MnO_2 生成，实验失败)，近终点时滴定速度逐渐放慢。

(2) 滴定近等量点时，溶液温度应不低于 60 ℃，否则因反应速率慢而影响终点的观察和准确度。

七、思考题

(1) $KMnO_4$ 标准溶液为什么不能直接配制？

(2) 配好的 $KMnO_4$ 溶液为什么要放置一周后才能标定？

(3) 标定 $KMnO_4$ 溶液时，为什么第一滴 $KMnO_4$ 颜色褪色很慢，而以后会逐渐加快？

(4) $KMnO_4$ 溶液的标定为什么需在强酸性溶液中，并在加热的情况下进行？酸度过低对滴定有何影响？温度过高又有何影响？

实验二十九　工业双氧水 H_2O_2 含量的测定

一、实验目的

(1) 掌握高锰酸钾标准溶液的配制和标定方法。

(2) 学习高锰酸钾法测定过氧化氢含量的方法。

二、实验原理

H_2O_2 是医药、卫生行业上广泛使用的消毒剂，它在酸性溶液中能被 $KMnO_4$ 定量氧化而生成氧气和水，其反应如下：

$$5H_2O_2+2MnO_4^-+6H^+ = 2Mn^{2+}+8H_2O+5O_2\uparrow$$

滴定在酸性溶液中进行，开始时反应速率慢，滴入的 $KMnO_4$ 溶液褪色缓慢，待 Mn^{2+} 生成后，Mn^{2+} 的催化作用加快了反应速率。

生物化学中，也常利用此法间接测定过氧化氢酶的活性。在血液中加入一定量的 H_2O_2，由于过氧化氢酶能使 H_2O_2 分解，作用完后，在酸性条件下用标准 $KMnO_4$ 溶液滴定剩余的 H_2O_2，即可了解酶的活性。

三、仪器和试剂

仪器：台秤(0.1 g)；天平(0.1 mg)；试剂瓶(棕色)；酸式滴定管(棕色，50 mL)；锥形瓶(250 mL)；移液管(10 mL、25 mL)。

试剂：H_2SO_4(3 mol/L)；$KMnO_4$；$Na_2C_2O_4$ (A.R.)；双氧水。

四、实验内容

1. 0.02 mol/L $KMnO_4$溶液的配制和标定

见实验二十八。

2. H_2O_2含量的测定

用吸量管吸取 1.00 mL 双氧水样品(市售的 H_2O_2 含量约 30%)，置于 250 mL 容量瓶中，加水稀释至标线，混合均匀。

吸取 25 mL 上述稀释液三份，分别置于三个 250 mL 锥形瓶中，各加入 5 mL 3 mol/L H_2SO_4，用 $KMnO_4$ 标准溶液滴定，当溶液由无色变为浅红色，30 s 不褪色即为终点。计算样品中 H_2O_2 的含量：

$$w_{H_2O_2} = \frac{5\times(c\times V)_{KMnO_4}\times M_{H_2O_2}}{2\times V_{试样}}\times 100\%$$

五、实验数据记录和处理

1. $KMnO_4$溶液的标定

表 6-13　$KMnO_4$溶液的标定

项目	1	2	3
$m_{Na_2C_2O_4}$ / g			
V_{KMnO_4} / mL			
c_{KMnO_4} / (mol / L)			
相对偏差			
$\bar{c}_{KMnO_4}$ / (mol / L)			

2. H_2O_2含量的测定

表 6-14　H_2O_2含量的测定

项目	1	2	3
$V_{试样}$ / mL			
V_{KMnO_4} / mL			
$w_{H_2O_2}$ / %			
相对偏差			
$\bar{w}_{H_2O_2}$ / %			

六、注意事项

(1) $KMnO_4$溶液在加热及放置时，均应盖上表面皿。

(2) $KMnO_4$ 作为氧化剂通常是在 H_2SO_4 酸性溶液中进行，不能用 HNO_3 或 HCl 来控制酸度。在滴定过程中如果发现棕色浑浊，通常是酸度不足引起的，应立即加入稀 H_2SO_4，如已达到终点，应重做实验。

(3) 开始滴定时反应速率较慢，所以要缓慢滴加，待溶液中产生了 Mn^{2+}后，由于 Mn^{2+}对反应的催化作用，反应速率加快，这时滴定速度可加快，但注意不能过快，近终点时更需小心地缓慢滴入。

七、思考题

(1) 用 $KMnO_4$ 法测定双氧水中 H_2O_2 的含量时，溶液能否加热？为什么？

(2) $KMnO_4$ 测定滴定分析为什么要在酸性介质中进行？能否用 HNO_3 或 HCl 代替 H_2SO_4 调节溶液的酸度？

(3) 本实验过滤 $KMnO_4$ 溶液用砂芯漏斗，能否用定量滤纸过滤？

(4) 用 $Na_2C_2O_4$ 标定 $KMnO_4$ 溶液浓度时，酸度过高或过低有无影响？溶液的温度过高或过低对测定有何影响？

(5) 配制 $KMnO_4$ 溶液时为什么要把溶液煮沸？配好的溶液为什么要过滤后才能使用？

实验三十　高锰酸钾法测定废水 COD

一、实验目的

(1) 掌握高锰酸钾法滴定的原理及方法。

(2) 学习高锰酸钾法测定废水 COD 的方法。

二、实验原理

化学需氧量(COD)是以化学方法测量水样中需要被氧化的还原性物质的量。在一定条件下，以氧化 1 L 水样中还原性物质所消耗的氧化剂的量为指标，折算成每升水样全部被氧化后需要的氧的毫克数，以 mg/L 表示。它反映了水中受还原性物质污染的程度。该指标也作为有机物相对含量的综合指标之一。

测定水 COD 的方法有高锰酸盐指数法(COD_{Mn})和重铬酸钾氧化法(COD_{Cr})。高锰酸钾指数法是指在水样中加入硫酸使其呈酸性后，加入一定量的高锰酸钾溶液，并在沸水浴中加热反应一定的时间，剩余的高锰酸钾加入过量草酸钠溶液还原，再用高锰酸钾溶液回滴过量的草酸钠，通过计算求出高锰酸盐指数。

三、仪器和试剂

仪器：全玻璃回流装置；电炉；酸式滴定管；锥形瓶；移液管；容量瓶。

试剂：高锰酸钾标准溶液；草酸钠；1∶3 硫酸。

（1）高锰酸钾溶液[$c(1/5\ KMnO_4)$=0.1 mol/L]：称取 3.2 g 高锰酸钾溶于 1.2 L 水中，加热煮沸，使体积减少到约 1 L，放置过夜，用 G-3 砂芯漏斗过滤后，滤液储于棕色瓶中保存。

（2）高锰酸钾溶液[$c(1/5\ KMnO_4)$=0.01 mol/L]：吸取 25 mL 上述高锰酸钾溶液，用水稀释至 250 mL，储于棕色瓶中。使用前进行标定，并调节至 0.01 mol/L 准确浓度。

（3）草酸钠标准溶液[$c(1/2Na_2C_2O_4)$=0.1 mol/L]：称取 0.6705 g 在 105～110 ℃烘干 1 h 并冷却的草酸钠溶于水，移入 100 mL 容量瓶中，用水稀释至标线。

（4）草酸钠标准溶液[$c(1/2Na_2C_2O_4)$=0.01 mol/L]：吸取 10.00 mL 上述草酸钠溶液移入 100 mL 容量瓶中，用水稀释至标线。

四、实验内容

（1）取 100 mL 混匀水样(如高锰酸盐指数高于 5 mg/L，则酌量少取，并用水稀释至 100 mL)于 250 mL 锥形瓶中。

（2）加入 5 mL 硫酸(1∶3)，摇匀。

（3）加入 10.00 mL 0.01 mol/L 高锰酸钾溶液，摇匀，立即放入沸水浴中加热 30 min(从水浴重新沸腾起计时)。沸水浴液面要高于反应溶液的液面。

（4）取下锥形瓶，趁热加入 10.00 mL 0.01 mol/L 草酸钠标准溶液，摇匀，立即用 0.01 mol/L 高锰酸钾溶液滴定至显微红色，记录高锰酸钾溶液消耗量。

（5）高锰酸钾溶液浓度的标定：将上述已滴定完毕的溶液加热至 60～70 ℃，准确加入 10.00 mL 草酸钠标准溶液(0.01 mol/L)，再用 0.01 mol/L 高锰酸钾溶液滴定至显微红色。记录高锰酸钾溶液的消耗量，按照下式求得高锰酸钾溶液的校正系数(K)：

$$K=\frac{10.00}{V}$$

式中，V 为高锰酸钾溶液消耗量，mL。若水样经稀释时，应同时另取 100 mL 水，同水样操作步骤进行空白实验。

五、注意事项

（1）在水浴加热完毕后，溶液仍应保持淡红色，如变浅或全部褪去，说明高锰酸钾的用量不够。此时，应将水样稀释倍数加大后再测定。

（2）在酸性条件下，草酸钠和高锰酸钾的反应温度应保持在 60～80 ℃，所以滴定操作必须趁热进行，若溶液温度过低，需适当加热。

(3) 碱性溶液中测定 COD(适用于 Cl^-大于 100 mg/L 水样)：移取适量试样于 250 mL 锥形瓶中，用蒸馏水稀至 100 mL，加入 2 mL 10% 氢氧化钠、10.00 mL 高锰酸钾标准液，加热煮沸 10 min，加入 5 mL 1∶3 硫酸和 10.00 mL 草酸钠标准溶液，用高锰酸钾标准溶液滴至微红色，30 s 不褪色即为终点。

六、数据处理

1. 水样不经稀释

$$\mathrm{COD_{Mn}}(\mathrm{O_2},\mathrm{mg/L})=\frac{[(10+V_1)K-10]\times c_{\mathrm{KMnO_4}}\times 8\times 1000}{100}$$

式中，V_1 为滴定水样时高锰酸钾溶液的消耗量，mL； K 为校正系数；8 为氧(1/2 O_2)摩尔质量。

2. 水样经稀释

$$\mathrm{COD_{Mn}}\ (\mathrm{O_2},\mathrm{mg/L})=\frac{\{[(10+V_1)K-10]-[(10+V_0)K-10]C\}\times c_{\mathrm{KMnO_4}}\times 8\times 1000}{V_2}$$

式中，V_0 为空白实验中高锰酸钾溶液消耗量，mL；V_2 为水样量，mL；C 为稀释的水样中含水的比值，如 10.00 mL 水样用 90 mL 水稀释至 100 mL，则 C=0.90。

七、思考题

(1) 标定 $KMnO_4$ 时，滴定操作应注意哪些问题？

(2) 加热煮沸 10 min 应如何控制？时间要求是否严格？为什么？

(3) 酸性溶液测定 COD 时，若加热煮沸出现 MnO_2，为什么需要重做？而碱性溶液测定 COD 时，出现绿色或 MnO_2 却是允许的，原因何在？

八、知识链接：COD 的基本知识和重铬酸钾法测定 COD

化学需氧量(chemical oxygen demand，COD)是在一定的条件下，采用一定的强氧化剂处理水样时所消耗的氧化剂量。它是表示水中还原性物质多少的一个指标。水中的还原性物质有各种有机物、亚硝酸盐、硫化物、亚铁盐等，但主要的是有机物。因此，COD 又往往作为衡量水中有机物质含量多少的指标。COD 越大，说明水体受有机物的污染越严重。COD 的测定随着测定水样中还原性物质以及测定方法的不同，其测定值也有不同。目前应用最普遍的是酸性高锰酸钾氧化法与重铬酸钾氧化法。高锰酸钾($KMnO_4$)法：氧化率较低，但比较简便，在测定水样中有机物含量的相对比较值时可以采用。重铬酸钾($K_2Cr_2O_7$)法：氧化率高，再现性好，适用于测定水样中有机物的总量。有机物对工业水系统的危害很大。

含有大量有机物的水在通过除盐系统时会污染离子交换树脂，特别容易污染阴离子交换树脂，使树脂交换能力降低。有机物在经过预处理时(混凝、澄清和过滤)约可减少 50%，但在除盐系统中无法除去，故常通过补给水带入锅炉，使炉水 pH 降低。有时有机物还可能带入蒸汽系统和凝结水中，使 pH 降低，造成系统腐蚀。在循环水系统中，有机物含量高会促进微生物繁殖。因此，不管对除盐、炉水或循环水系统，COD 都是越低越好，但并没有统一的限制指标。在循环冷却水系统中 COD($KMnO_4$法)>5mg/L 时，水质已开始变差。

1. 重铬酸钾法测定 COD 原理

重铬酸钾法是在水样中加入一定量的重铬酸钾和催化剂硫酸银，在强酸性介质中加热回流一定时间，部分重铬酸钾被水样中可氧化物质还原，用硫酸亚铁铵滴定剩余的重铬酸钾，根据消耗重铬酸钾的量计算 COD 的值。

2. 重铬酸钾标准法测定步骤

1）硫酸亚铁铵标定

准确吸取 10.00 mL 重铬酸钾标准溶液于 250 mL 锥形瓶中，加水稀释至 110 mL 左右，缓慢加入 10 mL 浓硫酸，摇匀。冷却后，加入 3 滴试亚铁灵指示液约 0.15 mL，用硫酸亚铁铵溶液滴定，溶液的颜色由黄色经蓝绿色至红褐色即为终点。

2）测定

取 20 mL 水样，加入 10 mL 的重铬酸钾，装上回流装置，再加入 30 mL 硫酸银，加热回流 2 h。冷却后，用 90.00 mL 水冲洗冷凝管壁，取下锥形瓶。溶液再度冷却后，加 3 滴试亚铁灵指示液，用硫酸亚铁铵标准溶液滴定，溶液的颜色由黄色经蓝绿色至红褐色即为终点，记录硫酸亚铁铵标准溶液的用量。测定水样的同时，取 20.00 mL 重蒸馏水，按同样操作步骤做空白实验。记录滴定空白时硫酸亚铁铵标准溶液的用量。

3）计算

$$\mathrm{COD_{CrO_2}}(\mathrm{mg/L}) = 8\times1000V_0 - V_1\times c/V$$

3. 注意事项

(1) 使用 0.4 g 硫酸汞络合氯离子的最高量可达 40 mg，如取用 20.00 mL 水样，即最高可络合 2000 mg/L 氯离子浓度的水样。若氯离子的浓度较低，也可少加硫酸汞，保持硫酸汞：氯离子=10：1。若出现少量氯化汞沉淀，并不影响测定。

(2) 本方法测定 COD 的范围为 50～500 mg/L。对于 COD 小于 50 mg/L 的水

样，应改用 0.0250 mol/L 重铬酸钾标准溶液。回滴时用 0.01 mol/L 硫酸亚铁铵标准溶液。对于 COD 大于 500 mg/L 的水样应稀释后再测定。

(3) 水样加热回流后，溶液中重铬酸钾剩余量应为加入量的 1/5～4/5 为宜。

(4) 用邻苯二甲酸氢钾标准溶液检查试剂的质量和操作技术时，每克邻苯二甲酸氢钾的理论 COD_{Cr} 为 1.176 g，所以溶解 0.4251 g 邻苯二甲酸氢钾于重蒸馏水中，转入 1000 mL 容量瓶，用重蒸馏水稀释至标线，使之成为 500 mg/L 的 COD_{Cr} 标准溶液，用时新配。

(5) COD_{Cr} 的测定结果应保留三位有效数字。

(6) 每次实验时，应对硫酸亚铁铵标准滴定溶液进行标定，室温较高时尤其注意其浓度的变化。

实验三十一 维生素 C 药片中维生素 C 含量的测定

一、实验目的

(1) 掌握碘溶液的配制和标定方法。

(2) 掌握直接碘量法测定维生素 C 含量的原理和方法。

二、实验原理

氧化还原滴定法是利用氧化还原反应为基础的容量分析方法。几乎所有元素和许多有机化合物的含量都能直接或间接地利用氧化还原法进行测定，因此它的应用范围极为广泛。根据所用氧化剂种类的不同，氧化还原法可以分成高锰酸钾法、重铬酸钾法、碘量法和溴酸钾法等。

I_2/I^- 电对的标准电极电势为 0.535 V，因此 I_2 是较弱的氧化剂，只能与较强的还原剂作用；而 I^- 是中等强度的还原剂，能与许多强氧化剂及一般中等强度的氧化剂作用。由于这些特点，碘量法在生产实践中获得了广泛的应用。

维生素 C 又称抗坏血酸，分子式为 $C_6H_8O_6$，通常用于防治坏血病及各种慢性传染病的辅助治疗。市售维生素 C 药片含淀粉等添加剂。由于维生素 C 分子中的烯二醇基具有较强的还原性，故能被 I_2 定量地氧化成二酮基：

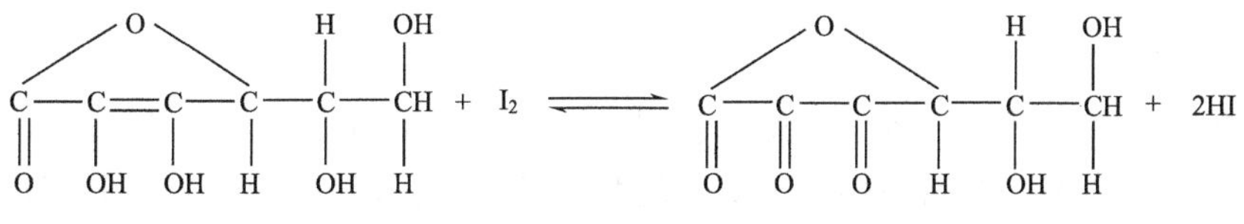

$$C_6H_8O_6 + I_2 = C_6H_6O_6 + 2HI$$

1 mol 维生素 C 与 1 mol I_2 定量反应，维生素 C 的摩尔质量为 176.12 g/mol。

维生素 C 的半反应为

$$C_6H_8O_6 = C_6H_6O_6 + 2H^+ + 2e^- \qquad \varphi^\ominus = +0.18\ V$$

维生素 C 的还原性较强，在空气中极易被氧化，尤其在碱性介质中更甚，所以测定时加入 HAc 使溶液呈弱酸性，减少维生素 C 的副反应，避免引起实验误差。

I_2 溶液的浓度可以由已知浓度的 $Na_2S_2O_3$ 标准溶液滴定，以淀粉溶液为指示剂，滴定至蓝色刚好消失即为终点，它们之间发生如下反应：

$$2S_2O_3^{2-} + I_2 = S_4O_6^{2-} + 2I^-$$

根据以上反应，可计算出药片中维生素 C 的含量：

$$w_{C_6H_8O_6} = \frac{c_{I_2} V_{I_2} M_{C_6H_8O_6}}{m_{维生素C药片}} \times 100\%$$

三、仪器和试剂

仪器：研钵；锥形瓶；酸式滴定管；500 mL 大烧杯；50 mL、10 mL 量筒。

试剂：维生素 C 药片；新煮沸过的冷蒸馏水；$Na_2S_2O_3$ 标准溶液(0.04 mol/L)；淀粉溶液(0.5%)； HAc 溶液(2 mol/L)；I_2 溶液(0.02 mol/L)。

四、实验内容

1. I_2 溶液的配制

称取 6.5 g 碘和 18 g KI 于烧杯中，加 100 mL 蒸馏水研磨，待完全溶解后，转入棕色试剂瓶中，用水洗涤烧杯和玻璃棒两三次，洗涤液一并装入试剂瓶中，稀释至 500 mL，摇匀。

2. I_2 溶液的标定

准确吸取 $Na_2S_2O_3$ 标准溶液 25.00 mL 三份，分别置于 250 mL 锥形瓶中，加水 50 mL，淀粉溶液 2 mL，用 I_2 溶液滴定成稳定的蓝色，0.5 min 内不褪色即为终点。然后计算 I_2 溶液的浓度，相对偏差不超过±0.5%。

3. 维生素 C 含量的测定

将维生素 C 药片用研钵研成粉末，用电子天平准确称取三份粉末，每份 0.15～0.2 g。在 250 mL 锥形瓶中，加入新煮沸过的冷蒸馏水 100 mL、2 mol/L HAc 溶液 1 mL、淀粉溶液 2 mL，然后将称好的维生素 C 放入溶解。待维生素 C 完全溶解后，立即用 I_2 标准溶液滴定至呈稳定的蓝色，即为终点。

五、实验数据记录和处理

1. I_2 溶液的标定

表 6-15　I_2 溶液的标定

项目	$c_{Na_2S_2O_3标液}$ = 0.04 mol/ L		
	1	2	3
$V_{初}$ / mL			
$V_{终}$ / mL			
V_{I_2} / mL			
c_{I_2} / (mol / L)			
$\bar{c}_{I_2}$ / (mol / L)			

2. 维生素 C 含量的测定

表 6-16　维生素 C 含量的测定

项目	c_{I_2}=0.02 mol/ L		
	1	2	3
$m_{维生素C}$ / g			
$V_{初}$ / mL			
$V_{终}$ / mL			
V_{I_2} / mL			
$w_{维生素C}$ / %			
$\bar{w}_{维生素C}$ / %			

六、思考题

（1）测定维生素 C 的含量为什么要在 HAc 介质中进行？

（2）溶解维生素 C 试样为什么要用新煮沸过的冷蒸馏水？

七、知识链接：$Na_2S_2O_3$ 溶液的配制和标定

硫代硫酸钠一般都含有少量杂质，如 S、Na_2SO_4、Na_2CO_3、NaCl 等，同时还容易风化和潮解，因此不能直接配制。通常用 $Na_2S_2O_3·5H_2O$ 配制标准溶液，用基准物标定。由于 $Na_2S_2O_3$ 遇酸即迅速分解产生 S，配制时若水中含 CO_2 较多，则 pH 偏低，容易使配制的 $Na_2S_2O_3$ 变浑浊。另外，水中若有微生物也能慢慢分解 $Na_2S_2O_3$。因此，配制 $Na_2S_2O_3$ 通常用新煮沸放冷的蒸馏水，并先在水中加入

少量 Na_2CO_3，然后把 $Na_2S_2O_3$ 溶于其中。

标定 $Na_2S_2O_3$ 溶液可用 $KBrO_3$、KIO_3、$K_2Cr_2O_7$ 等氧化剂，$K_2Cr_2O_7$ 用得最多。标定时采用置换碘法，使 $K_2Cr_2O_7$ 先与过量的 KI 作用，再用待标定的 $Na_2S_2O_3$ 溶液滴定析出的 I_2。第一步反应为

$$Cr_2O_7^{2-} + 14H^+ + 6I^- \longequal 3I_2 + 2Cr^{3+} + 7H_2O$$

在酸度较低时此反应完成较慢，若酸度太强，又有使 KI 被空气氧化成 I_2 的危险。因此必须注意酸度的控制，并避光放置 5 min，此反应才能定量完成，析出的 I_2 再以淀粉溶液为指示剂，用 $Na_2S_2O_3$ 溶液滴定。第二步反应为

$$I_2 + 2S_2O_3^{2-} = 2I^- + S_4O_6^{2-}$$

$K_2Cr_2O_7$ 与 $Na_2S_2O_3$ 的计量关系为：1 mol $K_2Cr_2O_7$ 生成 3 mol I_2，需 6 mol $Na_2S_2O_3$。定量反应，即为 1∶6。

实验三十二　葡萄糖含量的测定

一、实验目的

学会间接碘量法测定葡萄糖含量的原理和方法，进一步掌握返滴定法操作技能。

二、实验原理

I_2 与 NaOH 作用可生成次碘酸钠(NaIO)，NaIO 可将葡萄糖($C_6H_{12}O_6$)分子中的醛基定量地氧化为羧基。未与葡萄糖作用的 NaIO 在碱性溶液中歧化生成 NaI 和 $NaIO_3$，当酸化时 $NaIO_3$ 又恢复成 I_2 析出，用 $Na_2S_2O_3$ 标准溶液滴定析出的 I_2，从而可计算出葡萄糖的含量。涉及的反应如下：

I_2 与 NaOH 作用生成 NaIO 和 NaI：　$I_2 + 2OH^- = IO^- + I^- + H_2O$

$C_6H_{12}O_6$ 和 NaIO 定量作用：　$C_6H_{12}O_6 + IO^- = C_6H_{12}O_7 + I^-$

总反应式：　$I_2 + C_6H_{12}O_6 + 2OH^- = C_6H_{12}O_7 + 2I^- + H_2O$

未与葡萄糖作用的 NaIO 在碱性溶液中歧化成 NaI 和 $NaIO_3$：

$$3IO^- = IO_3^- + 2I^-$$

在酸性条件下，$NaIO_3$ 又生成 I_2：

$$IO_3^- + 5I^- + 6H^+ = 3I_2 + 3H_2O$$

用 $Na_2S_2O_3$ 滴定析出的 I_2：$I_2 + 2S_2O_3^{2-} = S_4O_6^{2-} + 2I^-$

在上述过程中，反应物之间有如下计量关系：

$$I_2 \sim IO^- \sim C_6H_{12}O_6 \qquad I_2 \sim 2S_2O_3^{2-}$$

$$\rho_{C_6H_{12}O_6} = \frac{[(cV)_{I_2} - \frac{1}{2}(cV)_{Na_2S_2O_3}] \times M_{C_6H_{12}O_6}}{V_{C_6H_{12}O_6}} \quad (g/L)$$

三、仪器和试剂

仪器：分析天平；台秤；烧杯；酸式滴定管；碱式滴定管；容量瓶(250 mL)；移液管(25 mL)；锥形瓶(250 mL)；碘量瓶(250 mL)。

试剂：I_2 (s，A.R.)；KI (s，A.R.)；$Na_2S_2O_3$ (s，A.R.)；Na_2CO_3 (s，A.R.)；$K_2Cr_2O_7$ (s，A.R.；于 140 ℃电烘箱中干燥 2 h，储于干燥器中备用)；KI(20%)；HCl(6 mol/L)；淀粉溶液(0.5 %)；NaOH(2 mol/L)；葡萄糖试样(0.05%)。

四、实验内容

移取 25.00 mL 葡萄糖试液于碘量瓶中，从酸式滴定管中加入 25.00 mL I_2 标准溶液，边摇动边缓慢加入 2 mol/L NaOH 溶液，直至溶液呈浅黄色。将碘量瓶加塞并放置 10～15 min 后，加 2 mL 6 mol/L HCl 使其呈酸性，立即用 $Na_2S_2O_3$ 溶液滴定至溶液呈淡黄色时，加入 2 mL 淀粉指示剂，继续滴定至蓝色消失即为终点。平行测定三份，计算试样中葡萄糖的含量，要求相对平均偏差小于 0.3 %。

五、实验数据记录和处理

1. I_2 溶液的标定

表 6-17　I_2 溶液的标定

实验编号	1	2	3
$c_{Na_2S_2O_3标液}$ / (mol/ L)			
$V_{初}$ / mL			
$V_{终}$ / mL			
V_{I_2} / mL			
c_{I_2} / (mol/L)			
$\bar{c}_{I_2}$ / (mol/L)			

2. 葡萄糖含量的测定

表 6-18　葡萄糖含量的测定

c_{I_2} / (mol/L)			
V_{I_2} / mL	25		
$V_{Na_2S_2O_3前}$ / mL			
$V_{Na_2S_2O_3后}$ / mL			
$V_{Na_2S_2O_3}$ / mL			
$w_{葡萄糖}$ / %			
$\bar{w}_{葡萄糖}$ / %			

六、注意事项

（1）配制碘溶液时一定要待 I_2 完全溶解后再稀释。做完实验后，剩余的 I_2 溶液应倒入回收瓶中。

（2）碘易受有机物的影响，不可使用软木塞、橡皮塞，并应储存于棕色瓶内避光保存。配制和装液时应戴上手套。I_2 溶液不能装在碱式滴定管中。

（3）本方法可视作葡萄糖注射液中葡萄糖含量的测定。测定时可视注射液的浓度将其适当稀释。

（4）无碘量瓶时可用锥形瓶盖上表面皿代替。

（5）加 NaOH 的速度不能过快，否则过量 NaIO 来不及氧化 $C_6H_{12}O_6$ 就歧化成与 $C_6H_{12}O_6$ 反应的 $NaIO_3$ 和 NaI，使测定结果偏低。

七、思考题

（1）配制 I_2 溶液时加入过量 KI 的作用是什么？

（2）I_2 溶液应装入哪种滴定管中？为什么？装入滴定管后弯月面看不清，应如何读数？

（3）为什么在氧化葡萄糖时滴加 NaOH 的速度要慢，且加完后要放置一段时间，而在酸化后则要立即用 $Na_2S_2O_3$ 标准溶液滴定？

（4）I_2 溶液浓度的标定和葡萄糖含量的测定中均用到淀粉指示剂，各步骤中淀粉指示剂加入的时机有什么不同，为什么？

实验三十三　铁矿石中全铁含量的测定

一、实验目的

（1）掌握 $K_2Cr_2O_7$ 标准溶液的配制及使用。

（2）学习酸溶法分解铁矿试样的方法和氧化还原滴定预处理的方法。

（3）学习 $K_2Cr_2O_7$ 测定全铁含量的原理和方法（无汞法）。

二、实验原理

铁矿石的种类很多，具有炼铁价值的矿石主要有磁矿（Fe_3O_4）、赤铁矿（Fe_2O_3）和菱铁矿（$FeCO_3$）等。

试样一般用盐酸溶解后，首先在热的浓盐酸中用 $SnCl_2$ 将大部分 Fe^{3+} 还原为 Fe^{2+}，再用 $TiCl_3$ 还原剩余的 Fe^{3+}，反应方程式为

$$2Fe^{3+} + SnCl_4^{2-} + 2Cl^- = 2Fe^{2+} + SnCl_6^{2-}$$

$$Fe^{3+} + Ti^{3+} + H_2O = Fe^{2+} + TiO^{2+} + 2H^+$$

当全部Fe^{3+}定量转化为Fe^{2+}之后，稍过量的$TiCl_3$即可使溶液中作为指示剂的Na_2WO_4由无色还原为蓝色的W(V)，俗称钨蓝。然后用少量的稀$K_2Cr_2O_7$溶液将过量的钨蓝氧化，使蓝色恰好消失。预处理后在硫磷混酸介质中，以二苯胺磺酸钠为指示剂，用$K_2Cr_2O_7$标准溶液滴定至溶液呈现紫色，即为终点。反应方程式为

$$Cr_2O_7^{2-}+6Fe^{2+}+14H^+ = 2Cr^{3+}+6Fe^{3+}+7H_2O$$

定量还原Fe^{3+}时，不能单独使用$SnCl_2$。因为$SnCl_2$不能还原W(Ⅵ)至W(V)，无法指示预还原的终点，因此无法准确控制其用量，而过量的$SnCl_2$又没有适当的无汞法消除。但也不能单独用$TiCl_3$还原Fe^{3+}，因在溶液中引入较多的钛盐，当用水稀释时，大量的Ti(Ⅵ)易水解而生成沉淀，影响测定，故只能采用$SnCl_2$-$TiCl_3$联合预还原法。

滴定过程中不断有Fe^{3+}生成，在HCl介质中$FeCl_4^-$为黄色，对终点的观察有干扰，通常加入磷酸，与Fe^{3+}生成稳定的无色络合物$Fe(HPO_4)_2^-$，消除了Fe^{3+}的影响。同时由于生成$Fe(HPO_4)_2^-$络合物，降低了溶液中Fe^{3+}的浓度，从而降低了Fe^{3+}/Fe^{2+}电极电位，使化学计量点的电位突跃增大(从0.93～1.34 V变为0.71～1.34 V)，避免了二苯胺磺酸钠指示剂(变色时的条件电位为0.85 V)过早变色，提高了滴定准确度。

$SnCl_2$-$TiCl_3$-$K_2Cr_2O_7$无汞法测铁避免了有汞法对环境的污染，目前已列为铁矿石分析的国家标准。

三、仪器和试剂

仪器：酸式滴定管(50 mL)；锥形瓶(250 mL)；烧杯；电炉；电子天平。

试剂：$K_2Cr_2O_7$(s，基准试剂或优级纯，于140 ℃干燥2 h，储存于干燥器中)；浓盐酸；硫磷混酸(将150 mL浓硫酸缓缓加入700 mL水中，冷却后再加入150 mL浓磷酸)；10% Na_2WO_4水溶液；5% $SnCl_2$溶液(称取5 g $SnCl_2 \cdot H_2O$溶于100 mL 1∶1盐酸中，使用前一天配制)；1.5% $TiCl_3$溶液(100 mL 150 g/L $TiCl_3$溶液 ＋200 mL 1∶1盐酸 ＋700 mL水，储存于棕色瓶中)；0.2%二苯胺磺酸钠水溶液；铁矿石试样。

四、实验内容

1. 0.01 mol/L $K_2Cr_2O_7$标准溶液的配制

准确称量$K_2Cr_2O_7$固体0.7～0.8 g于100 mL小烧杯中，加适量的水溶解后定量转入250 mL容量瓶中，用水稀释至刻度，摇匀。计算其准确浓度。

2. 铁试样的处理及测定

准确称取约 0.12 g 铁矿石试样三份，分别置于 250 mL 锥形瓶中，用少量的水润湿，加入 10 mL 浓盐酸，并滴加 5～6 滴 $SnCl_2$ 溶液助溶。盖上表面皿，在近沸的水浴中加热至残渣变为白色时，表明试样溶解完全，此时溶液呈橙黄色。用少量水洗表面皿和锥形瓶内壁。

趁热用滴管小心滴加 $SnCl_2$ 溶液以还原 Fe^{3+}，边滴边摇，直到溶液由棕黄色变为浅黄色，表明大部分 Fe^{3+} 已被还原。加入 4 滴 Na_2WO_4 和 60 mL 水，加热。在摇动下逐滴加入 $TiCl_3$ 至溶液出现稳定的浅蓝色。冲洗瓶壁，并用自来水冲洗锥形瓶外壁使溶液冷却至室温。小心滴加稀释 10 倍的 $K_2Cr_2O_7$ 溶液，至蓝色刚刚消失。

在试液中加入 15 mL 硫磷混酸，再加入 5～6 滴二苯胺磺酸钠指示剂，立即用 $K_2Cr_2O_7$ 标准溶液滴定至溶液呈稳定的紫色，即为终点。计算铁矿石中铁的质量分数和相对平均偏差。

$$w_{Fe} = \frac{6c_{K_2Cr_2O_7}V_{K_2Cr_2O_7}M_{Fe}}{m_s} \times 100\%$$

五、实验数据记录和处理

铁试样中铁含量的计算填入表 6-19。

表 6-19　铁试样中铁含量的计算

项目	1	2	3
$m_{K_2Cr_2O_7}$/g			
$c_{K_2Cr_2O_7}$/(mol/L)			
$m_{试样}$/g			
$V_{K_2Cr_2O_7体积终读数}$/mL			
$V_{K_2Cr_2O_7体积始读数}$ / mL			
$V_{消耗K_2Cr_2O_7的体积}$ / mL			
w_{Fe}/%			
$\overline{w}_{Fe}$ / %			

六、注意事项

(1) $SnCl_2$ 还原 Fe^{3+} 时，溶液体积不能过大，盐酸浓度不能太小，温度不能低于 60 ℃，否则用 $SnCl_2$ 还原反应速率很慢，颜色变化不易观察。

(2) $TiCl_3$ 还原 Fe^{3+} 时，溶液温度不能太低，否则反应速率慢，易使 $TiCl_3$ 过量。

(3) 钨蓝是钨的低价氧化物，很不稳定，有时水中的溶解氧未除尽，加入水后钨蓝立即被氧化而消失，或者加入水后放置一下，钨蓝消失。故最好将蒸馏水煮沸除去其中的氧。

(4) Fe^{2+}在磷酸介质中极易被氧化，在钨蓝褪色 1 min 内应立即滴定。放置太久测定结果偏低。

七、思考题

(1) 为什么 $K_2Cr_2O_7$ 可以直接配制标准溶液？

(2) 分解铁矿石时，为什么要在低温下进行？如果加热至沸会对结果产生什么影响？

(3) 以 $K_2Cr_2O_7$ 溶液滴定 Fe^{2+}时，加入 H_3PO_4 的作用是什么？

八、知识链接：铁矿石的基本知识

1. 名称及定义

在理论上来说，凡是含有铁元素或铁化合物的矿石都可以称为铁矿石，但是在工业上或者商业上来说，铁矿石不但要含有铁的成分，而且必须有利用的价值。

2. 性状及产地

1) 性状

铁都是以化合物的状态存在于自然界中，尤其是以氧化铁的状态存在的量特别多。现在介绍几种比较重要的铁矿石。

(1) 磁铁矿(magnetite)：是一种氧化铁的矿石，主要成分为 Fe_3O_4，是 Fe_2O_3 和 FeO 的复合物，呈黑灰色，相对密度约为 5.15，含 Fe 72.4%，O 27.6%，具有磁性。在选矿(beneficiation)时可利用磁选法，处理非常方便。但是由于其结构细密，故被还原性较差。经过长期风化作用后即变成赤铁矿。

(2) 赤铁矿(hematite)：也是一种氧化铁的矿石，主要成分为 Fe_2O_3，呈暗红色，相对密度约为 5.26，含 Fe 70%，O 30%，是最主要的铁矿石。由其本身结构状况的不同又可分成很多类别，如赤色赤铁矿(red hematite)、镜铁矿(specular hematite)、云母铁矿(micaceous hematite)、黏土质赤铁(red ocher)等。

(3) 褐铁矿(limonite)：是含有氢氧化铁的矿石。它是针铁矿(goethite) $HFeO_2$ 和纤铁矿(lepidocrocite) FeO(OH)两种不同结构矿石的统称，也有人将其主要成分的化学式写成 $mFe_2O_3 \cdot nH_2O$，呈现土黄色或棕色，含有 Fe 约 62%，O 27%，H_2O 11%，相对密度为 3.6～4.0，多半是附存在其他铁矿石之中。

(4) 菱铁矿(siderite)：是含有碳酸铁的矿石，主要成分为 $FeCO_3$，呈现青灰色，相对密度在 3.8 左右。这种矿石多半含有相当多数量的钙盐和镁盐。由于碳酸根在高温 800～900 ℃时会吸收大量的热而放出二氧化碳，所以一般先把这一类矿石加以焙烧之后再加入鼓风炉。

(5) 铁的硅酸盐矿(silicate iron)：此类矿石是一种复合盐，没有一定的化学式，成分的变化很大，一般呈深绿色，相对密度为 3.8 左右，含铁成分很低，是一种较差的铁矿石。

(6) 硫化铁矿(sulphide iron)：这种矿石含有 FeS_2，含 Fe 只有 46.6%，而 S 的含量达到 53.4%。呈现灰黄色，相对密度为 4.95～5.10。由于这种矿石常含有许多其他较贵重的金属如铜(copper)、镍(nickel)、锌(zinc)、金(gold)、银(silver)等，所以常被用作金属冶炼工业的原料；又由于它含有大量的硫，常被用来提制硫磺，铁反而变成了副产品，所以事实上已不能称为铁矿石。

2) 产地

我国铁矿分布主要集中在辽宁、四川、河北、北京、山西、内蒙古、山东、河南、湖北、云南、安徽、吉林、黑龙江、上海、江苏、浙江、福建、江西、湖南、广东、广西、海南、贵州、西藏、陕西、甘肃、青海、宁夏和新疆等 29 个省、市、自治区。

国外世界铁矿资源集中在澳大利亚、巴西、俄罗斯、乌克兰、哈萨克斯坦、印度、美国、加拿大、南非等国。

实验三十四　自来水中氯离子含量的测定(莫尔法)

一、实验目的

(1) 学习莫尔法测定氯离子含量的原理。

(2) 掌握测定氯离子的条件和方法。

二、实验原理

某些可溶性氯化物中氯含量的测定常采用莫尔法。此法是在中性或弱碱性溶液中，以 K_2CrO_4 为指示剂，用 $AgNO_3$ 标准溶液进行滴定。由于 AgCl 的溶解度比 Ag_2CrO_4 的小，因此溶液中首先析出 AgCl 沉淀，当 AgCl 定量析出后，过量的 $AgNO_3$ 溶液即与 CrO_4^{2-} 生成砖红色 Ag_2CrO_4 沉淀，表示达到终点。主要反应式如下：

$$Ag^+ + Cl^- \Longrightarrow AgCl\downarrow(白色) \qquad K_{sp}=1.8\times10^{-10}$$

$$2Ag^+ + CrO_4^{2-} \Longrightarrow Ag_2CrO_4\downarrow(砖红色) \qquad K_{sp}=2.0\times10^{-12}$$

滴定必须在中性或在弱碱性溶液中进行，最适宜 pH 范围为 6.5～10.5，如有铵盐存在，溶液的 pH 范围最好控制在 6.5～7.2。

指示剂的用量对滴定有影响，一般以 5.0×10^{-3} mol/L 为宜，凡是能与 Ag^+生成难溶化合物或配合物的阴离子都干扰测定。如 AsO_4^{3-}、AsO_3^{3-}、S^{2-}、CO_3^{2-}、

$C_2O_4^{2-}$等，其中 H_2S 可加热煮沸除去，将SO_3^{2-}氧化成SO_4^{2-}后不再干扰测定。大量 Cu^{2+}、Ni^{2+}、Co^{2+}等有色离子将影响终点的观察。凡是能与CrO_4^{2-}指示剂生成难溶化合物的阳离子也干扰测定，如 Ba^{2+}、Pb^{2+}能与CrO_4^{2-}分别生成 $BaCrO_4$ 和 $PbCrO_4$ 沉淀。Ba^{2+}的干扰可加入过量 Na_2SO_4 消除。Al^{3+}、Fe^{3+}、Bi^{3+}、Sn^{4+} 等高价金属离子在中性或弱碱性溶液中易水解产生沉淀，也不应存在。

三、仪器和试剂

仪器：酸式滴定管；锥形瓶；容量瓶；吸量管；分析天平。

试剂：NaCl 基准试剂；0.1 mol/L $AgNO_3$；5％ K_2CrO_4 溶液。

四、实验内容

1. 0.01 mol/L $AgNO_3$ 溶液的标定

准确称取 0.35～0.40 g 基准试剂 NaCl 于小烧杯中，用蒸馏水溶解后，转入 250 mL 容量瓶中，加水稀释至刻度，摇匀。准确移取 25.00 mL NaCl 标准溶液注入锥形瓶中，加入 25 mL 水，加入 1 mL 5％ K_2CrO_4，在不断摇动下，用 $AgNO_3$ 溶液滴定至呈砖红色即为终点。

2. 试样分析

准确移取 25.00 水样注入锥形瓶中，加入 1 mL 5％ K_2CrO_4，在不断摇动下，用 $AgNO_3$ 溶液滴定至呈砖红色即为终点，平行测定三份。

根据试样的质量和滴定中消耗 $AgNO_3$ 标准溶液的体积计算试样中 Cl^-的含量。

五、实验数据记录和处理

表 6-20　自来水中氯离子含量的测定

项目	1	2	3
c_{AgNO_3} /(mol/L)			
$V_{自来水}$ /mL			
V_{AgNO_3} / mL			
w_{Cl^-} /%			
$\overline{w}_{Cl^-}$ /%			
相对平均偏差/%			

六、思考题

（1）莫尔法测 Cl^-时，为什么溶液的 pH 须控制在 6.5～10.5？

（2）以 K_2CrO_4 作指示剂时，指示剂浓度过大或过小对测定结果有何影响？

（3）能否用莫尔法以 NaCl 标准溶液直接滴定 Ag^+？为什么？

（4）配制好的 $AgNO_3$ 溶液要储于棕色瓶中，并置于暗处，为什么？

实验三十五　钡盐中钡含量的测定——重量分析法

一、实验目的

（1）了解重量分析法测定钡含量的基本原理和方法。

（2）了解重量分析法的一般分析步骤和方法。

二、实验原理

Ba^{2+}能生成一系列难溶化合物，如 $BaCO_3$、BaC_2O_4、$BaCrO_4$ 和 $BaSO_4$ 等，其中以 $BaSO_4$ 的溶解度最小(K_{sp}=1.1×10^{-10})，并且很稳定，其组成与化学式相符，符合重量分析对沉淀的要求。所以通常以 $BaSO_4$ 为沉淀形式和称量形式测定 Ba^{2+} 或 SO_4^{2-}。

$$Ba^{2+} + SO_4^{2-} = BaSO_4\downarrow$$

为了得到粗大的 $BaSO_4$ 晶形沉淀，将钡盐溶液用稀 HCl 酸化，加热近沸并在不断搅拌的情况下，缓慢地加入热的沉淀剂稀 H_2SO_4 溶液，沉淀经陈化、过滤、洗涤、灼烧，最后称量，即可求得试样中 Ba^{2+}的含量。

三、仪器和试剂

仪器：分析天平；漏斗；瓷坩埚；马弗炉；干燥器；定量滤纸。

试剂：$BaCl_2·2H_2O$ 试样；HCl(2 mol/L)；H_2SO_4(1 mol/L)；$AgNO_3$(1 mol/L)；HNO_3(2 mol/L)。

四、实验内容

1. 试样的溶解和沉淀

在分析天平上准确称取 $BaCl_2·2H_2O$ 试样 0.5～0.6 g 两份，分别置于 250 mL 烧杯中，各加蒸馏水 70 mL，搅拌溶解(注意：玻璃棒应于过滤、洗涤完毕后才取出)。加入 2 mol/L HCl 溶液 4 mL，在石棉网上加热近沸(勿使沸腾溅失)。

取 1 mol/L H_2SO_4 溶液 3 mL 两份，分别置于两个小烧杯中，加水 30 mL，加热至沸，趁热将稀 H_2SO_4 用滴管逐滴加入试样溶液中，并不断搅拌。沉淀作用完毕，待 $BaSO_4$ 沉淀下沉，于上层清液中加入 H_2SO_4 1～2 滴，观察是否有白色沉淀，以检验其沉淀是否完全。盖上表面皿，将沉淀在水浴中加热 0.5 h，放置冷却后过滤。

2. 沉淀的过滤和洗涤

取慢速定量滤纸两张，按漏斗角度的大小折好滤纸，使其与漏斗很好地贴合，以蒸馏水润湿，并使漏斗颈内保持水柱；将漏斗放置于漏斗架上，漏斗下面各放一个清洁的烧杯。小心地把沉淀上面清液沿玻璃棒倾入漏斗中，再用倾泻法洗涤沉淀三四次，每次用 20～30 mL 洗涤液(3 mL 1 mol/L H_2SO_4，用 200 mL 蒸馏水稀释即成)。最后，小心地将沉淀定量转移至滤纸上，以洗涤液洗涤沉淀，直到洗液不含 Cl^- 为止(收集数滴于表面皿上，加稀 HNO_3 1 滴，用 $AgNO_3$ 检验)。

3. 沉淀的灼烧和称量

取一洁净带盖的坩埚在 800～850 ℃下灼烧，恒量后，记下坩埚的质量。将盛有沉淀的滤纸折成小包，放入已恒量的坩埚中，在电炉上灰化后放入 800～850 ℃的高温炉中灼烧 1 h，取出置于干燥器内冷却，称量；再第二次灼烧 10～15 min，冷却，称量，直至恒量。

4. 样品中钡含量的计算

$$w_{Ba} = \frac{137.33 \times m_{BaSO_4}}{233.37 \times m_{样}} \times 100\%$$

五、思考题

(1) 重量分析法中，沉淀剂一般过量多少？

(2) 沉淀 $BaSO_4$ 时，为什么要在热的稀溶液中进行？不断搅拌的目的是什么？

(3) 洗涤 $BaSO_4$ 沉淀时，为什么要用洗涤液洗，而不直接用蒸馏水洗？

实验三十六 植物或肥料中钾含量的测定

一、实验目的

(1) 学习测定植物或肥料中钾含量的原理和方法。

(2) 掌握沉淀、过滤、洗涤及灼烧等质量分析技术。

二、实验原理

植物或肥料中的钾经过处理后，取一定的溶液，加入四苯硼钠试剂，发生如下沉淀反应：

$$Na[B(C_6H_5)_4] + K^+ \Longrightarrow K[B(C_6H_5)_4] + Na^+$$

所得沉淀经过过滤、洗涤、烘干后，于分析天平上称量，并换算成 K_2O 的质量。上述反应是在碱性介质中进行的，铵离子的干扰可用甲醛掩蔽，金属离子的干扰可用乙二胺四乙酸二钠盐掩蔽。

三、仪器和试剂

仪器：瓷坩埚；烧杯；微孔吸滤坩埚；无灰滤纸；烘箱；电炉等。

试剂：1 mol/L HNO_3；0.1 mol/L 乙二胺四乙酸二钠；1%酚酞；0.5 mol/L NaOH；2 mol/L HCl；四苯硼钾饱和溶液；0.1 mol/L 四苯硼钠(3.4 g 溶于 100 mL 水中，用时新配)。

四、实验内容

1. 植物肥料溶液的制备

1）植物样品溶液的制备

准确称取植物样品 1 g，置于瓷坩埚内，于 400～450 ℃下灰化数小时，样品冷却后，加入 1 mol/L HNO_3 15 mL，放在沙浴上蒸发至干，再放回 450 ℃高温炉中，10～20 min 可得完全灰化的灰分。灼烧完毕冷却后，加入 2 mol/L HCl 10 mL，转动坩埚，使所有灰分进入 HCl 溶液中，再加 10 mL 蒸馏水，放在沙浴上温热 15～20 min(注意不要沸腾)，冷却后，将坩埚内溶液及不溶物用无灰滤纸滤入 100 mL 容量瓶中，残渣用酸化蒸馏水(每升蒸馏水加 2～3 mL 浓 HCL)洗涤五六次，洗涤溶液洗入同一容量瓶中，最后以蒸馏水稀释至刻度，摇匀后，留作测定钾用。

2）肥料样品溶液的制备

准确称取无机肥料约 0.5 g 于 250 mL 烧杯中，加入少量热蒸馏水，溶解后，用无灰滤纸过滤，将杯内残渣及溶液转入 100 mL 容量瓶中，残渣及烧杯内壁用热蒸馏水洗涤五六次，洗涤溶液洗入同一容量瓶中，最后以蒸馏水稀释至刻度，摇匀后，留作测定钾用。

2. 植物或肥料中钾含量的测定

准确移取植物或肥料制备溶液 10～20 mL(视 K_2O 多少而定)于 150 mL 烧杯中，加入 5 mL 25%甲醛溶液和 10 mL 0.1 mol/L 乙二胺四乙酸二钠，摇匀加入 2 滴 1%酚酞指示剂，用 0.5 mol/L NaOH 溶液滴定至淡红色为止。然后将溶液加热至 40 ℃，逐滴加入 0.1 mol/L 四苯硼钠溶液 5 mL，并搅拌 2～3 min。静止 30 s 后，用 5 号微孔吸滤坩埚过滤，用四苯硼钾饱和溶液洗涤数次，最后用蒸馏水洗涤坩埚及沉淀两次(每次约 5 mL)，抽干，将坩埚于 120 ℃干燥，烘至恒量。

根据沉淀的质量计算试样中氧化钾的含量。

$$w_{K_2O} = \frac{\dfrac{m_{沉淀}}{M_{沉淀}} \times \dfrac{1}{2} \times \dfrac{V_{总}}{V_{取}} \times M_{K_2O}}{m_{肥料}} \times 100\%$$

五、思考题

(1) 如何确定对氧化钾的换算因数？

(2) 为什么在碱性介质中加入四苯硼钠？

实验三十七　食盐中碘含量的测定

一、实验目的

(1) 了解 752 型分光光度计的构造和使用方法。

(2) 掌握用分光光度法测定碘含量的原理和方法。

二、实验原理

食盐中碘以 KIO_3 形式存在，KIO_3 在酸性条件下被 KI 还原成单质 I_2：

$$IO_3^- + 5I^- + 6H^+ \!=\!=\!= 3I_2 + 3H_2O$$

生成的 I_2 与淀粉作用生成蓝色化合物，此化合物对 595 nm 波长的单色光具有最大吸收，通过测定其对 595 nm 波长的吸光度 A，可求得食盐中碘的含量。

三、仪器和试剂

仪器：752 型分光光度计；电子天平；2 mL、5 mL、10 mL 吸量管；容量瓶。

试剂：100 μg/mL KIO_3 储备液；1 mol/L H_2SO_4 溶液；KI-淀粉混合液；加碘食盐。

四、实验内容

1. 溶液的配制

(1) 用 10 mL 吸量管取 10 mL100 μg/mL KIO_3 储备液，置于 100 mL 容量瓶中，用蒸馏水定容，摇匀，得 10 μg/mL KIO_3 标准溶液。

(2) 取序号为 1～6 的 6 个 50 mL 容量瓶，用吸量管分别吸取 10 μg/mL KIO_3

标准溶液 0.00 mL、1.00 mL、2.00 mL、3.00 mL、4.00 mL 和 5.00 mL 于各容量瓶中，然后各加 1 mol/L H_2SO_4 溶液 3 mL，摇匀，再各加入 2 mL KI-淀粉混合液，显色后静置 2 min，最后稀释至刻度。

2. 吸收曲线的绘制

在 752 型分光光度计上，用 1 cm 比色皿，以 1 号为参比溶液，在 540～620 nm 每隔 10 nm 测定一次待测溶液（5 号）的吸光度（在 570～600 nm，间隔 5 nm 测量一次），确定最大吸收波长。

3. 标准曲线的绘制

以 1 号为参比溶液，在最大吸收波长下测定 2～6 号溶液的吸光度。以 1～6 号 KIO_3 的浓度（μg/mL）为横坐标，相应的吸光度为纵坐标，绘制标准曲线。

4. 食盐中碘含量的测定

准确称取 0.7 g 碘盐，在烧杯中加水溶解后定量转移至 50 mL 容量瓶中，稀释至刻线，摇匀。按照上述 1 中标准溶液相同的操作方法对试液进行显色，并测定其吸光度。根据吸光度从标准曲线上查出试液中的碘含量，进而求算出食盐中的碘的含量，以 μg/g 表示。

五、实验数据记录和处理

1. 确定最大吸收波长 λ_{max}（5 号溶液）

表 6-21　确定最大吸收波长

λ/nm	540	550	560	570	575	580	585	590	595	600	610	620
A												

2. 标准曲线的绘制

表 6-22　标准曲线的绘制

项目	1	2	3	4	5	6	7（待测）
V_{KIO_3} 标准溶液（10 μg/mL）/mL	0	1	2	3	4	5	
吸光度 A							

3. 食盐中碘含量的计算

$$w_{KIO_3} = m_x / m_{样品}\ (\mu g/g)$$

式中，w 为样品中碘酸钾含量；m_x 为从标准曲线上查得的测定用样液中的 KIO_3 质量，μg；$m_{样品}$为样品质量，g。

实验三十八 邻二氮菲分光光度法测定微量铁

一、实验目的

(1) 掌握邻二氮菲分光光度法测定铁的原理及方法。

(2) 熟悉吸收曲线的绘制方法，正确选择测量波长。

(3) 掌握标准曲线的制作方法，并计算曲线的线性回归方程。

二、实验原理

以分光光度法测定试样中微量铁时，能与铁生成有色配合物的显色剂很多，有邻二氮菲(又称邻菲咯啉)及其衍生物、磺基水杨酸、硫氰酸盐等。其中邻二氮菲分光光度法的灵敏度高、稳定性好，干扰容易消除，因而是目前普遍采用的一种方法。此法也是化工产品中微量铁测定的通用方法。

在 pH＝2～9 的溶液中，邻二氮菲(phen)与 Fe^{2+}生成橙红色配合物 $Fe(phen)_3^{2+}$，铁含量在 0.6～1μg/mL 之间服从朗伯-比尔定律，反应如下：

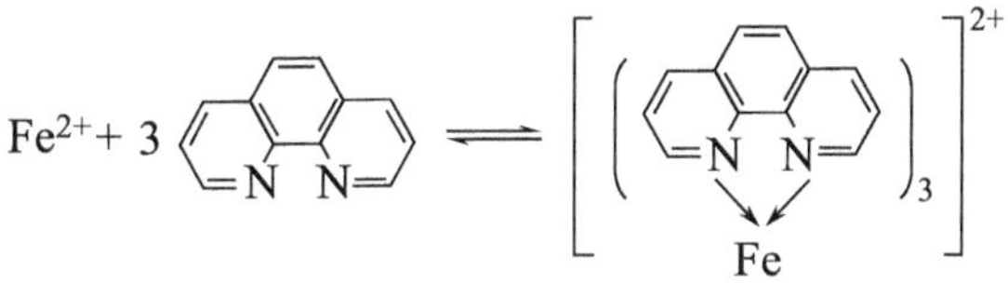

此配合物 $\lg K_{稳}$=21.3，摩尔吸光系数 $\varepsilon_{508}=1.1\times10^4$ L/(mol · cm)。

Fe^{3+}也可与邻二氮菲作用形成淡蓝色配合物，但是其稳定性较差，因此在实际应用中，常加入还原剂，使 Fe^{3+}还原为 Fe^{2+}，再与显色剂邻二氮菲作用。通常用盐酸羟胺作还原剂，反应式为

$$2Fe^{3+}+2NH_2OH\cdot HCl = 2Fe^{2+}+N_2\uparrow+4H^++2H_2O+2Cl^-$$

测定时，酸度过高，反应进行较慢；酸度太低，则 Fe^{2+}易水解，影响显色。因此，一般选择在 pH＝5～6 的微酸性溶液中进行。

三、仪器和试剂

仪器：752 型分光光度计；50 mL 容量瓶 7 个；1 mL、2 mL、5 mL 吸量管。

试剂：10 μg/ mL 铁标准溶液；10%盐酸羟胺溶液(因其不稳定，需临时配制)；0.1%邻二氮菲溶液(新配制)；1 mol/L NaAc 溶液。

四、实验内容

1. 绘制吸收曲线并选择测量波长

用吸量管吸取 10 μg/mL 的铁标准溶液 10.00 mL 于 50 mL 容量瓶中，依次加入 1 mL 盐酸羟胺溶液、2 mL 邻二氮菲溶液和 5 mL 浓度为 1 mol/L NaAc 溶液(每加入一种试剂都要摇匀)，用水稀释至刻度，充分摇匀。另取 50 mL 容量瓶 1 个，不加铁标准溶液，其他试剂及用量与前者相同，同样用水稀释至刻度，充分摇匀，作为空白参比溶液。放置 10 min，显色完全后，用 1 cm 比色皿以空白溶液为参比，在 440～560 nm 的波长范围内，每间隔 10 nm 测一次吸光度，在最大吸收峰附近，每间隔 5 nm 测一次吸光度(每改变一次波长，必须重新校正吸光率为“0”和“100%”)。以波长为横坐标，吸光度 *A* 为纵坐标，绘制吸收曲线。从吸收曲线上选择测定 Fe 的适宜波长。

表 6-23　吸收曲线的绘制

波长/nm	440	450	460	470	480	490	500	505
吸光度 *A*								
波长/nm	510	515	520	525	530	540	550	560
吸光度 *A*								

2. 绘制标准曲线(工作曲线)

用吸量管吸取 10 μg/mL 的铁标准溶液 0.00 mL、2.00 mL、4.00 mL、6.00 mL、8.00 mL、10.00 mL，分别注入 6 个已编号的 50 mL 容量瓶中，依次分别加入 1 mL 盐酸羟胺溶液、2 mL 邻二氮菲溶液和 5 mL NaAc 溶液，用水稀释至刻度，充分摇匀。放置 10 min，显色完全后，用 1 cm 比色皿，以 1 号溶液为参比，在选定的测量波长下，测定各溶液的吸光度。以铁含量为横坐标，吸光度 *A* 为纵坐标，绘制标准曲线。根据最小二乘法原理，计算出标准曲线的线性回归方程及其相关系数。

表 6-24　标准曲线的绘制

项目	1	2	3	4	5	6	7(待测)
$V_{铁标准溶液}$/mL	0	2	4	6	8	10	5
吸光度 *A*							

3. 测定试样中的铁含量

用吸量管吸取 5.00 mL 铁试液注入 50 mL 容量瓶中，同法加入试剂，显色后，测定其吸光度。根据标准曲线的线性回归方程，计算试液中铁的含量(单位为 μg/mL)。

五、思考题

(1) 邻二氮菲吸光光度法测定铁时，为什么要加入盐酸羟胺溶液?

(2) 制作标准曲线和进行其他条件实验时，加入试剂的顺序能否任意改变?

(3) 吸收曲线与标准曲线有何区别? 在实际应用中有何意义?

(4) 根据自己的实验数据所得的线性回归方程，重新算出一组(铁含量、吸光度)数据计算配合物的摩尔吸光系数。

实验三十九　土壤中总磷含量的测定

一、实验目的

(1) 掌握用分光光度法测定总磷含量的原理和方法。

(2) 掌握朗伯-比尔定律及其应用。

(3) 熟练掌握 752 型分光光度计的使用。

二、实验原理

高温条件下，土壤中含磷矿物及有机磷化合物在浓 H_2SO_4 和 $HClO_4$ 作用下完全分解，全部转化为正磷进入溶液，用钼锑抗显色，使形成的黄色锑磷钼杂多酸还原成蓝色的磷钼蓝，进行比色测定。

三、仪器和试剂

仪器：分析天平；752 型分光光度计；50 mL 容量瓶 7 个；吸量管；漏斗；烧杯。

试剂：浓 H_2SO_4；1 moL/L H_2SO_4；4 moL/L NaOH；70%～72% $HClO_4$；二硝基酚；钼锑抗显色剂；5×10^{-5} g/g 磷标准溶液。

二硝基酚：0.2 g 2,6-二硝基酚溶于 100 mL 蒸馏水中。

钼锑抗显色剂：酒石酸锑钾 0.5 g 溶于 100 mL 蒸馏水中，得 0.5%的溶液。另取浓硫酸 153 mL 缓慢加入 400 mL 水中，搅拌、冷却。10 g 钼酸铵溶于 60 ℃的 300 mL 水中，冷却。然后将硫酸溶液缓慢倒入钼酸铵溶液中，边加边搅动。再将 0.5%酒石酸锑钾 100 mL 加入钼酸铵溶液中，最后用水稀释至 1 L，充分摇匀，储存于棕色瓶中，得到钼锑储存液。临用前称取 1.5 g 抗坏血酸溶于 100 mL 钼锑储存液中，混匀，此即为钼锑抗显色剂，此溶液须随用随配，有效期一天。

5×10^{-5} g/g 磷标准溶液：称取 0.2195 g KH_2PO_4(分析纯，105 ℃烘 2 h)溶于

400 mL 水中，加入浓硫酸 5 mL，转入 1 L 容量瓶中，用水定容，摇匀，此溶液可长期保存。

四、实验内容

1. 待测液的制备

准确称取过 100 目筛的风干土壤样品 0.25～0.5 g 置于 50 mL 锥形瓶中，以少量水湿润后，加 8 mL 浓硫酸，摇匀后，滴加 10 滴 70%～72% $HClO_4$，摇匀，瓶口倒扣一小漏斗，置于电炉上加热消煮，至锥形瓶内溶液开始转变为白色后，继续消煮 20 min，全部消煮时间为 30～60 min。在样品消解的同时做一个试剂空白实验(所用试剂同上，不加土样，同样消煮)。

将冷却后的消煮溶液小心地洗入 100 mL 容量瓶中，冲洗时用水应少量多次，轻轻摇动容量瓶，待溶液完全冷却后，加水稀释至刻度。用干燥漏斗和无磷滤纸过滤入干燥的 100 mL 锥形瓶中，同时做空白实验。

2. 磷标准曲线绘制

用吸量管准确吸取 5×10^{-6} g/g 磷标准溶液 0.00 mL、1.00 mL、2.00 mL、4.00 mL、6.00 mL、8.00 mL、10.00 mL 于 7 个 50 mL 容量瓶中，加水稀释至约 30 mL，加入钼锑抗显色剂 5 mL，最后用水定容至 50 mL，摇匀，即得一系列不同浓度的磷标准溶液。30 min 后与待测液同时比色，以 1 号为参比溶液，在最大吸收波长 700 nm 下测定 2～6 号溶液的吸光度。以 1～6 号磷标准溶液的含量(1×10^{-6} g/g)为横坐标，相应的吸光度为纵坐标，绘制标准曲线。

3. 磷含量的测定

移取上述待测液 10 mL 或 20 mL(磷含量在 2×10^{-5}～3×10^{-5} g/g 为好)，置于 50 mL 容量瓶中，加水稀释至约 30 mL，加二硝基酚指示剂 1～2 滴，滴加 4 mol/L NaOH 溶液直至溶液转为黄色，再加 1 mol/L H_2SO_4 使溶液的黄色刚刚褪去，然后加入钼锑抗显色剂 5 mL，再加水定容至 50 mL，摇匀。在室温高于 15 ℃的条件下放置 30 min 后，比色，以空白实验溶液为参比调零，测定溶液的吸光度。从标准曲线上查出试液中的磷含量。

4. 分析结果的计算

$$w_{\mathrm{P}}=\frac{m\times10^{-6}\times\text{显色液体积}\times\text{分取倍数}}{G}\times100\%$$

式中，m 为从标准曲线上查出的磷含量(1×10^{-6} g/g)；显色液体积为 50 mL；分取倍数为消煮溶液定容体积/吸取消煮溶液体积；G 为风干土样质量，g。

第 7 章　物质制备与分析

实验四十　二氧化碳相对分子质量的测定

一、实验目的

(1) 学习气体相对密度法测定相对分子质量的原理和方法。

(2) 加深理解理想气体状态方程和阿伏伽德罗定律。

(3) 掌握启普发生器的使用和熟悉气体的洗涤、干燥方法。

二、实验原理

根据阿伏伽德罗定律，在同温同压下，同体积的任何气体含有相同数目的分子，若以 m_A、m_B 分别代表两种气体 A、B 的质量，M_A、M_B 分别代表两种气体 A、B 的相对分子质量。对于 p、V、T 相同的两种气体，其质量之比等于它们的相对分子质量之比，即 $\frac{m_A}{m_B}=\frac{M_A}{M_B}$。这样，只要在同温同压下，测得一定体积的已知相对分子质量(M_A)的气体 A 的质量(m_A)，又测得同体积待测气体 B 的质量(m_B)，便可求出待测气体相对分子质量(M_B)。

本实验是在同温同压下，分别测定同体积的 CO_2 和空气($M_{空气}$=28.98)的质量，计算 CO_2 的相对分子质量：

$$M_{CO_2}=\frac{m_{CO_2}}{m_{空气}}\times M_{空气}$$

式中，m_{CO_2} 是由两次称量求得，称量充满空气的锥形瓶(带塞子)，质量为 $m_1=m_{容器}+m_{空气}$，然后将其充满 CO_2，并在同一温度和压力下称量，质量为 $m_2=m_{容器}+m_{CO_2}$，因此 $m_{CO_2}=(m_2-m_1)+m_{空气}$，$m_{空气}$ 可根据实验时测得的大气压 p、温度 T、盛装气体的锥形瓶的容积 V 利用理想气体状态方程计算得到，即 $m_{空气}=\frac{pVM_{空气}}{RT}$，为了求出瓶的容积，可将瓶内充满水并称其质量 m_3，充满水的瓶(带塞)质量 m_3 和充满空气的瓶(带塞)质量 m_1 之差，即为水与空气的质量之差，近似等于水的质量，则瓶的容积为 $V=\frac{m_{H_2O}}{\rho_{H_2O}}$(水的密度为 1.00 g/mL)，从而可以根据上述有关公式计算出 CO_2 的相对分子质量。

三、仪器和试剂

仪器：磨口锥形瓶；气体发生及净化装置；干燥管；分析天平；温度计；气压计。

试剂：大理石；稀盐酸；饱和碳酸氢钠溶液；硫酸铜溶液；浓硫酸。

四、实验内容

1. 二氧化碳的制备、净化、干燥与收集

如图 7-1 所示，装配好二氧化碳气体发生与净化装置，大理石与稀盐酸在气体发生器中反应生成二氧化碳气体，通过洗气瓶的硫酸铜和洗气瓶饱和碳酸氢钠后，导出的气体即为干燥的纯净的二氧化碳气体。

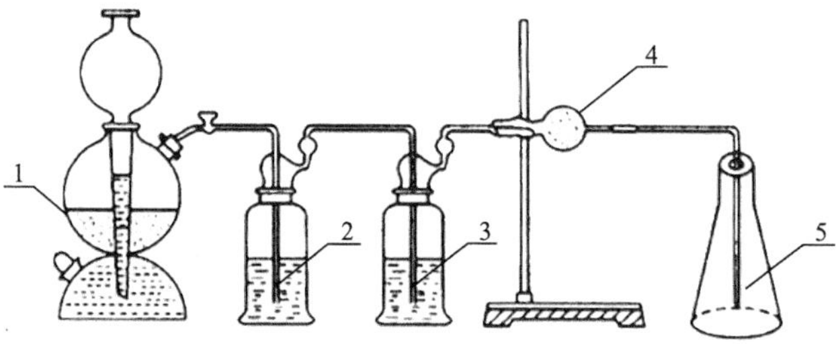

图 7-1　二氧化碳制备、净化装置

1.大理石+稀盐酸；2.硫酸铜溶液；3.饱和碳酸氢钠溶液；4.无水氯化钙和玻璃棉；5.集气瓶

2. 二氧化碳相对分子质量的测定

取一洁净而干燥的锥形瓶，选一个合适的橡皮塞塞紧瓶口，在塞子上做一个记号，以标出塞子塞入瓶内的位置，在分析天平上称量(空气+瓶+塞子)的质量 m_1。

从启普发生器产生的二氧化碳气体，经过硫酸铜溶液、饱和碳酸氢钠溶液、无水氯化钙和玻璃棉的洗涤和干燥后，导入锥形瓶内。因为二氧化碳的密度大于空气，所以必须把导管插入瓶底，才能把瓶内的空气赶尽，1～2 min 后，缓慢取出导管，用塞子塞紧瓶口(塞子塞入瓶口的位置应与上次一样)，在分析天平上称(二氧化碳+塞子+瓶)的质量 m_2。重复收集二氧化碳气体和称量的操作，直至前后两次的质量相差不超过 2 mg 为止。

最后在瓶内装满水，塞紧塞子(塞子的位置与前两次一样)，在台秤上称(水+瓶+塞子)的质量 m_3(准确至 0.1 g)，同时记录室温和大气压的数值。

五、实验数据记录和处理

表 7-1　二氧化碳相对分子质量的测定

<table>
<tr><th colspan="2">项目</th><th>数据</th></tr>
<tr><td colspan="2">实验时的室温/℃</td><td></td></tr>
<tr><td colspan="2">实验时的气压/Pa</td><td></td></tr>
<tr><td colspan="2">充满空气的锥形瓶+塞子的质量 m_1/g</td><td></td></tr>
<tr><td rowspan="4">充满 CO_2 的锥形瓶+塞子的质量</td><td>第一次 m_2/g</td><td></td></tr>
<tr><td>第二次 m_3/g</td><td></td></tr>
<tr><td>第三次 m_4/g</td><td></td></tr>
<tr><td>平均值 m_5/g</td><td></td></tr>
<tr><td colspan="2">水+锥形瓶+塞子的质量 m_6/g</td><td></td></tr>
<tr><td colspan="2">锥形瓶的容积(mL)=(m_6-m_1)/1.00</td><td></td></tr>
<tr><td colspan="2">瓶内空气的质量 $m_{空气}$(g)=$pVM_{空气}/RT$</td><td></td></tr>
<tr><td colspan="2">CO_2 气体的质量 m_{CO_2}(g) = $m_5-m_1+m_{空气}$</td><td></td></tr>
<tr><td colspan="2">CO_2 的相对分子质量 M_{CO_2} =($m_{CO_2}/m_{空气}$)×29.00</td><td></td></tr>
<tr><td colspan="2">M_{CO_2}（文献值）</td><td>44.02</td></tr>
<tr><td colspan="2">相对误差/%</td><td></td></tr>
</table>

六、注意事项

(1) 收集 CO_2 气体时，每次要保证气体收集满锥形瓶，可用一根点燃的火柴置于锥形瓶口进行测试。

(2) 塞子每次要塞入锥形瓶同一位置。

(3) 数据结果计算过程中，注意空气质量的计算。

(4) 称量过程中，空气(CO_2)+锥形瓶+塞子的质量用分析天平，水+锥形瓶+塞子的质量用台秤。

实验四十一　硫酸亚铁铵的制备和检验

一、实验目的

(1) 掌握制备复盐硫酸亚铁铵的方法，了解复盐的特性。

(2) 掌握水浴加热、蒸发、浓缩等基本操作。

(3) 了解目视比色法检验产品质量的方法。

二、实验原理

硫酸亚铁铵俗称莫尔盐，为浅绿色透明晶体，易溶于水，空气中比一般的亚铁铵盐稳定，不易被氧化。由于硫酸亚铁铵在水中的溶解度在 0～60 ℃内比组成它的简单盐硫酸铵和硫酸亚铁要小，因此，只要将它们按一定的比例在水中溶解、混合，即可制得硫酸亚铁铵的晶体，其方法如下：

(1) 将金属铁溶于稀硫酸，制备硫酸亚铁。

$$Fe + H_2SO_4 = FeSO_4 + H_2\uparrow$$

(2) 将制得的硫酸亚铁溶液与等物质的量的$(NH_4)_2SO_4$在溶液中混合，经加热浓缩，冷却后得到溶解度较小的硫酸亚铁铵晶体。

$$FeSO_4 + (NH_4)_2SO_4 + 6H_2O = FeSO_4(NH_4)_2SO_4 \cdot 6H_2O$$

产品中主要的杂质是 Fe^{3+}，产品质量的等级也常以 Fe^{3+}含量多少来评定，本实验采用目测比色法。

三、仪器和试剂

仪器：托盘天平；滤纸；水浴锅(可用大烧杯代替)；温度计；布氏漏斗；抽滤瓶；比色管(25 mL)，移液管，pH 试纸。

试剂：H_2SO_4(3 mol/L)；HCl(3 mol/L)；KSCN(饱和溶液)；$(NH_4)_2SO_4$ (s)；铁粉；乙醇(95%)；$FeNH_4(SO_4)_2 \cdot 12H_2O$(s)。

四、实验内容

1. 硫酸亚铁的制备

称取 2 g 铁粉放在 250 mL 锥形瓶中，加入 15 mL 3 mol/L H_2SO_4(记下液面)，盖上表面皿，在大烧杯中水浴加热(在通风橱中进行)，并不断搅动不使泡沫冒出，当溶液呈灰绿色不冒气泡时(瓶底无黑渣)，可认为铁屑与稀 H_2SO_4 反应基本完全(约需 40 min)，再加入 1 mL 3 mol/L H_2SO_4 溶液。

为减少过滤时 $FeSO_4$ 的损失，趁热用普通漏斗过滤(注意漏斗使用方法)，滤液盛接于干净的蒸发皿中(残渣可用少量水洗两三次)。此时溶液的 pH 应在 1 左右。将留在烧杯中及滤纸上的残渣取出，用滤纸吸干后称量。根据已反应的铁屑质量，计算溶液中 $FeSO_4$ 的理论产量。

2. 硫酸亚铁铵的制备

根据 $FeSO_4$ 的质量和反应式中的计量关系，计算出所需$(NH_4)_2SO_4$的质量和室温下配制$(NH_4)_2SO_4$ 饱和溶液所需要蒸馏水的体积。在烧杯中配制$(NH_4)_2SO_4$的饱和溶液。将$(NH_4)_2SO_4$饱和溶液倒入盛放 $FeSO_4$ 溶液的蒸发皿中(在蒸发皿中放入一洁净铁钉)，用试纸检验溶液的 pH 是否为 1～2。若酸度不够，则用 H_2SO_4 溶液调节。在水浴锅上蒸发混合溶液(水浴加热是为了防止失去结晶水)，浓缩至表面出现晶体膜为止。

从水浴锅上取下蒸发皿，静置，使溶液自然冷却，即有浅绿色的硫酸亚铁铵晶体析出。待冷至室温后(能否不冷至室温)抽滤至干，再用 5 mL 乙醇淋洗晶体，以除去晶体表面上附着的水分(此时应继续抽滤)。

将晶体取出，置于两张干净的滤纸之间，轻压以吸干，称量，并计算产品的理论产量和产率。

3. 产品检验

1) 标准溶液的配制

在分析天平上准确称取 2.1585 g $FeNH_4(SO_4)_2 \cdot 12H_2O$(硫酸高铁铵)，用少量蒸馏水溶解，再加入 10 mL 3 mol/L H_2SO_4，全部转移至 250 mL 容量瓶中，用蒸馏水稀释至刻度、摇匀，此标准溶液每毫升含 Fe^{3+} 1.0 mg。用移液管吸取上述标准溶液 1.25 mL、2.50 mL、5.00 mL 分别放入 3 支 25 mL 比色管中，各加入 1mL 饱和 KSCN 溶液，加不含氧的蒸馏水至 25 mL 刻度线，摇匀，得到溶液中每毫升含 0.05 mg、0.10 mg、0.20 mg 三个级别的 Fe^{3+}标准溶液，分别为Ⅰ级、Ⅱ级、Ⅲ级。

2) Fe^{3+}分析

称取 1.0 g 产品，置于 25 mL 比色管中，加入 15 mL 不含氧的蒸馏水(要提前准备好)溶解，加入 2 mL 3 mol/L HCl 溶液和 1 mL 饱和 KSCN 溶液，继续加不含氧的蒸馏水至 25 mL，摇匀，与标准溶液进行目视比色，确定产品等级。

说明：在进行比色操作时，可在比色管下衬白瓷板。为了消除周围光线的影响，可用白纸包住盛溶液那部分比色管的四周。从上往下观察，对比溶液颜色的深浅程度来确定产品的等级。

五、思考题

(1) 混合溶液如果不加硫酸调节 pH，而是加入一个洁净铁钉，可以吗？

(2) 在铁与硫酸的反应中，浓缩溶液时，为什么采用水浴？

(3) 在计算硫酸亚铁铵的产率时，根据铁的用量还是硫酸铵的用量？

(4) 如何制备不含氧的蒸馏水？为什么配制样品溶液时一定要用不含氧的蒸馏水？

实验四十二　三氯化六氨合钴(Ⅲ)的制备及其组成测定

一、实验目的

(1) 学习配合物三氯化六氨合钴(Ⅲ)的制备方法。

(2) 综合运用水浴加热、溶解、过滤、蒸发、结晶等基本操作。

二、实验原理

通常情况下，二价钴盐要比三价钴盐稳定得多，在水溶液中 Co^{2+}很稳定，而 Co^{3+}基本不存在，但是在形成配合物后，三价钴的配合物却比二价钴的配合物稳定。实验中首先制备出二价钴的配合物，然后采用空气或过氧化氢氧化，就可制备出三价钴的配合物。

氯化钴氨配合物有许多种，制备方法也各不相同。这些配合物有：

$[Co(NH_3)_6]Cl_3$　　三氯化六氨合钴(Ⅲ)，橙黄色晶体

$[Co(NH_3)_5H_2O]Cl_3$　　三氯化一水·五氨合钴(Ⅲ)，砖红色晶体

$[Co(NH_3)_5Cl]Cl_2$　　二氯化一氯·五氨合钴(Ⅲ)，紫红色晶体

本实验是以过氧化氢氧化二氯化六氨合钴(Ⅱ)配合物[氨和氯化铵存在的氯化钴(Ⅱ)溶液]，即可生成三氯化六氨合钴(Ⅲ)。

$$Co^{2+} + 5NH_3 + NH_4^+ + OH^- \!=\!=\!= [Co(NH_3)_6]^{2+} + H_2O$$

$$2[Co(NH_3)_6]^{2+} + H_2O_2 \!=\!=\!= 2[Co(NH_3)_6]^{3+} + 2OH^-$$

即

$$2Co^{2+} + 10NH_3 + 2NH_4^+ + H_2O_2 \!=\!=\!= 2[Co(NH_3)_6]^{3+} + 2H_2O$$

$$2CoCl_2 + 10NH_3 + 2NH_4Cl + H_2O_2 \!=\!=\!= 2[Co(NH_3)_6]Cl_3 + 2H_2O$$

上面的溶液浓缩结晶可得到橙黄色晶体——三氯化六氨合钴(Ⅲ)。

产品检验方法是：配合物检验中一般首先确定外界，配离子通常用加热或改变酸碱性使其破坏后再检验。本实验的检验是对配合物的初步判断，采用的是定性、半定量甚至是估量的分析方法。严格地讲，本实验是推断出配合物的化学式，而不是定量测定出配合物的化学式。测电导性与已知的电解质溶液进行对比，进一步确定其组成。其实该配合物的定量测定并不困难，只是耗时太长。

酸碱性的测定：三氯化六氨合钴(Ⅲ)的水溶液略显碱性。

氯的测定：在溶有一定量晶体的溶液中，滴加硝酸银溶液，根据生成的氯化银的量确定配合物中氯的含量。

钴的测定：用氯化亚锡将 Co(Ⅲ)还原为 Co(Ⅱ)，然后游离的 Co(Ⅱ)与硫氰化钾反应，加戊醇和乙醚以提高生成配合物的稳定性，根据配合物的颜色判断出

中心离子是 Co^{2+}。

$$Co^{2+} + 4SCN^- \xlongequal{\quad} [Co(NCS)_4]^{2-}\ (\text{蓝色})$$

氨的测定：游离的 NH_4^+ 与奈氏试剂反应，生成红褐色的沉淀。

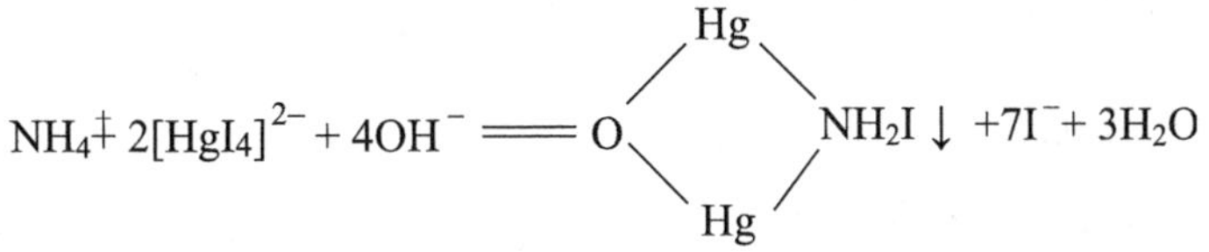

三、仪器和试剂

仪器：电导率仪；量筒；烧杯；锥形瓶(100 mL)；台秤；漏斗；砂芯漏斗(或布氏漏斗)；抽滤瓶；水泵；石棉网；煤气灯；干燥器。

试剂：30% H_2O_2；$NH_3 \cdot H_2O$(浓)；HNO_3(浓)；HCl(浓，6 mol/L)；$AgNO_3$(2 mol/L)；$SnCl_2$(0.5 mol/L)；奈氏试剂；戊醇；乙醚和冰；滤纸。

四、实验内容

1. 三氯化六氨合钴(Ⅲ)的制备

在锥形瓶中将 2 g NH_4Cl 溶于 10 mL 浓氨水中，溶解后分数次加入 4 g $CoCl_2 \cdot 6H_2O$ 粉末，边加边摇，加完后继续摇动使之变成棕色稀浆。在不断摇动情况下滴加 5 mL 30% H_2O_2 溶液，加完后继续摇动至停止气泡。这时慢慢加入 10 mL 浓盐酸，在水浴上加热至 60～70 ℃，恒温 15 min，用冷水冷却混合物，即有晶体析出，选择合适的砂芯漏斗抽滤，用冷的 6 mol/L HCl 洗涤两次，每次控制在 5 mL，抽干，产品置于 105 ℃以下烘干或放在真空干燥器中干燥后称量。

2. 三氯化六氨合钴(Ⅲ)组成的初步推断

(1) 称 0.5 g 的产物于小烧杯中，向烧杯中加 50 mL 蒸馏水，搅拌使其溶解，用 pH 试纸测其酸碱性。

(2) 氯的测定。在 50 mL 的小烧杯中，加 15 mL 上述溶液，慢慢滴加 2 mol/L $AgNO_3$ 溶液并搅动，直至加一滴 $AgNO_3$ 溶液后上部清液中没有沉淀生成为止。然后过滤，往滤液中加 1～2 mL 浓 HNO_3 后搅拌，再滴几滴 $AgNO_3$ 溶液，观察有无沉淀生成。若有，与前面比较沉淀量的多少。

(3) 钴的测定。取 2～3 mL 实验(1)的溶液，加几滴 0.5 mol/L $SnCl_2$ 溶液，振荡后加一粒绿豆大小的硫氰化钾固体，再加 1 mL 戊醇和 1 mL 乙醚，振荡试管，观察上层溶液中的颜色。

(4) 氨的测定。取 2 mL 实验(1)的溶液于试管中，加少量的蒸馏水，再加 2 滴奈氏试剂后观察发生的变化。

(5) 将实验(1)剩下的溶液加热，可看到溶液颜色逐渐加深，最终完全变成棕黑色，停止加热，冷却后用 pH 试纸检验溶液的酸碱性。然后过滤(必要时用双层滤纸)，用其清液分别按实验(3)、实验(4)的要求和步骤再做一次实验。比较实验现象与前者有何不同。

3. 电导率的测定

按照自己初步推断的化学式来配制 100 mL 0.01 mol/L $[Co(NH_3)_6]Cl_3$ 的溶液，然后测定该溶液以及再稀释 10 倍后溶液的电导率，与表 7-2 中的数据进行对比，确定化学式中所含的离子数。通过这些实验能否基本确定配合物的组成？写出该配合物的分子式。

表 7-2　一些物质的电导率

电解质	类型(离子数)	电导率/(S/m)	
		0.01 mol/L	0.001 mol/L
KCl	1-1 型(2)	1230	123
$BaCl_2$	1-2 型(3)	2150	250
$K_3[Fe(CN)_6]$	1-3 型(4)	3400	420

注：电导率的 SI 制单位为 S/m，通常仪器使用 μS/cm 作单位，1 S/m=10^4 μS/cm。

五、注意事项

(1) 在制备过程中必须严格控制温度，当温度在 215 ℃时，$[Co(NH_3)_6]Cl_3$ 将转化为 $[Co(NH_3)_5Cl]Cl_2$；温度高于 250℃时，则被还原为 $CoCl_2$。

(2) 注意制备反应条件的设计，注意防止内界进入 H_2O 和 Cl^-。

六、思考题

(1) 在制备$[Co(NH_3)_6]Cl_3$过程中，为什么在溶液中加了过氧化氢溶液以后，还要在60～70 ℃的温度下恒温一段时间？加完过氧化氢溶液以后为什么要加 10 mL 浓盐酸，而不加 10 mL 稀盐酸？

(2) 要使制备的$[Co(NH_3)_6]Cl_3$的产率高，哪些步骤比较关键？为什么？

七、知识链接

(1) $[Co(NH_3)_6]Cl_3$ 的定量分析方法。

a. 氨含量测定。在分析天平上准确称取 0.2～0.3 g 三氯化六氨合钴(Ⅲ)样品，置于 250 mL 锥形瓶中，加入 80～100 mL 的水溶解。在另一锥形瓶中用移液管准确加入 40.00 mL 标准 HCl 溶液(0.5 mol/L)，将锥形瓶置于冰水浴中。安全漏斗下端固定于一盛有约 4 mL NaOH 溶液(10%)的小试管内，使漏斗柄浸入试管液面下 2～3 mm，整个过程中漏斗柄的出口不能暴露在液面上。试管口的塞子要多钻出一个连通孔，以便试管内与锥形瓶连通。往样品溶液中加入 10 mL 10%NaOH 溶液，塞紧锥形瓶口。以盛有标准 HCl 溶液的锥形瓶为接收器，将氨导管插入该接收器其液面下 20～30 mm。确认装置密封性合乎要求后，加热样品溶液，初用大火，至沸后改为小火，保持微沸状态约 1 h。蒸出全部氨以后，拔掉氨导管，停止加热，用少量水将导管内外可能黏附的溶液洗入锥形瓶内，以甲基红为指示剂，用 0.5 mol/L NaOH 标准溶液滴定剩余 HCl，从而求出样品中氨的含量。

b. 氯含量测定。将本实验总蒸出氨的样品溶液中以中速定量滤纸过滤，并用水洗涤滤纸条及沉淀数次，沉淀供本实验钴含量测定之用。滤液盛接于 250 mL 锥形瓶中并以 HNO_3(6 mol/L) 酸化至 pH 5～6，K_2CrO_4(5%)为指示剂，用标准 $AgNO_3$(0.1 mol/L) 溶液滴定其中 Cl^-含量，从而计算出样品中的氯含量。

c. 钴含量的测定。将本实验中得到的三价氢氧化物沉淀连同滤纸一并转移到 250 mL 碘量瓶中，加 50 mL 水，用玻璃棒将滤纸尽可能地搅碎，加入 1 g 固体 KI，摇荡使其溶解，再加入 12 mL HCl(6 mol/L)酸化，置暗处约 10 min。反应如下：

$$2Co(OH)_3 + 6H^+ + 2I^- \xlongequal{} 2Co^{2+} + I_2 + 6H_2O$$

用 0.1 mol/L 标准 $Na_2S_2O_3$ 滴定析出的 I_2，至滴定溶液为浅黄色时，加 2 mL 淀粉(1%)指示剂继续滴定至蓝色刚好消失为止。依据消耗的标准硫代硫酸钠的体积和浓度，即可计算出样品中钴的含量。为清除滤纸影响，可同时做空白实验。

根据上述分析结果，求出产品的实验式。

(2) 由 NH_4Cl 和 $CoCl_2 \cdot 6H_2O$ 制备 $[Co(NH_3)_6]Cl_3$ 时，若加活性炭具有催化作用，但实验步骤应该重新设计。

称取 6 g NH_4Cl 溶于 12 mL 水中，加热至沸，然后加入 9 g $CoCl_2 \cdot 6H_2O$，溶解后趁热倒入盛有 0.5 g 活性炭的锥形瓶中，用水冷却后加 20 mL 浓氨水，进一步用冰水冷却到 10 ℃以下。慢慢加入 8 mL 30%H_2O_2，在水浴上加热到 60 ℃，恒温 20 min，并不断摇荡，然后用水冷却。加入含有 6 mL 6 mol/L HCl 的 75 mL 水，加热至沸，沉淀溶解后趁热过滤，溶液中慢慢加入 20 mL 6 mol/L HCl，即大量橘黄色晶体析出。用冰水冷却晶体，然后过滤，并用少量冷的稀 HCl 洗涤晶体。抽干后转移到表面皿上，放置，称量，待用。

三氯化六氨合钴(Ⅲ)的制备条件是：以活性炭为催化剂，用 H_2O_2 氧化有 NH_3 及 NH_4Cl 存在的 $CoCl_2$ 溶液。反应式为

$$2CoCl_2 + 2NH_4Cl + 10NH_3 + H_2O_2 \xlongequal{} 2[Co(NH_3)_6]Cl_3 + 2H_2O$$

所得产品$[Co(NH_3)_6]Cl_3$为橘黄色单斜晶体，20 ℃时在水中溶解度为 0.26 mol/L。结晶出的产品若不用冷的盐酸洗涤，可改用 60%乙醇和 95%乙醇各洗涤一次。

实验四十三　胆矾精制及结晶水含量测定

一、实验目的

（1）了解重结晶法提纯物质的原理。

（2）熟练掌握溶解、蒸发、浓缩、常压过滤、减压过滤、沙浴加热、恒量等基本操作。

（3）了解结晶水合物中结晶水含量的测定原理和方法。

二、实验原理

胆矾为硫酸盐类矿物胆矾的晶体，或为人工制成的含水硫酸铜，三斜晶系，颜色为天蓝色或蓝色，有时微带浅绿，半透明至透明，性极脆，无臭，味涩，能令人作呕。

胆矾中含有不溶性杂质和可溶性杂质离子 Fe^{2+}、Fe^{3+}等，不溶性杂质可用过滤法除去。可溶性杂质离子 Fe^{2+}常用氧化剂 H_2O_2 或 Br_2 氧化成 Fe^{3+}，然后调节溶液的 pH（一般控制在 pH=3.5～4），使 Fe^{3+}水解成为 $Fe(OH)_3$ 沉淀而除去，反应如下：

$$2Fe^{2+} + H_2O_2 + 2H^+ = 2Fe^{3+} + 2H_2O$$

$$Fe^{3+} + 3H_2O = Fe(OH)_3\downarrow + 3H^+$$

除去铁离子后的滤液经蒸发、浓缩，即可制得五水硫酸铜结晶。其他微量杂质在硫酸铜结晶时留在母液中，过滤时可与硫酸铜分离。

很多离子型的盐类从水溶液中析出时，常含有一定量的结晶水（或称水合水）。结晶水与盐类结合得比较牢固，但受热到一定温度时，可以脱去一部分或全部结晶水分。$CuSO_4 \cdot 5H_2O$ 晶体在不同温度下按下列反应逐步脱水：

$$CuSO_4 \cdot 5H_2O \xrightarrow{48℃} CuSO_4 \cdot 3H_2O + 2H_2O$$

$$CuSO_4 \cdot 3H_2O \xrightarrow{99℃} CuSO_4 \cdot H_2O + 2H_2O$$

$$CuSO_4 \cdot H_2O \xrightarrow{218℃} CuSO_4 + H_2O$$

因此对于经过加热能脱去结晶水，又不会发生分解的结晶水合物中结晶水的测定，通常把一定量的结晶水合物（不含吸附水）置于已灼烧至恒量的坩埚中，加热至较高温度（以不超过被测定物质的分解温度为限）脱水，然后把坩埚移入干燥器中，冷却至室温，再取出用电子天平称量。由结晶水合物经高温加热后的失重值可算出该结晶水合物所含结晶水的质量分数，以及每摩尔该盐所含结晶水的物质的量，从而可确定结晶水合物的化学式。由于压力不同、粒度不同、升温速率不同，有时脱水温度及脱水过程不同。

三、仪器和试剂

仪器：台秤；普通漏斗；抽滤装置；电子分析天平；坩埚；坩埚钳；煤气灯；泥三角；研钵；干燥器；沙浴；温度计。

试剂：粗 $CuSO_4$；H_2O_2(3%)；H_2SO_4 (1 mol/L)；NaOH(2 mol/L)；滤纸；广泛 pH 试纸；精密 pH 试纸(0.5～5.0)。

四、实验内容

1. 硫酸铜晶体的精制

(1) 称取 10 g 粗 $CuSO_4$ 试样放在小烧杯中，加入 50 mL 蒸馏水，搅拌，促使其溶解。再滴加 2 mL 3% H_2O_2，将溶液加热，使 Fe^{2+} 氧化成 Fe^{3+}。用精密 pH 试纸测试溶液 pH，如果氧化后溶液的 pH 很低，这时可在不断搅拌下逐滴加入 0.5～1 mol/L NaOH，直到 pH=3.5～4，再加热片刻，静置使 Fe^{3+} 水解生成 $Fe(OH)_3$ 沉淀，常压过滤，滤液转移到洁净的蒸发皿中。

(2) 在精制后的硫酸铜滤液中滴加 1 mol/L H_2SO_4 酸化，调节 pH 至 1～2，然后加热蒸发(注意：加热时间不要太长，滤液沸腾后宜用小火缓慢蒸发)，当浓缩至液面出现一层晶膜时，即停止加热，然后冷却至室温，减压抽滤，用滤纸吸干晶体后称量，计算产率。

2. 硫酸铜晶体结晶水含量的测定

1) 恒量坩埚

将一洗净的坩埚及坩埚盖置于马弗炉烧至红热，再用干净的坩埚钳将其移入干燥器中，冷却至室温(注意：热坩埚放入干燥器以后，一定要在短时间内将干燥器的盖子打开一两次，以免造成负压难以打开)。取出，用分析天平称量。重复加热、冷却、称量，直至恒量。

2) 水合硫酸铜脱水

(1) 在已恒量的坩埚中加入 1.0～1.2 g 研细的水合硫酸铜晶体，铺成均匀的一层，用分析天平准确称量坩埚及水合硫酸铜的总质量，减去已恒量坩埚的质量即为水合硫酸铜的质量。

(2) 将已称量的、内装有水合硫酸铜晶体的坩埚体积的 3/4 埋入沙浴中，再在靠近坩埚的沙浴中插入一支水银温度计(300 ℃)，其末端应与坩埚底部大致处于同一水平。控制沙浴温度在 260～280 ℃。当坩埚内粉末由蓝色变为白色时停止加热。用干净的坩埚钳将坩埚移入干燥器内，冷却至室温。将坩埚外壁用吸水纸擦干净，迅速在分析天平上称量坩埚和脱水硫酸铜的总质量，计算脱水硫酸铜的质量。重复沙浴加热，冷却、称量，直到恒量(两次称量之差≤2 mg)。实验后将无水硫酸铜倒入回收瓶中。

五、实验数据和处理记录和处理

1. 硫酸铜晶体产率计算

粗 $CuSO_4$ 质量 m_1 =____________。
重结晶产品质量 m_2 =____________。
产率=____________。

2. 结晶水含量分析

表 7-3　结晶水含量分析

空坩埚质量/g			(空坩埚+五水硫酸铜的质量)/g	(加热后坩埚+无水硫酸铜质量)/g		
第一次称量	第二次称量	平均值		第一次称量	第二次称量	平均值

$CuSO_4 \cdot 5H_2O$ 的质量 m_1＝____________。
$CuSO_4 \cdot 5H_2O$ 的物质的量＝m_1/(249.7 g/mol)=________________。
无水硫酸铜的质量 m_2＝________________。
$CuSO_4$ 的物质的量＝m_2/(159.6 g/mol)=________________。
结晶水的质量 m_3＝____________________。
结晶水的物质的量＝m_3/(18.0 g/mol)=______________。
1 mol $CuSO_4$ 的结合水________________。
水合硫酸铜的化学式____________________。

六、注意事项

(1) 水浴蒸发浓缩的特点是慢，搅拌可加快蒸发，在中后期不能搅拌，否则不易控制晶膜。浓缩至刚好有一层晶膜即可。

(2) 可用冷水冷却以加快结晶速度，但要搅拌以防止形成大晶体。

(3) 本实验中沙浴的温度控制在 260～280 ℃，在测沙浴的温度时，水银温度计的底部水银球切勿碰到沙浴的底部。

(4) 坩埚必须冷却至室温才能从干燥器中取出称量，否则坩埚吸湿变重。

(5) 热坩埚必须稍冷后才能放入干燥器中冷却，同时要不断移动坩埚盖，以免坩埚盖被顶开滑落。

(6) 称取的 $CuSO_4 \cdot 5H_2O$ 的质量不要超过 1.2 g，否则粉末层太厚，影响水汽散失，会大大延长脱水时间。

七、思考题

(1) 粗硫酸铜中杂质 Fe^{2+}为什么要氧化成 Fe^{3+}后再除去？而除去 Fe^{3+}时，为什么要调节溶液的 pH 为 4 左右？pH 太大或太小有什么影响？

(2) 精制后的硫酸铜溶液为什么要滴几滴 1 mol/L H_2SO_4酸化，然后再加热蒸发？

(3) 在水合硫酸铜结晶水的测定中，为什么用沙浴加热并控制温度在 280 ℃左右？

(4) 加热后的热坩埚为什么要放在干燥器内冷却？

八、知识链接

(1) 结晶是从无序到有序即熵值减少的过程，其发生的基本条件是溶液处于过饱和状态即热力学不稳定状态。

(2) 影响晶体大小的因素：

a. 内因：晶体的习性。

b. 外因：晶核数目。

溶液过饱和浓度大、溶质溶解度较小、冷却速度快、搅拌和摩擦容器内壁等措施可以使晶核数目增多，这样析出晶体较小。

(3) 分离效果：

a. 晶体太小，表面积大，吸附和夹带母液(杂质)较多，不易洗净，分离效果差。

b. 晶粒太大，结晶时要求溶液浓度小，产率较低。

c. 结晶太快，晶体中易包裹母液，产品纯度低。

(4) 产量与质量的关系是一对矛盾。需根据要求选择条件，应在保证质量的同时尽量提高产量。对本实验而言，若浓缩过度，产量高、质量低；反之，浓缩不足，则产量低、质量高。

(5) 结晶与重结晶：

a. 结晶：物质从溶液析出晶体的过程。

b. 重结晶：将晶体先行溶解，然后结晶析出的过程。一般情况下避免再浓缩。

重结晶时要注意控制水量，先加入比理论量少的水量加热溶解，不溶部分再逐滴加水至刚好溶解。

(6) 浓缩程度控制：目的是在保证产品质量前提下尽可能提高其产量，由物质的溶解度随温度变化大小，即溶解度温度系数决定。

a. 溶解度温度系数适中，如 $CuSO_4$，浓缩到液面形成薄层晶膜。

b. 溶解度温度系数较小，如莫尔盐，浓缩到液面形成较厚晶膜。

c. 溶解度温度系数很小，如 NaCl，浓缩到溶液黏稠才行。

实验四十四　硫酸四氨合铜(Ⅱ)的制备及组成测定

一、实验目的

(1) 掌握制备硫酸四氨合铜(Ⅱ)的原理和方法。

(2) 学会硫酸四氨合铜盐成分的分析测定。

(3) 进一步掌握溶解、沉淀、吸滤、蒸发、浓缩等基本操作。

二、实验原理

一水合硫酸四氨合铜(Ⅱ)$[Cu(NH_3)_4]SO_4 \cdot H_2O$ 为蓝色正交晶体，在工业上用途广泛，常用作杀虫剂、媒染剂，在碱性镀铜中常用作电镀液的主要成分，也用于制备某些含铜的化合物。本实验通过将过量氨水加入硫酸铜溶液中反应制得硫酸四氨合铜，有关反应为

$$CuSO_4 + 4NH_3 + H_2O = [Cu(NH_3)_4]SO_4 \cdot H_2O$$

由于硫酸四氨合铜(Ⅱ)在加热时易失氨，所以其晶体的制备不宜选用蒸发浓缩等常规的方法。硫酸四氨合铜(Ⅱ)溶于水但不溶于乙醇，因此在硫酸四氨合铜(Ⅱ)溶液中加入乙醇，即可析出深蓝色的$[Cu(NH_3)_4]SO_4 \cdot H_2O$ 晶体。由于该配合物不稳定，常温下，一水合硫酸四氨合铜(Ⅱ)易与空气中的二氧化碳、水反应生成铜的碱式盐，使晶体变成绿色粉末。在高温下分解成硫酸铵、氧化铜和水，故不宜高温干燥。

三、仪器和试剂

仪器：分析天平；250 mL 容量瓶；循环水真空泵；烘箱。

试剂：$CuSO_4 \cdot 5H_2O$(A.R.)； 95%乙醇；紫脲酸铵；甲基红-次甲基蓝；0.02 mol/L EDTA 标准溶液。

四、实验内容

1. 硫酸四氨合铜(Ⅱ)的制备

称取 10 g $CuSO_4 \cdot 5H_2O$，放入 100 mL 的烧杯中，加 15 mL 蒸馏水溶解(可以加热)，在通风橱中加入 20 mL 浓氨水，搅拌，边搅拌边向溶液中缓慢加入 35 mL 95%乙醇，搅拌均匀，盖上表面皿，静置 15 min 后，将糊状产物转移到布氏漏斗中进行减压过滤，抽干后，用 40 mL 1∶1 氨水-乙醇混合液洗涤晶体 4 次(每次 10 mL)，抽干后，再用 20 mL 乙醇-乙醚混合液淋洗两次(每次 10 mL)，抽干。将抽干后的晶体转移到蒸发皿中，将大块破碎，放入干燥箱里，在 60 ℃左右烘干 30 min，取出冷却到室温称量，计算产率。

2. 硫酸四氨合铜(Ⅱ)的组成分析

1) 氨含量的测定

准确称取自制配合物 0.22～0.25 g，置于 250 mL 锥形瓶中，加入蒸馏水 20～30 mL 溶解，滴加甲基红-次甲基蓝指示剂 3～4 滴，用 HCl 标准溶液滴定，当溶液由绿色变为紫色时，滴定达到终点；记录所消耗 HCl 标准溶液的体积，计算氨的含量，平行测定三份。

2) 铜(Ⅱ)含量的测定

准确称取 0.10～0.13 g 产物，置于 250 mL 锥形瓶中，用 15 mL NH_3-NH_4Cl 缓冲溶液(pH=10)溶解，再稀释至 100 mL。加 3 滴紫脲酸铵指示剂，用 0.02 mol/L EDTA 标准溶液滴定至溶液突变为亮紫色即为终点，记录所消耗的 EDTA 标准溶液的体积，平行测定三份，计算 Cu^{2+}的含量。

五、思考题

(1) 举例说明什么是配合物。

(2) 氨水为什么分两次加入？

(3) 从实验中总结采用哪些方法能使生成的晶形比较完美？

实验四十五　草酸合铜(Ⅱ)酸钾的制备及组成测定

一、实验目的

(1) 掌握无机物或配合物结晶、提纯的原理。

(2) 学会制备草酸合铜(Ⅱ)酸钾晶体。

(3) 掌握草酸合铜(Ⅱ)酸钾的组成的分析方法。

二、实验原理

草酸钾和硫酸铜反应生成草酸合铜(Ⅱ)酸钾。产物是一种蓝色晶体，在 150 ℃失去结晶水，在 260 ℃分解，虽可溶于温水，但会慢慢分解。

确定产物组成时，用重量分析法测定结晶水，用 EDTA 配位滴定法测铜的含量，用高锰酸钾法测草酸根的含量。

三、仪器和试剂

仪器：坩埚；循环水真空泵；50 mL 棕色酸式滴定管；分析天平；红外干燥箱。

试剂：$CuSO_4 \cdot 5\,H_2O$(A.R.)；$K_2C_2O_4 \cdot H_2O$(A.R.)；紫脲酸铵指示剂(0.5%)；NH_3-NH_4Cl (pH=10.0)；0.02 mol/L EDTA 标准溶液；0.02 mol/L $KMnO_4$ 标准溶液；3 mol/L H_2SO_4。

四、实验内容

1. 草酸合铜(Ⅱ)酸钾的制备

称取 4 g $CuSO_4·5H_2O$ 溶于 8 mL 85 ℃的水中。称取 12 g $K_2C_2O_4·H_2O$ 溶于 44 mL 85 ℃水中。搅拌下，将 $K_2C_2O_4·H_2O$ 溶液迅速倒入 $CuSO_4·5H_2O$ 溶液中，冰水中冷却 3 min，有沉淀析出。减压抽滤，用 6～8 mL 冰水分三次洗涤沉淀，抽干，在烘箱中于 50 ℃下烘干产物，取出，冷却至室温，称量，计算产率。

2. 草酸合铜(Ⅱ)酸钾的组成分析

1) 结晶水的测定

准确称取两个已恒量的坩埚的质量(干燥器内)，再准确称取 0.5～0.6 g 产物两份，分别放入两个已准确称量的坩埚中，放入烘箱，在 150 ℃时干燥 1 h，然后放入干燥器中冷却 15 min 后称量。同法再放入烘箱中干燥 30 min，冷却，称量至恒量(两次质量差不能超过 2 mg)。根据称量结果，计算结晶水的含量。

2) 铜(Ⅱ)含量的测定

准确称取 0.17～0.19 g 产物，置于 250 mL 锥形瓶中，用 15 mL NH_3-NH_4Cl 缓冲溶液(pH=10)溶解，再稀释到 100 mL，加 3 滴紫脲酸铵指示剂，用 0.02 mol/L EDTA 标准溶液滴定至溶液变为亮紫色即为终点。根据滴定结果，计算 Cu^{2+}的含量。平行测定三次。

3) 草酸根含量的测定

准确称取 0.21～0.23 g 产物，加入 2 mL 浓氨水后，再加入 22 mL 3 mol/L H_2SO_4 溶液，此时会有淡蓝色沉淀出现，稀释到 100 mL。水浴加热至 75～85 ℃(瓶口冒较多热气)，趁热用 0.02 mol/L $KMnO_4$ 标准溶液进行滴定，直至溶液呈粉红色，并且 0.5 min 内不褪色即为终点。沉淀在滴定过程中会逐渐消失。根据滴定结果，计算 $C_2O_4^{2-}$ 的含量。

五、思考题

测定所得的配合物中铜离子和草酸根含量时，要用 NH_3-NH_4Cl 缓冲溶液或浓氨水先将样品完全溶解，H_2SO_4 溶液起什么作用？

主要参考文献

北京师范大学无机化学教研室. 2001. 无机化学实验. 3 版. 北京: 高等教育出版社.

崔学桂, 张晓丽, 胡清萍. 2007. 基础化学实验(Ⅰ)-无机化学与化学分析实验. 2 版. 北京: 化学工业出版社.

李志林, 马志领, 翟永清. 2007. 无机及分析化学实验. 北京: 化学工业出版社.

林宝凤. 2003. 基础化学实验技术绿色化教程. 北京: 科学出版社.

刘晓薇. 2005. 实验化学基础. 北京: 国防工业出版社.

刘约权, 李贵深. 1999. 实验化学(上、下册). 北京: 高等教育出版社.

王秋长, 赵鸿喜, 张守民, 等. 2005. 基础化学实验. 北京: 科学出版社.

辛剑, 孟长功. 2004. 基础化学实验. 北京: 高等教育出版社.

附　　录

附录一　常用化学试剂的配制方法

一、常用酸溶液及配制方法

名称	化学式	浓度	配制方法
盐酸	HCl	12 mol/L	密度为 1.19 g/mL 的浓 HCl
		8 mol/L	666.7 mL 12 mol/L 的浓 HCl，加水稀释至 1 L
		6 mol/L	12 mol/L 的浓 HCl，加等体积水稀释
		2 mol/L	167 mL 12 mol/L 的浓 HCl，加水稀释至 1 L
		1 mol/L	84 mL 12 mol/L 的浓 HCl，加水稀释至 1 L
硝酸	HNO_3	16 mol/L	密度为 1.42 g/mL 的浓 HNO_3
		6 mol/L	380 mL 16 mol/L 的浓 HNO_3，加水稀释至 1 L
		3 mol/L	190 mL 16 mol/L 的浓 HNO_3，加水稀释至 1 L
		2 mol/L	127 mL 16 mol/L 的浓 HNO_3，加水稀释至 1 L
硫酸	H_2SO_4	18 mol/L	密度为 1.84 g/mL 的浓 H_2SO_4
		6 mol/L	332 mL 18 mol/L 的浓 H_2SO_4，加水稀释至 1 L
		3 mol/L	166 mL 18 mol/L 的浓 H_2SO_4，加水稀释至 1 L
		1 mol/L	56 mL 18 mol/L 的浓 H_2SO_4，加水稀释至 1 L
乙酸	HAc	17 mol/L	密度为 1.05 g/mL 的 HAc
		6 mol/L	353 mL 17 mol/L 的 HAc，加水稀释至 1 L
		2 mol/L	118 mL 17 mol/L 的 HAc，加水稀释至 1 L
		1 mol/L	57 mL 17 mol/L 的 HAc，加水稀释至 1 L
酒石酸	$H_2C_4H_4O_6$	饱和	将酒石酸溶于水中，使其饱和

二、常用碱溶液及配制方法

名称	化学式	浓度	配制方法
氢氧化钠	NaOH	6 mol/L	240 g NaOH 溶于水中，冷却后稀释至 1 L
		2 mol/L	80 g NaOH 溶于水中，冷却后稀释至 1 L
氢氧化钾	KOH	1 mol/L	56 g KOH 溶于水中，冷却后稀释至 1 L
氨水	$NH_3 \cdot H_2O$	15 mol/L	密度为 0.9 g/mL 的 $NH_3 \cdot H_2O$
		6 mol/L	400 mL 15 mol/L 的 $NH_3 \cdot H_2O$，加水稀释至 1 L
		3 mol/L	200 mL 15 mol/L 的 $NH_3 \cdot H_2O$，加水稀释至 1 L
		1 mol/L	67 mL 15 mol/L 的 $NH_3 \cdot H_2O$，加水稀释至 1 L

三、常用铵盐溶液及配制方法

名称	化学式	浓度	配制方法
氯化铵	NH_4Cl	3 mol/L	160 g NH_4Cl 溶于适量水中，加水稀释至 1 L
硫化铵	$(NH_4)_2S$	3 mol/L	通 H_2S 于 200 mL 15 mol/L 的 $NH_3 \cdot H_2O$ 中达到饱和，再加 200 mL 15 mol/L 的 $NH_3 \cdot H_2O$，加水稀释至 1 L
碳酸铵	$(NH_4)_2CO_3$	2 mol/L	192 g $(NH_4)_2CO_3$ 溶于 500 mL 3 mol/L 的 $NH_3 \cdot H_2O$ 中，加水稀释至 1 L
		120 g/L	120 g $(NH_4)_2CO_3$ 溶于适量水中，加水稀释至 1 L
乙酸铵	NH_4Ac	3 mol/L	231 g NH_4Ac 溶于适量水中，加水稀释至 1 L
硫氰酸铵	NH_4SCN	饱和	将 NH_4SCN 溶于水中，使其饱和
		0.5 mol/L	38 g NH_4SCN 溶于适量水中，加水稀释至 1 L
磷酸氢二铵	$(NH_4)_2HPO_4$	4 mol/L	528 g $(NH_4)_2HPO_4$ 溶于 1 L 水中
硫酸铵	$(NH_4)_2SO_4$	饱和	将 $(NH_4)_2SO_4$ 溶于水中，使其饱和
碘化铵	NH_4I	0.5 mol/L	73 g NH_4I 溶于适量水中，加水稀释至 1 L
钼酸铵	$(NH_4)_2MoO_4$		100 g $(NH_4)_2MoO_4$ 溶于 1 L 水，将所得溶液倒入 1 L 6 mol/L HNO_3 中（切不可将硝酸倒入溶液中）。溶液放置 48 h，倾出清液使用

四、常用盐溶液及一些特殊试剂与配置

名称	化学式	浓度	配制方法
硝酸银	$AgNO_3$	0.5 mol/L	85 g $AgNO_3$ 溶于 1 L 水中
氯化钡	$BaCl_2$	0.25 mol/L	61 g $BaCl_2$ 溶于 1 L 水中
氯化钙	$CaCl_2$	0.5 mol/L	109.5 g $CaCl_2 \cdot 6H_2O$ 溶于 1 L 水中
硫酸钙	$CaSO_4$	饱和	约 2.2 g $CaSO_4 \cdot 2H_2O$ 置于 1 L 水中，搅拌至饱和
氯化钴	$CoCl_2$	0.2 g/L	0.2 g $CoCl_2$ 溶于 1 L 0.5 mol/L HCl 中
硫酸铜	$CuSO_4$	20 g/L	31 g $CuSO_4 \cdot 5H_2O$ 溶于 1 L 水中
氯化铁	$FeCl_3$	0.5 mol/L	135 g $FeCl_3 \cdot 6H_2O$ 溶于 1 L 水中
		0.1 mol/L	27 g $FeCl_3 \cdot 6H_2O$ 溶于 1 L 水中
硫酸亚铁铵	$(NH_4)_2Fe(SO_4)_2$	0.1 mol/L	称取 39.2 g 硫酸亚铁铵溶解于适量水中，加 100 mL 硫酸（1∶1），用水稀释至 1 L，储存溶液在棕色瓶中，该溶液使用前需标定
氯化汞	$HgCl_2$	0.2 mol/L	54 g $HgCl_2$ 溶于 1 L 水中
铬酸钾	K_2CrO_4	0.25 mol/L	48.5 g K_2CrO_4 溶于适量水中，加水稀释至 1 L
亚铁氰化钾	$K_4[Fe(CN)_6]$	0.25 mol/L	106 g $K_4[Fe(CN)_6] \cdot 3H_2O$ 溶于 1 L 水中

续表

名称	化学式	浓度	配制方法
铁氰化钾	$K_3[Fe(CN)_6]$	0.25 mol/L	82.3 g $K_3[Fe(CN)_6]$溶于 1 L 水中
		2 g/L	2 g $K_3[Fe(CN)_6]$溶于 1 L 水中
碘化钾	KI	1 mol/L	166 g KI 溶于 1 L 水中
		40 g/L	40 g KI 溶于 1 L 水中
高锰酸钾	$KMnO_4$	0.01 mol/L	1. 6 g $KMnO_4$ 溶于 1 L 水中
乙酸钠	NaAc	3 mol/L	408 g $NaAc\cdot 3H_2O$ 溶于 1 L 水中
		0.5 mol/L	68 g $NaAc\cdot 3H_2O$ 溶于 1 L 水中
碳酸钠	Na_2CO_3	2 mol/L	212 g Na_2CO_3 溶于 1 L 水中
硫化钠	Na_2S	2 mol/L	480 g $Na_2S\cdot 9H_2O$ 及 40 g NaOH 溶于适量水中，稀释至 1 L(临用前配制)
亚硫酸钠	Na_2SO_3	饱和	将 Na_2SO_3 溶于水，使其饱和
氯化亚锡	$SnCl_2$	0.25 mol/L	56.5 g $SnCl_2\cdot 2H_2O$ 溶于 230 mL 12 mol/L HCl 中，用水稀释至 1 L 并加入几粒锡粒
乙酸铅	$Pb(Ac)_2$	0.25 mol/L	95 g $Pb(Ac)_2\cdot 2H_2O$ 溶于 500 mL 水中及 10 mL 117 mol/L HAc 中，加水稀释至 1 L
过氧化氢	H_2O_2	3%	100 mL 30% H_2O_2 加水稀释至 1 L
		6%	200 mL 30% H_2O_2 加水稀释至 1 L
溴水	Br_2	饱和	3.2 mL 溴注入有 1 L 水的具塞磨口瓶中，振荡至饱和(临用前配制)
碘水	I_2	0.5 mol/L	127 g I_2 及 200 g KI 溶于尽可能少量水中，稀释至 1 L
硫代乙酰胺	TAA	5 g/L	50 g TAA 溶于 1 L 水中
甲基紫		1 g/L	1 g 甲基紫溶于 1 L 水中，临用前配制
硫脲		25 g/L	25 g 硫脲溶于 1 L 水中
邻二氮菲		5 g/L	5 g 邻二氮菲溶于少量乙醇中，加水稀释至 1 L
铝试剂		1 g/L	1 g 铝试剂溶于 1 L 水中
镁试剂 I		0.1 g/L	0.1 g 镁试剂 I 溶于 1 L 2 mol/L NaOH 溶液中
EDTA		0.1 mol/L	37.2 g EDTA 溶于水，稀释至 1 L
丁二酮肟		10 g/L	10 g 丁二酮肟溶于 1 L 乙醇中
奈氏试剂			115 g HgI_2 及 80 g KI 溶于适量水中，稀释至 500 mL，再加入 500 mL 6 mol/L NaOH 溶液，搅拌后静止，取其清液使用
品红		1 g/L	1 g 品红溶于 1 L 水中
无色品红			于 1 g/L 品红溶液中，滴加 $NaHSO_3$ 溶液至红色褪去
淀粉		10 g/L	10 g 淀粉用水调成糊状，倾入 1 L 沸水中，再煮沸几分钟，冷却后使用(临用时配制)
对氨基苯磺酸		4 g/L	4 g 对氨基苯磺酸溶于 100 mL 17 mol/L HAc 及 900 mL 水中

五、常用指示剂与配制

1. 酸碱指示剂

指示剂名称	变色范围 pH	颜色变化	配制方法
甲酚红（第一变色范围）	0.2～1.8	红-黄	0.04 g 指示剂溶于 100 mL 50%乙醇中
百里酚蓝第一变色范围	1.2～2.8	红-黄	0.1 g 指示剂溶于 100 mL 20%乙醇中
二甲基黄	2.9～4.0	红-黄	0.1 g 或 0.01 g 指示剂溶于 100 mL 90%乙醇中
甲基橙	3.1～4.4	红-橙黄	0.1 g 指示剂溶于 100 mL 水中
溴酚蓝	3.0～4.6	黄-蓝	0.1 g 指示剂溶于 100 mL 20%乙醇中
刚果红	3.0～5.2	蓝紫-红	0.1 g 指示剂溶于 100 mL 水中
溴甲酚绿	3.8～5.4	黄-蓝	0.1 g 指示剂溶于 100 mL 20%乙醇中
甲基红	4.4～6.2	红-黄	0.1 g 或 0.2 g 指示剂溶于 100 mL 20%乙醇中
溴酚红	5.0～6.8	黄-红	0.1 g 或 0.04 g 指示剂溶于 100 mL 20%乙醇中
溴甲酚紫	5.2～6.8	黄-紫红	0.1 g 指示剂溶于 100 mL 20%乙醇中
溴百里酚蓝	6.0～7.6	黄-蓝	0.05 g 指示剂溶于 100 mL 20%乙醇中
中性红	6.8～8.0	红-亮黄	0.1 g 指示剂溶于 100 mL 20%乙醇中
酚红	6.8～8.0	黄-红	0.1 g 指示剂溶于 100 mL 20%乙醇中
甲酚红	7.2～8.8	亮黄-紫红	0.1 g 指示剂溶于 100 mL 50%乙醇中
百里酚蓝（麝香草酚蓝）第一变色范围	8.0～9.0	黄-蓝	0.1 g 指示剂溶于 100 mL 20%乙醇中
酚酞	8.2～10.0	无-淡粉	0.1 g 或 1 g 指示剂溶于 90 mL 乙醇，加水至 100 mL
百里酚酞	9.4～10.6	无-蓝色	0.1 g 指示剂溶于 90 mL 乙醇，加水至 100 mL

2. 混合酸碱指示剂

指示剂名称	变色 pH	颜色		配制方法
		酸	碱	
甲基橙-靛蓝（二磺酸）	4.1	紫	黄绿	一份 1 g/L 甲基橙溶液 一份 2.5 g/L 靛蓝（二磺酸）水溶液
溴百里酚绿-甲基橙	4.3	黄	蓝绿	一份 1 g/L 溴百里酚绿钠盐水溶液 一份 2 g/L 甲基橙水溶液
溴甲酚绿-甲基红	5.1	酒红	绿	三份 1 g/L 溴甲酚绿乙醇溶液 二份 2 g/L 甲基红乙醇溶液

续表

指示剂名称	变色 pH	颜色		配制方法
		酸	碱	
甲基红-亚甲基蓝	5.4	红紫	绿	一份 2 g/L 甲基红乙醇溶液 一份 1 g/L 亚甲基蓝乙醇溶液
溴甲酚紫-溴百里酚蓝	6.7	黄	蓝紫	一份 1 g/L 溴百里酚紫钠盐水溶液 一份 1 g/L 溴百里酚蓝钠盐水溶液
中性红-亚甲基蓝	7.0	紫蓝	绿	一份 1 g/L 中性红乙醇溶液 一份 1 g/L 亚甲基蓝乙醇溶液
溴百里酚蓝-酚红	7.5	黄	绿	一份 1 g/L 溴百里酚蓝钠盐水溶液 一份 1 g/L 酚红钠盐水溶液
甲酚红-百里酚蓝	8.3	黄	紫	一份 1 g/L 甲酚红钠盐水溶液 三份 1 g/L 百里酚蓝钠盐水溶液

3. 金属离子指示剂

指示剂名称	颜色		配制方法
	游离态	化合态	
铬黑 T(EBT)	蓝	红	将 0.2 g 铬黑 T 溶于 15 mL 三乙醇胺及 5 mL 乙醇中，将 1 g 铬黑 T 与 100 g NaCl 研细混匀
钙指示剂(N.N)	蓝	酒红	0.5 g 钙指示剂与 100 g NaCl 研细混匀
二甲酚橙(XO)	黄	红	0.2 g 二甲酚橙溶于 100 mL 去离子水中
K-B 指示剂	蓝	红	0.5 g 酸性铬蓝 K 加 1.25 g 萘酚绿 B 及 25 g 硫酸钾研细混匀
磺酸水杨酸	无	红	10 g 磺酸水杨酸溶于 100 mL 水中
PAN 指示剂	黄	红	0.1 g 或 0.2 g PAN 溶于 100 mL 乙醇中

4. 氧化还原指示剂

指示剂名称	变色电位 φ/V	颜色		配制方法
		氧化态	还原态	
二苯胺	0.76	紫	无色	将 1 g 二苯胺在搅拌下溶于 100 mL 浓硫酸和 100 mL 浓磷酸，储于棕色瓶中
二苯胺磺酸钠	0.85	紫	无色	将 0.5 g 二苯胺磺酸钠溶于 100 mL 水中，必要时过滤
邻菲咯啉-Fe(Ⅱ)	1.06	淡蓝	红	将 0.5 g 溶于 100 mL 水中，加 2 滴硫酸，加 0.5 g 邻菲咯啉
邻苯氨基苯甲酸	1.08	紫红	无色	将 0.2 g 邻苯氨基苯甲酸加热溶解于 100 mL 0.2% Na_2CO_3 溶液中，必要时过滤

5. 沉淀及吸附指示剂

指示剂名称	颜色变化		配制方法
铬酸钾	黄	砖红	5 g 铬酸钾溶于 100 mL 水中
硫酸铁铵（40%饱和溶液）	无色	血红	40 g $NH_4Fe(SO_4)_2\cdot 12H_2O$ 溶于 100 mL 水中，加数滴浓硝酸
荧光黄	绿色荧光	玫瑰红	0.5 g 荧光黄溶于乙醇，并用乙醇稀释至 100 mL
二氯荧光黄	绿色荧光	玫瑰红	0.1 g 二氯荧光黄溶于 100 mL 水中
曙红	橙	深红	0.5 g 曙红溶于 100 mL 水中

六、常用缓冲溶液的配制

1. 甘氨酸-盐酸缓冲液（0.05 mol/L）

x mL 0.2 mol/L 甘氨酸+y mL 0.2 mol/L HCl，再加水稀释至 200 mL。

pH	x	y	pH	x	y
2.0	50	44.0	3.0	50	11.4
2.4	50	32.4	3.2	50	8.2
2.6	50	24.2	3.4	50	6.4
2.8	50	16.8	3.6	50	5.0

注：甘氨酸相对分子质量 75.07，0.2 mol/L 甘氨酸溶液为 15.01 g/L。

2. 邻苯二甲酸-盐酸缓冲液（0.05 mol/L）

x mL 0.2 mol/L 邻苯二甲酸氢钾 ＋y mol 0.2 mol/L HCl，再加水稀释到 20 mL。

pH（20 ℃）	x	y	pH（20 ℃）	x	y
2.2	5	4.070	3.2	5	1.470
2.4	5	3.960	3.4	5	0.990
2.6	5	3.295	3.6	5	0.597
2.8	5	2.642	3.8	5	0.263
3.0	5	2.022			

注：邻苯二甲酸氢钾相对分子质量 204.23，0.2 mol/L 邻苯二甲酸氢钾溶液为 40.85 g/L。

3. 磷酸氢二钠-柠檬酸缓冲液

pH	0.2 mol/L Na_2HPO_4 /mL	0.1 mol/L 柠檬酸 /mL	pH	0.2 mol/L Na_2HPO_4 /mL	0.1 mol/L 柠檬酸 /mL
2.2	0.40	10.60	5.2	10.72	9.28
2.4	1.24	18.76	5.4	11.15	8.85
2.6	2.18	17.82	5.6	11.60	8.40
2.8	3.17	16.83	5.8	12.09	7.91
3.0	4.11	15.89	6.0	12.63	7.37
3.2	4.94	15.06	6.2	13.22	6.78
3.4	5.70	14.30	6.4	13.85	6.15
3.6	6.44	13.56	6.6	14.55	5.45
3.8	7.10	12.90	6.8	15.45	4.55
4.0	7.71	12.29	7.0	16.47	3.53
4.2	8.28	11.72	7.2	17.39	2.61
4.4	8.82	11.18	7.4	18.17	1.83
4.6	9.35	10.65	7.6	18.73	1.27
4.8	9.86	10.14	7.8	19.15	0.85
5.0	10.30	9.70	8.0	19.45	0.55

注：Na_2HPO_4 相对分子质量 14.98，0.2 mol/L 溶液为 28.40 g/L。

$Na_2HPO_4 \cdot 2H_2O$ 相对分子质量 178.05，0.2 mol/L 溶液为 35.01 g/L。

$C_6H_8O_7 \cdot H_2O$ 相对分子质量 210.14，0.1 mol/L 溶液为 21.01 g/L。

4. 柠檬酸-氢氧化钠-盐酸缓冲液

pH	钠离子浓度 /(mol/L)	柠檬酸 （$C_6H_8O_7 \cdot H_2O$）/g	氢氧化钠 （NaOH 97%）/g	盐酸/mL	最终体积/L①
2.2	0.20	210	84	160	10
3.1	0.20	210	83	116	10
3.3	0.20	210	83	106	10
4.3	0.20	210	83	45	10
5.3	0.35	245	144	68	10
5.8	0.45	285	186	105	10
6.5	0.38	266	156	126	10

①使用时可以每升中加入 1 g 酚，若最后 pH 有变化，再用少量 50% 氢氧化钠溶液或浓盐酸调节，冰箱保存。

5. 柠檬酸-柠檬酸钠缓冲液(0.1 mol/L)

pH	0.1 mol/L 柠檬酸/mL	0.1 mol/L 柠檬酸钠/mL	pH	0.1 mol/L 柠檬酸/mL	0.1 mol/L 柠檬酸钠/mL
3.0	18.6	1.4	5.0	8.2	11.8
3.2	17.2	2.8	5.2	7.3	12.7
3.4	16.0	4.0	5.4	6.4	13.6
3.6	14.9	5.1	5.6	5.5	14.5
3.8	14.0	6.0	5.8	4.7	15.3
4.0	13.1	6.9	6.0	3.8	16.2
4.2	12.3	7.7	6.2	2.8	17.2
4.4	11.4	8.6	6.4	2.0	18.0
4.6	10.3	9.7	6.6	1.4	18.6
4.8	9.2	10.8			

注：$C_6H_8O_7 \cdot H_2O$ 相对分子质量 210.14，0.1 mol/L 溶液为 21.01 g/L。

$Na_3C_6H_5O_7 \cdot 2H_2O$ 相对分子质量 294.12，0.1 mol/L 溶液为 29.41 g/L。

6. 乙酸-乙酸钠缓冲液(0.2 mol/L)

pH(18 ℃)	0.2 mol/L NaAc/mL	0.3 mol/L HAc/mL	pH(18 ℃)	0.2 mol/L NaAc/mL	0.3 mol/L HAc/mL
2.6	0.75	9.25	4.8	5.90	4.10
3.8	1.20	8.80	5.0	7.00	3.00
4.0	1.80	8.20	5.2	7.90	2.10
4.2	2.65	7.35	5.4	8.60	1.40
4.4	3.70	6.30	5.6	9.10	0.90
4.6	4.90	5.10	5.8	9.40	0.60

注：$NaAc \cdot 3H_2O$ 相对分子质量 136.09，0.2 mol/L 溶液为 27.22 g/L。

7. 磷酸盐缓冲液

1) 磷酸氢二钠-磷酸二氢钠缓冲液(0.2 mol/L)

pH	0.2 mol/L Na_2HPO_4/mL	0.3 mol/L NaH_2PO_4/mL	pH	0.2 mol/L Na_2HPO_4/mL	0.3 mol/L NaH_2PO_4/mL
5.8	8.0	92.0	6.1	15.0	85.0
5.9	10.0	90.0	6.2	18.5	81.5
6.0	12.3	87.7	6.3	22.5	77.5

续表

pH	0.2 mol/L Na_2HPO_4/mL	0.3 mol/L NaH_2PO_4/mL	pH	0.2 mol/L Na_2HPO_4/mL	0.3 mol/L NaH_2PO_4/mL
6.4	26.5	73.5	7.3	77.0	23.0
6.5	31.5	68.5	7.4	81.0	19.0
6.6	37.5	62.5	7.5	84.0	16.0
6.7	43.5	56.5	7.6	87.0	13.0
6.8	49.5	51.0	7.7	89.5	10.5
6.9	55.0	45.0	7.8	91.5	8.5
7.0	61.0	39.0	7.9	93.0	7.0
7.1	67.0	33.0	8.0	94.7	5.3
7.2	72.0	28.0			

注：$Na_2HPO_4 \cdot 2H_2O$ 相对分子质量 178.05，0.2 mol/L 溶液为 85.61 g/L。
$Na_2HPO_4 \cdot 12H_2O$ 相对分子质量 358.22，0.2 mol/L 溶液为 71.64 g/L。
$NaH_2PO_4 \cdot 2H_2O$ 相对分子质量 156.03，0.2 mol/L 溶液为 31.21 g/L。

2）磷酸氢二钠–磷酸二氢钾缓冲液（1/15 mol/L）

pH	1/15 mol/L Na_2HPO_4/mL	1/15 mol/L KH_2PO_4/mL	pH	1/15 mol/L Na_2HPO_4/mL	1/15 mol/L KH_2PO_4/mL
4.92	0.10	9.90	7.17	7.00	3.00
5.29	0.50	9.50	7.38	8.00	2.00
5.91	1.00	9.00	7.73	9.00	1.00
6.24	2.00	8.00	8.04	9.50	0.50
6.47	3.00	7.00	8.34	9.75	0.25
6.64	4.00	6.00	8.67	9.90	0.10
6.81	5.00	5.00	8.18	10.00	0
6.98	6.00	4.00			

注：$Na_2HPO_4 \cdot 2H_2O$ 相对分子质量 178.05，1/15 mol/L 溶液为 11.876 g/L。
KH_2PO_4 相对分子质量 136.09，1/15 mol/L 溶液为 9.078 g/L。

8. 磷酸二氢钾–氢氧化钠缓冲液（0.05 mol/L）

x mL 0.2 mol/L KH_2PO_4 + y mL 0.2 mol/L NaOH 加水稀释至 29 mL。

pH（20 ℃）	x	y	pH（20 ℃）	x	y
5.8	5	0.372	7.0	5	2.963
6.0	5	0.570	7.2	5	3.500
6.2	5	0.860	7.4	5	3.950
6.4	5	1.260	7.6	5	4.280
6.6	5	1.780	7.8	5	4.520
6.8	5	2.365	8.0	5	4.680

9. 巴比妥钠-盐酸缓冲液(18 ℃)

pH	0.04 mol/L 巴比妥钠溶液/mL	0.2 mol/L 盐酸 /mL	pH	0.04 mol/L 巴比妥钠溶液/mL	0.2 mol/L 盐酸 /mL
6.8	100	18.4	8.4	100	5.21
7.0	100	17.8	8.6	100	3.82
7.2	100	16.7	8.8	100	2.52
7.4	100	15.3	9.0	100	1.65
7.6	100	13.4	9.2	100	1.13
7.8	100	11.47	9.4	100	0.70
8.0	100	9.39	9.6	100	0.35
8.2	100	7.21		100	

注：巴比妥钠盐相对分子质量 206.18，0.04 mol/L 溶液为 8.25 g/L。

10. tris-盐酸缓冲液(0.05 mol/L，25 ℃)

50 mL 0.1 mol/L 三羟甲基氨基甲烷(tris)溶液与 *x* mL 0.1 mol/L 盐酸混匀后，加水稀释至 100 mL。

pH	*x*	pH	*x*
7.10	45.7	8.10	26.2
7.20	44.7	8.20	22.9
7.30	43.4	8.30	19.9
7.40	42.0	8.40	17.2
7.50	40.3	8.50	14.7
7.60	38.5	8.60	12.4
7.70	36.6	8.70	10.3
7.80	34.5	8.80	8.5
7.90	32.0	8.90	7.0
8.00	29.2		

注：三羟甲基氨基甲烷(tris) $HOCH_2\,CH_2OHCHOCH_2NH_2$ 相对分子质量 121.14；0.1 mol/L 溶液为 12.114 g/L。tris 溶液可从空气中吸收二氧化碳，使用时注意将瓶盖严。

11. 硼酸-硼砂缓冲液(0.2 mol/L 硼酸根)

pH	0.05 mol/L 硼砂 /mL	0.2 mol/L 硼砂 /mL	pH	0.05 mol/L 硼砂 /mL	0.2 mol/L 硼酸 /mL
7.4	1.0	9.0	8.2	3.5	6.5
7.6	1.5	8.5	8.4	4.5	5.5
7.8	2.0	8.0	8.7	6.0	4.0
8.0	3.0	7.0	9.0	8.0	2.0

注：硼砂($Na_2B_4O_7\cdot10H_2O$)相对分子质量 381.43，0.05 mol/L 溶液(含 0.2 mol/L 硼酸根)为 19.07 g/L。
硼酸(H_2BO_3)相对分子质量 61.84，0.2 mol/L 溶液为 12.37 g/L。
硼砂易失去结晶水，必须在带塞的瓶中保存。

12. 甘氨酸-氢氧化钠缓冲液(0.05 mol/L)

x mL 0.2 mol/L 甘氨酸+*y* mL 0.2 mol/L NaOH 加水稀释至 200 mL。

pH	*x*	*y*	pH	*x*	*y*
8.6	50	4.0	9.6	50	22.4
8.8	50	6.0	9.8	50	27.2
9.0	50	8.8	10.0	50	32.0
9.2	50	12.0	10.4	50	38.6
9.4	50	16.8	10.6	50	45.5

注：甘氨酸相对分子质量 75.07，0.2 mol/L 溶液为 15.01 g/L。

13. 碳酸钠-碳酸氢钠缓冲液(0.1 mol/L)

Ca^{2+}、Mg^{2+}存在时不得使用。

pH		0.1 mol/L Na_2CO_3/mL	0.1 mol/L $NaHCO_3$/mL
20 ℃	37 ℃		
9.16	8.77	1	9
9.40	9.12	2	8
9.51	9.40	3	7
9.78	9.50	4	6
9.90	9.72	5	5
10.14	9.90	6	4
10.28	10.08	7	3
10.53	10.28	8	2
10.83	10.57	9	1

注：$Na_2CO_3 \cdot 10H_2O$ 相对分子质量 286.2，0.1 mol/L 溶液为 28.62 g/L。

$NaHCO_3$ 相对分子质量 84.0，0.1 mol/L 溶液为 8.40 g/L。

14. 硼砂-氢氧化钠缓冲液(0.05 mol/L 硼酸根)

x mL 0.05 mol/L 硼砂+*y* mL 0.2 mol/L NaOH 加水稀释至 200 mL。

pH	*x*	*y*	pH	*x*	*y*
9.3	50	6.0	9.8	50	34.0
9.4	50	11.0	10.0	50	43.0
9.6	50	23.0	10.1	50	46.0

注：硼砂($Na_2B_4O_7 \cdot 10H_2O$)相对分子质量 381.43，0.05 mol/L 溶液为 19.07 g/L。

15. PBS 缓冲液

pH	7.6	7.4	7.2	7.0
H_2O	1000 mL	1000 mL	1000 mL	100 mL
NaCl	8.5 g	8.5 g	8.5 g	8.5 g
Na_2HPO_4	2.2 g	2.2 g	2.2 g	2.2 g
NaH_2PO_4	0.1 g	0.2 g	0.3 g	0.4 g

七、常用不同酸度溶液配制

pH	配制方法
0	1 mol/L HCl 溶液(当不允许有 Cl^-时，用硝酸)
1	0.1 mol/L HCl 溶液(当不允许有 Cl^-时，用硝酸)
2	0.01 mol/L HCl 溶液(当不允许有 Cl^-时，用硝酸)
3.6	8 g $NaAc\cdot 3H_2O$ 溶于适量水中，加 6 mol/L HAc 溶液 134 mL，用水稀释至 500 mL
4.0	将 60 mL 冰醋酸和 16 g 无水乙酸钠溶于 100 mL 水中，用水稀释至 500 mL
4.5	将 30 mL 冰醋酸和 30 g 无水乙酸钠溶于 100 mL 水中，用水稀释至 500 mL
5.0	将 30 mL 冰醋酸和 60 g 无水乙酸钠溶于 100 mL 水中，用水稀释至 500 mL
5.4	将 40 g 六亚甲基四胺溶于 90 mL 水中，加入 20 mL 6 mol/L HCl 溶液
5.7	100 g $NaAc\cdot 3H_2O$ 溶于适量水中，加 6 mol/L HAc 溶液 13 mL，用水稀释至 500 mL
7	77 g NH_4Ac 溶于适量水中，用水稀释至 500 mL
7.5	66 g NH_4Cl 溶于适量水中，加浓氨水 1.4 mL，用水稀释至 500 mL
8.0	50 g NH_4Cl 溶于适量水中，加浓氨水 3.5 mL，用水稀释至 500 mL
8.5	40 g NH_4Cl 溶于适量水中，加浓氨水 8.8 mL，用水稀释至 500 mL
9.0	35 g NH_4Cl 溶于适量水中，加浓氨水 24 mL，用水稀释至 500 mL
9.5	30 g NH_4Cl 溶于适量水中，加浓氨水 65 mL，用水稀释至 500 mL
10	27 g NH_4Cl 溶于适量水中，加浓氨水 175 mL，用水稀释至 500 mL
11	3 g NH_4Cl 溶于适量水中，加浓氨水 207 mL，用水稀释至 500 mL
12	0.01 mol/L NaOH 溶液(当不允许有 Na^+时，用 KOH)
13	0.1 mol/L NaOH 溶液(当不允许有 Na^+时，用 KOH)

附录二　无机化学与化学分析实验常用数据表

一、常用酸碱的密度和浓度

试剂名称	相对密度	含量/%	浓度/(mol/L)
盐酸	1.18～1.19	36～38	11.6～12.4
硝酸	1.39～1.40	65.4～68.0	14.4～15.2
硫酸	1.83～1.84	95～98	17.8～18.4
磷酸	1.69	85	14.6
高氯酸	1.68	70.0～72.0	11.7～12.0
冰醋酸	1.05	99.8(优级纯)；99.0(分析纯、化学纯)	17.4
氢氟酸	1.13	40	22.5
氢溴酸	1.49	47.0	8.6
氨水	0.88～0.90	25.0～28.0	13.3～14.8

二、常用易燃溶剂蒸气爆炸极限

名称	沸点/℃	闪燃点/℃	爆炸范围/%(体积分数)
甲醇	64.96	11	6.72～36.50
乙醇	78.5	12	3.28～18.95
乙醚	34.51	−45	1.85～36.5
丙酮	56.2	−17.5	2.55～12.80
苯	80.1	−11	1.41～7.10

三、常用易燃气体爆炸极限

气体	空气中的含量/%(体积分数)
氢气(H_2)	4～74
一氧化碳(CO)	12.50～74.20
氨(NH_3)	15～27
甲烷(CH_4)	4.5～13.1
乙炔($CH\equiv CH$)	2.5～80

四、常用基准物质的干燥条件及其应用

基准物质		干燥后的组成	干燥条件/℃	标定对象
名称	分子式			
碳酸氢钠	$NaHCO_3$	Na_2CO_3	270～300	酸
碳酸钠	$Na_2CO_3\cdot 10H_2O$	Na_2CO_3	270～300	酸
硼砂	$Na_2B_4O_7\cdot 10H_2O$	$Na_2B_4O_7\cdot 10H_2O$	放在含 NaCl 和蔗糖饱和液的干燥器中	酸
碳酸氢钾	$KHCO_3$	K_2CO_3	270～300	酸
草酸	$H_2C_2O_4\cdot 2H_2O$	$H_2C_2O_4\cdot 2H_2O$	室温空气干燥	碱或 $KMnO_4$
邻苯二甲酸氢钾	$KHC_8H_4O_4$	$KHC_8H_4O_4$	110～120	碱
重铬酸钾	$K_2Cr_2O_7$	$K_2Cr_2O_7$	140～150	还原剂
溴酸钾	$KBrO_3$	$KBrO_3$	130	还原剂
碘酸钾	KIO_3	KIO_3	130	还原剂
铜	Cu	Cu	室温干燥器中保存	还原剂
三氧化二砷	As_2O_3	As_2O_3	室温干燥器中保存	氧化剂
草酸钠	$Na_2C_2O_4$	$Na_2C_2O_4$	130	氧化剂
碳酸钙	$CaCO_3$	$CaCO_3$	110	EDTA
硝酸铅	$Pb(NO_3)_2$	$Pb(NO_3)_2$	室温干燥器中保存	EDTA
氧化锌	ZnO	ZnO	900～1000	EDTA
锌	Zn	Zn	室温干燥器中保存	EDTA
氯化钠	NaCl	NaCl	500～600	$AgNO_3$
氯化钾	KCl	KCl	500～600	$AgNO_3$
硝酸银	$AgNO_3$	$AgNO_3$	220～250	氯化物
氨基磺酸	$HOSO_2NH_2$	$HOSO_2NH_2$	在真空硫酸干燥器中保存 48 h	碱
氟化钠	NaF	NaF	铂坩埚中 500～550 ℃下保存 40～50 min，然后在硫酸干燥器中冷却	

五、常用酸碱解离常数

1. 无机酸在水溶液中的解离常数(25 ℃)

序号	名称	化学式	K_a	pK_a
1	偏铝酸	$HAlO_2$	6.3×10^{-13}	12.20
2	亚砷酸	H_3AsO_3	6.0×10^{-10}	9.22

续表

序号	名称	化学式	K_a	pK_a
3	砷酸	H_3AsO_4	6.3×10^{-3} (K_1)	2.20
			1.05×10^{-7} (K_2)	6.98
			3.2×10^{-12} (K_3)	11.50
4	硼酸	H_3BO_3	5.8×10^{-10} (K_1)	9.24
			1.8×10^{-13} (K_2)	12.74
			1.6×10^{-14} (K_3)	13.80
5	次溴酸	HBrO	2.4×10^{-9}	8.62
6	氢氰酸	HCN	6.2×10^{-10}	9.21
7	碳酸	H_2CO_3	4.2×10^{-7} (K_1)	6.38
			5.6×10^{-11} (K_2)	10.25
8	次氯酸	HClO	3.2×10^{-8}	7.50
9	氢氟酸	HF	6.61×10^{-4}	3.18
10	锗酸	H_2GeO_3	1.7×10^{-9} (K_1)	8.78
			1.9×10^{-13} (K_2)	12.72
11	高碘酸	HIO_4	2.8×10^{-2}	1.56
12	亚硝酸	HNO_2	5.1×10^{-4}	3.29
13	次磷酸	H_3PO_2	5.9×10^{-2}	1.23
14	亚磷酸	H_3PO_3	5.0×10^{-2} (K_1)	1.30
			2.5×10^{-7} (K_2)	6.60
15	磷酸	H_3PO_4	7.52×10^{-3} (K_1)	2.12
			6.31×10^{-8} (K_2)	7.20
			4.4×10^{-13} (K_3)	12.36
16	焦磷酸	$H_4P_2O_7$	3.0×10^{-2} (K_1)	1.52
			4.4×10^{-3} (K_2)	2.36
			2.5×10^{-7} (K_3)	6.60
			5.6×10^{-10} (K_4)	9.25
17	氢硫酸	H_2S	1.3×10^{-7} (K_1)	6.88
			7.1×10^{-15} (K_2)	14.15
18	亚硫酸	H_2SO_3	1.23×10^{-2} (K_1)	1.91
			6.6×10^{-8} (K_2)	7.18
19	硫酸	H_2SO_4	1.0×10^{3} (K_1)	–3.0
			1.02×10^{-2} (K_2)	1.99
20	硫代硫酸	$H_2S_2O_3$	2.52×10^{-1} (K_1)	0.60
			1.9×10^{-2} (K_2)	1.72

续表

序号	名称	化学式	K_a	pK_a
21	氢硒酸	H_2Se	1.3×10^{-4} (K_1)	3.89
			1.0×10^{-11} (K_2)	11.0
22	亚硒酸	H_2SeO_3	2.7×10^{-3} (K_1)	2.57
			2.5×10^{-7} (K_2)	6.60
23	硒酸	H_2SeO_4	1×10^{3} (K_1)	−3.0
			1.2×10^{-2} (K_2)	1.92
24	硅酸	H_2SiO_3	1.7×10^{-10} (K_1)	9.77
			1.6×10^{-12} (K_2)	11.80
25	亚碲酸	H_2TeO_3	2.7×10^{-3} (K_1)	2.57
			1.8×10^{-8} (K_2)	7.74

2. 无机碱在水溶液中的解离常数(25 ℃)

序号	名称	化学式	K_b	pK_b
1	氢氧化铝	$Al(OH)_3$	1.38×10^{-9} (K_3)	8.86
2	氢氧化银	$AgOH$	1.10×10^{-4}	3.96
3	氢氧化钙	$Ca(OH)_2$	3.72×10^{-3}	2.43
			3.98×10^{-2}	1.40
4	氨水	NH_3+H_2O	1.78×10^{-5}	4.75
5	肼(联氨)	$N_2H_4+H_2O$	9.55×10^{-7} (K_1)	6.02
			1.26×10^{-15} (K_2)	14.9
6	羟胺	NH_2OH+H_2O	9.12×10^{-9}	8.04
7	氢氧化铅	$Pb(OH)_2$	9.55×10^{-4} (K_1)	3.02
			3.0×10^{-8} (K_2)	7.52
8	氢氧化锌	$Zn(OH)_2$	9.55×10^{-4}	3.02

3. 有机碱在水溶液中的解离常数(25 ℃)

序号	名称	化学式	K_b	pK_b
1	甲胺	CH_3NH_2	4.17×10^{-4}	3.38
2	尿素(脲)	$CO(NH_2)_2$	1.5×10^{-14}	13.82
3	乙胺	$CH_3CH_2NH_2$	4.27×10^{-4}	3.37
4	乙醇胺	$H_2N(CH_2)_2OH$	3.16×10^{-5}	4.50

续表

序号	名称	化学式	K_b	pK_b
5	乙二胺	$H_2N(CH_2)_2NH_2$	$8.51\times10^{-5}(K_1)$	4.07
			$7.08\times10^{-8}(K_2)$	7.15
6	二甲胺	$(CH_3)_2NH$	5.89×10^{-4}	3.23
7	三甲胺	$(CH_3)_3N$	6.31×10^{-5}	4.20
8	三乙胺	$(C_2H_5)_3N$	5.25×10^{-4}	3.28
9	丙胺	$C_3H_7NH_2$	3.70×10^{-4}	3.432
10	异丙胺	i-$C_3H_7NH_2$	4.37×10^{-4}	3.36
11	1,3-丙二胺	$NH_2(CH_2)_3NH_2$	$2.95\times10^{-4}(K_1)$	3.53
			$3.09\times10^{-6}(K_2)$	5.51
12	1,2-丙二胺	$CH_3CH(NH_2)CH_2NH_2$	$5.25\times10^{-5}(K_1)$	4.28
			$4.05\times10^{-8}(K_2)$	7.393
13	三丙胺	$(CH_3CH_2CH_2)_3N$	4.57×10^{-4}	3.34
14	三乙醇胺	$(HOCH_2CH_2)_3N$	5.75×10^{-7}	6.24
15	丁胺	$C_4H_9NH_2$	4.37×10^{-4}	3.36
16	异丁胺	i-$C_4H_9NH_2$	2.57×10^{-4}	3.59
17	叔丁胺	$C_4H_9NH_2$	4.84×10^{-4}	3.315
18	己胺	$H(CH_2)_6NH_2$	4.37×10^{-4}	3.36
19	辛胺	$H(CH_2)_8NH_2$	4.47×10^{-4}	3.35
20	苯胺	$C_6H_5NH_2$	3.98×10^{-10}	9.40
21	苄胺	C_7H_9N	2.24×10^{-5}	4.65
22	环己胺	$C_6H_{11}NH_2$	4.37×10^{-4}	3.36
23	吡啶	C_5H_5N	1.48×10^{-9}	8.83
24	六亚甲基四胺	$(CH_2)_6N_4$	1.35×10^{-9}	8.87
25	2-氯酚	C_6H_5ClO	3.55×10^{-6}	5.45
26	3-氯酚	C_6H_5ClO	1.26×10^{-5}	4.90
27	4-氯酚	C_6H_5ClO	2.69×10^{-5}	4.57
28	邻氨基苯酚	o-$H_2NC_6H_4OH$	5.2×10^{-5}	4.28
			1.9×10^{-5}	4.72
29	间氨基苯酚	m-$H_2NC_6H_4OH$	7.4×10^{-5}	4.13
			6.8×10^{-5}	4.17
30	对氨基苯酚	p-$H_2NC_6H_4OH$	2.0×10^{-4}	3.70
			3.2×10^{-6}	5.50
31	邻甲苯胺	o-$CH_3C_6H_4NH_2$	2.82×10^{-10}	9.55

续表

序号	名称	化学式	K_b	pK_b
32	间甲苯胺	*m*-$CH_3C_6H_4NH_2$	5.13×10^{-10}	9.29
33	对甲苯胺	*p*-$CH_3C_6H_4NH_2$	1.20×10^{-9}	8.92
34	8-羟基喹啉(20 ℃)	8-HOC_9H_6N	6.5×10^{-5}	4.19
35	二苯胺	$(C_6H_5)_2NH$	7.94×10^{-14}	13.1
36	联苯胺	$H_2NC_6H_4C_6H_4NH_2$	5.01×10^{-10} (K_1)	9.30
			4.27×10^{-11} (K_2)	10.37

4. 有机酸在水溶液中的解离常数(25 ℃)

序号	名称	化学式	K_a	pK_a
1	甲酸	$HCOOH$	1.8×10^{-4}	3.75
2	乙酸	CH_3COOH	1.74×10^{-5}	4.76
3	乙醇酸	$CH_2(OH)COOH$	1.48×10^{-4}	3.83
4	草酸	$(COOH)_2$	5.4×10^{-2} (K_1)	1.27
			5.4×10^{-5} (K_2)	4.27
5	甘氨酸	$CH_2(NH_2)COOH$	1.7×10^{-10}	9.78
6	一氯乙酸	$CH_2ClCOOH$	1.4×10^{-3}	2.86
7	二氯乙酸	$CHCl_2COOH$	5.0×10^{-2}	1.30
8	三氯乙酸	CCl_3COOH	2.0×10^{-1}	0.70
9	丙酸	CH_3CH_2COOH	1.35×10^{-5}	4.87
10	丙烯酸	$CH_2{=}CHCOOH$	5.5×10^{-5}	4.26
11	乳酸(丙醇酸)	$CH_3CHOHCOOH$	1.4×10^{-4}	3.86
12	丙二酸	$HOOCCH_2COOH$	1.4×10^{-3} (K_1)	2.85
			2.2×10^{-6} (K_2)	5.66
13	2-丙炔酸	$HC{\equiv}CCOOH$	1.29×10^{-2}	1.89
14	甘油酸	$HOCH_2CHOHCOOH$	2.29×10^{-4}	3.64
15	丙酮酸	$CH_3COCOOH$	3.2×10^{-3}	2.49
16	α-丙氨酸	CH_3CHNH_2COOH	1.35×10^{-10}	9.87
17	β-丙氨酸	$NH_2CH_2CH_2COOH$	4.4×10^{-11}	10.36
18	正丁酸	$CH_3(CH_2)_2COOH$	1.52×10^{-5}	4.82
19	异丁酸	$(CH_3)_2CHCOOH$	1.41×10^{-5}	4.85
20	3-丁烯酸	$CH_2{=}CHCH_2COOH$	2.1×10^{-5}	4.68
21	异丁烯酸	$CH_2{=}C(CH_3)COOH$	2.2×10^{-5}	4.66

续表

序号	名称	化学式	K_a	pK_a
22	反丁烯二酸(富马酸)	HOOCCH═CHCOOH	$9.3\times10^{-4}(K_1)$	3.03
			$3.6\times10^{-5}(K_2)$	4.44
23	顺丁烯二酸(马来酸)	HOOCCH═CHCOOH	$1.2\times10^{-2}(K_1)$	1.92
			$5.9\times10^{-7}(K_2)$	6.23
24	酒石酸	HOOCCH(OH)CH(OH)COOH	$1.04\times10^{-3}(K_1)$	2.98
			$4.55\times10^{-5}(K_2)$	4.34
25	正戊酸	$CH_3(CH_2)_3COOH$	1.4×10^{-5}	4.86
26	异戊酸	$(CH_3)_2CHCH_2COOH$	1.67×10^{-5}	4.78
27	2-戊烯酸	CH_3CH_2CH═CHCOOH	2.0×10^{-5}	4.70
28	3-戊烯酸	CH_3CH═$CHCH_2COOH$	3.0×10^{-5}	4.52
29	4-戊烯酸	CH_2═$CHCH_2CH_2COOH$	2.10×10^{-5}	4.677
30	戊二酸	$HOOC(CH_2)_3COOH$	$1.7\times10^{-4}(K_1)$	3.77
			$8.3\times10^{-7}(K_2)$	6.08
31	谷氨酸	$HOOCCH_2CH_2CH(NH_2)COOH$	$7.4\times10^{-3}(K_1)$	2.13
			$4.9\times10^{-5}(K_2)$	4.31
			$4.4\times10^{-10}(K_3)$	9.358
32	正己酸	$CH_3(CH_2)_4COOH$	1.39×10^{-5}	4.86
33	异己酸	$(CH_3)_2CH(CH_2)_2COOH$	1.43×10^{-5}	4.85
34	(*E*)-2-己烯酸	$CH_3(CH_2)_2CH$═CHCOOH	1.8×10^{-5}	4.74
35	(*E*)-3-己烯酸	CH_3CH_2CH═$CHCH_2COOH$	1.9×10^{-5}	4.72
36	己二酸	$HOOCCH_2CH_2CH_2CH_2COOH$	$3.8\times10^{-5}(K_1)$	4.42
			$3.9\times10^{-6}(K_2)$	5.41
37	柠檬酸	$HOOCCH_2C(OH)(COOH)CH_2COOH$	$7.4\times10^{-4}(K_1)$	3.13
			$1.7\times10^{-5}(K_2)$	4.76
			$4.0\times10^{-7}(K_3)$	6.40
38	苯酚	C_6H_5OH	1.1×10^{-10}	9.96
39	邻苯二酚	o-$C_6H_4(OH)_2$	3.6×10^{-10}	9.45
			1.6×10^{-13}	12.8
40	间苯二酚	m-$C_6H_4(OH)_2$	$3.6\times10^{-10}(K_1)$	9.30
			$8.71\times10^{-12}(K_2)$	11.06
41	对苯二酚	p-$C_6H_4(OH)_2$	1.1×10^{-10}	9.96
42	2,4,6-三硝基苯酚	2,4,6-$(NO_2)_3C_6H_2OH$	5.1×10^{-1}	0.29
43	葡萄糖酸	$CH_2OH(CHOH)_4COOH$	1.4×10^{-4}	3.86

续表

序号	名称	化学式	K_a	pK_a
44	苯甲酸	C_6H_5COOH	6.3×10^{-5}	4.20
45	水杨酸	$C_6H_4(OH)COOH$	$1.05\times10^{-3}(K_1)$	2.98
			$4.17\times10^{-13}(K_2)$	12.38
46	邻硝基苯甲酸	o-$NO_2C_6H_4COOH$	6.6×10^{-3}	2.18
47	间硝基苯甲酸	m-$NO_2C_6H_4COOH$	3.5×10^{-4}	3.46
48	对硝基苯甲酸	p-$NO_2C_6H_4COOH$	3.6×10^{-4}	3.44
49	邻苯二甲酸	o-$C_6H_4(COOH)_2$	$1.1\times10^{-3}(K_1)$	2.96
			$4.0\times10^{-6}(K_2)$	5.40
50	间苯二甲酸	m-$C_6H_4(COOH)_2$	$2.4\times10^{-4}(K_1)$	3.62
			$2.5\times10^{-5}(K_2)$	4.60
51	对苯二甲酸	p-$C_6H_4(COOH)_2$	$2.9\times10^{-4}(K_1)$	3.54
			$3.5\times10^{-5}(K_2)$	4.46
52	1,3,5-苯三甲酸	$C_6H_3(COOH)_3$	$7.6\times10^{-3}(K_1)$	2.12
			$7.9\times10^{-5}(K_2)$	4.10
			$6.6\times10^{-6}(K_3)$	5.18
53	苯六酸	$C_6(COOH)_6$	$2.1\times10^{-1}(K_1)$	0.68
			$6.2\times10^{-3}(K_2)$	2.21
			$3.0\times10^{-4}(K_3)$	3.52
			$8.1\times10^{-6}(K_4)$	5.09
			$4.8\times10^{-7}(K_5)$	6.32
			$3.2\times10^{-8}(K_6)$	7.49
54	癸二酸	$HOOC(CH_2)_8COOH$	$2.6\times10^{-5}(K_1)$	4.59
			$2.6\times10^{-6}(K_2)$	5.59
55	乙二胺四乙酸(EDTA)	$CH_2-N(CH_2COOH)_2$ | $CH_2-N(CH_2COOH)_2$	$1.0\times10^{-2}(K_1)$	2.0
			$2.14\times10^{-3}(K_2)$	2.67
			$6.92\times10^{-7}(K_3)$	6.16
			$5.5\times10^{-11}(K_4)$	10.26